汉口路上

读史老张 / 著

上海远东出版社

图书在版编目(CIP)数据

汉口路上/读史老张著.—上海：上海远东出版社,2024
(上海马路丛书/徐锦江主编)
ISBN 978-7-5476-2021-2

Ⅰ.①汉… Ⅱ.①读… Ⅲ.①上海—地方史 Ⅳ.
①K295.1

中国国家版本馆CIP数据核字(2024)第092120号

责任编辑 贺　寅
封面设计 唐涵凌
插　　图 贺　寅

上海马路丛书/徐锦江主编

汉口路上

读史老张 著

出　　版	上海远东出版社
	(201101　上海市闵行区号景路159弄C座)
发　　行	上海人民出版社发行中心
印　　刷	上海锦佳印刷有限公司
开　　本	890×1240　1/32
印　　张	14.75
插　　页	2
字　　数	294,000
版　　次	2024年7月第1版
印　　次	2024年7月第1次印刷
ISBN 978-7-5476-2021-2/K·204	
定　　价	78.00元

丛书序

是回家的路,更是出发的路

城市是由一条条马路构成的。

马路是打开上海这座城市的一串密钥,如果把10条马路、甚至100条马路还原出来,可能离还原整个上海的历史也不远了。无数条马路的分量累积起来就是上海的重量。

上海的马路,可以让我们了解这座城市如何从棉花起家,变成梧桐树和白玉兰之城;如何从沙船起家,变成黄包车之城和地铁之城;如何从绞圈房子、石库门起家,变成新式里弄、

汉口路上

公寓楼和花园洋房的现代化之城;在上海马路上走过的不仅有康有为、孙中山、陈独秀、毛泽东、周恩来、邓小平、宋庆龄等伟大的人物,也有各行各业的精英,更有居住和来过这座城市的每一个人。川流不息的马路,如同这座城市生生不息的血管,而马路两旁的建筑,如同一部部摊开的石头大书,既铭刻着时代的宏大记忆,也见证着市民的日常生活。每一条马路都有说不尽的海上故事,这些故事是这座城市弥漫的云烟,蔓生的繁花,散发着属于这座城市独有的腔调。

上海的马路,是上海滩的传奇之路、是市民社会的样本之路,是折射城市变迁的阅读之路,是见证近现代中国历史的风云之路。无论是大历史还是小故事,在这些马路上都有迹可循。

城市生活就是一台戏剧,若是坐在远处遥望轮廓,或是站在高处俯视众生,虽也可指点江山,评判东西,但如果缺少另一个真实的地面视角,也是无法看得踏实贴切的。除了理论视域所造就的高瞻远瞩,我们也需要沉浸其中,去实地探寻,用脚步丈量,身临其境地回到各个不同时期的历史原生态,只有这样,才能脑身心并用,真正读懂上海的历史,读通上海的文化,读出烟火上海的味道。

上海远东出版社用文学加历史、虚构和非虚构结合的方式推出"上海马路丛书",意在以"马路"为切入口,通过对南京路、淮海路、四川路、汉口路、武康路、愚园路、南昌路、思南路、山阴路、陕西路、复兴路等市区马路微观层面的书写和深描,记载生活在这里的一个个鲜活个体的悲欢离合,以及具有文脉传承意义的家族史、社会史、进步史,厘清上海马路的文化沉淀和发展肌理,反映上海街区的来龙与去脉,流动与变迁,前景与未来,在历史的"原真性"和时代的"新开端"之间搭建起桥梁。

让我们追随"上海马路丛书"的细腻脚步,在书中展示的"走一步就踩到历史,回过头就看见传奇"的马路间穿梭,荡马路、穿弄堂、进客堂,听故事,明心智,来一场城市考古与走读,从中感受上海马路所提供的弄堂文化、市民文化、商业文化的多元化异质景观,以及其所包含的红色文化、海派文化、江南文化的深厚底蕴。

"建筑可阅读,街区可漫步,城市始终有温度。"这是深得上海市民之心的温情话语。城市空间的生产包含着日常生活的实践,也包含着每个人进入城市的权利。从"冒险家的乐园"到"魔都上海",再到今天热烈希冀成为具有世界影响力的"国际大都市",我们讲"人人都是软实力",首先让生活在这座城市里的人了解城市、熟悉城市、热爱城市,应是题中之义,只有认同这座城市的历史和文化,才能充满感情和爱意地生活其中,充满智慧和力量地建设未来。"上海马路丛书"的当代意义即在于此。路就在脚下。读通上海,从马路开始。

千条路,万条路,每个人的心中其实都有属于自己的一条路,

汉口路上

那是光阴里的路,是回家的路,更是出发的路。

上海社会科学院文学研究所所长、研究员
上海社会科学院城市文化创新研究院院长

2022 年 8 月 10 日于砥石斋

自序

上海汉口路，东起外滩，西至西藏中路，全长约1500米，是一条有底蕴的马路。

若干年前，我在位于汉口路300号的解放日报大厦上班，几乎天天行走在汉口路上。汉口路路面不宽、低调质朴，但它的风景，却让我沉醉；它的故事，让我充满好奇。

有一次，我偶然得知，1913年秋，梅兰芳跟着王凤卿第一次到上海，就住在丹桂第一台老板许少卿家里。许家宅邸，位于望平街平安里（今汉口路309号申报馆附近）。据梅兰芳回忆："这是一所三楼三底两夹厢的上海式楼房。凤二爷住楼上的客堂楼，我住楼下厢房，许少卿自己住在我的对面厢房里。"每天，他从平安里出发,到福州路大新街口(今福州路湖北路口)的丹桂第一台演戏……这让我莫名兴奋:梅兰芳走过的路,不就是我每天从解放日报大厦到上海书城散步的路嘛!

还有一次,在《新闻报》上读到轶事:1937年4月25日中午,严独鹤先生在汉口路274号新闻报馆大堂遇刺。刺客名叫金甦,竟是严独鹤主持的《快活林》副刊"谈话"栏目的忠实读者。他行凶的锉刀,是在汉口路161号瑞昌五金店购买的。那时,274号大楼还在,就在解放日报大厦隔壁。我几乎是一口气冲到楼下,走近274号那充满油墨气息的大门,端详、徘徊,然后沿着汉口路东行,似乎要寻回当年的蛛丝马迹……

是的,汉口路就是这样,饱经风霜、扑朔迷离,它给人以无限的想象空间,散发着五光十色的魔力,令人着迷。

1843年11月,上海开埠。开埠前,汉口路仅是一条通往黄浦江边的泥路,没有名字。开埠初,它自外滩辟筑至界路(今河南中路),因靠近江海北关,故称"海关路"。1855年后,海关路向西延筑,先筑至大新街(今湖北路),后又延伸到今天的西藏中路。1865年后,公共租界当局对租界马路统一命名,海关路被命名为"汉口路",俗称"三马路"。作为"三马路",汉口路地理位置独特。北侧有大马路(南京路)、二马路(九江路),南面有四马路(福州路)、五马路(广东路)等……这些马路,撑起了当年公共租界东西向的交通主干道,长期处于旧上海的中心区域。

一百多年来,汉口路承载过近代风云,见证过上海成长,留下过传教士、买办、官员、慈善家、实业家、金融家、革命者、作家、学者、报人、影剧明星、商贩、黄包车夫、苦力、报童、乞丐和名妓等的足印，书写过筚路蓝缕、波澜壮阔的奇迹。

今天的汉口路，矗立着近代上海的海关、教堂、工部局、银行、饭店和证券交易所等优秀建筑，也刻下了近代商铺、书塾、戏园、照相楼和外国坟山等历史遗迹；中国早期最有影响力的两大报纸《申报》和《新闻报》，都曾在汉口路立足；在南京路"四大公司"未起之前，汉口路是一条熙来攘往的商业街，一些耳熟能详的老字号如"中艺""小花园""大壶春"，乃至如今备受争议的"老半斋"等，都与汉口路有缘；汉口路还是上海最古老的"书店一条街"，其口碑绝不亚于福州路文化街……可以说，近代上海的不少新奇事物、文化现象和建筑地标等，都出自汉口路。汉口路既是路牌，也是里程碑，它记录了上海的昨天，又丈量着上海的未来。

这些记录和丈量，就是我想在《汉口路上》一书中呈现的内容。本书共分十章，每一章节，均聚焦于1843至1949年间的汉口路地标和人物，以往事碎片和记忆瞬间，串起散落在汉口路上的遗珠，力求通过细节描述，准确生动地再现汉口路的历史场域，找到走过这条路的文化名人，还原在这里诞生的年代传奇。

需要指出的是，本书虽征引了不少史料，考证了某些细节，但从严格意义上来说，它不是一部学术论著。按我的个人定义，它应该是一部"马路笔记"，可以随意浏览，可以按图索骥。现在流行一个词语，叫"City Walk"。这个词语，上海话早有指证，就是"荡马路"。我真心希望，本书能成为一部读者在汉口路上"荡马路"的索引或指南：边走边看，若有所思；回眸一瞥，拍案而悟……

这,才是我写作本书的初心。

  本书写作,始于 2023 年夏天。不知不觉,日历已翻过了这一年。对于上海来说,2023 年是一个不同寻常的年份——上海开埠 180 周年。180 年来,上海滩潮起浪涌、天翻地覆,汉口路是亲历者和见证者。历尽沧桑的汉口路,犹如一棵老树,上海所经历的屈辱、苦难、彷徨、抗争、当家作主和改革开放,都在树干上雕琢出一道道深沉的印痕。

  今天,要回望历史,读懂上海,不妨,就让我们走到汉口路上。

目录

丛书序　　1
自　序　　1

01 机构

江海关:敲开近代上海历史的钟声　　3
流变的地标　　5
被攫夺的司税权　　7
赫德与赫德铜像　　11

工部局:公共租界中的"城堡"　　18
租界:"国中之国"　　19
大楼:"石头房子"　　21

议事厅:"铁房子" 24
新政权:"人民的意志" 27

**华商证券交易所:"拨开云头一看",
皆为疯狂** 33
两家公司,不同际遇 34
证券大楼,历经风雨 39
文学描写,情景再现 42

02 教会

圣三一堂:"红墙隐隐云中见" 49
见到教堂尖顶,"上海到了!" 50
中国人眼中的"红礼拜堂" 53
胡蝶的"海上第一婚礼" 56

中西女塾:"宋氏三姐妹"读过的女校 65
墨梯学校"校誉日隆" 65
在中西女塾的"宋氏三姐妹" 71
从"中西女塾"到"中西女中" 75

慕尔堂:曾经"居全国各堂之首" 79
雄伟的监理会教堂 80

爱国保教的精神家园	82
市民的社交学堂	84
战时的临时校舍	86

03 街巷

望平街：赫赫有名的"报馆街" 93

"中国的舰队街"	94
政治"晴雨表"	95
商家千姿百态	101
文人近悦远来	106

昼锦里："脂粉飘香"的里弄街巷 111

"衣绣昼行"与"衣锦还乡"	111
"老妙香"与"戴春林"	113
买绣鞋与"办行头"	116
名士诊所与学人餐馆	117
文学比喻与电影画面	121

04 报馆

申报馆：留下不少"历史之谜" 129
- 国人的"言论机关" 130
- 与《泰晤士报》并驾齐驱 132
- 名人的身影背后 137

新闻报馆：一波三折的"美商"报馆 144
- "不党不偏"的福开森 146
- 殚精竭虑的汪汉溪 151
- 苦心经营的汪氏兄弟 155

05 银行

上海中国银行：渡尽劫波今犹在 161
- 大清沪行寿终正寝 162
- 小万柳堂事件 164
- 平息停兑风波 169

中南银行："示南洋华侨不忘中国也" 174
- 侨商崛起上海滩 175
- 中南主将胡笔江 180
- 286号保险箱 184

06 店铺

公泰："最先著名"的华人照相馆 　191
"日成照相绝无伦" 　191
"门前罗列尽娇娃" 　197
一街之隔"苏三兴" 　200

小有天："声誉最广"的闽菜馆 　207
李梅庵题字："天天小有天" 　208
梅兰芳"触电"：始于"小有天" 　210
作家聚会："鸳鸯蝴蝶派" 　214

陶乐春："资格亦老"的川菜馆 　219
"惊其制庖之妙" 　220
"持酒一瓶而归" 　221
"春酒秋莼,别饶风味" 　224

大壶春：上海滩的"肉心帮" 　228
"外卖"与"堂吃" 　229
"汤心帮"与"肉心帮" 　230
"大壶春"与"大壶春" 　231

07 戏院

春桂茶园:"俨然为海上各园之冠" — 237
"南派武生鼻祖"李春来 — 237
红遍上海,"无隙可容" — 241
"春仙"与"春桂" — 244

大舞台:专演京剧的"维新戏园" — 249
新思潮造就大舞台 — 250
京剧名家往事 — 254
大舞台对过"天晓得" — 257

08 书局

点石斋:开创"吴友如时代" — 263
石印技术,开风气之先 — 265
《点石斋画报》,清末风情画卷 — 268
吴友如,中国第一插图大家 — 271

来青阁:让文人墨客流连忘返 — 276
一座"文艺沙龙" — 277

一笔意外之财	280
一场"马路赛跑"	282
一位忠实顾客	287

蟫隐庐：身处洋场，心在世外 291

"鬻书糊口终其身"	292
知识界的一往情深	293
鲁迅与蟫隐庐	296

富晋书社："北方势力南渐之先声" 301

北方著名书铺	301
一次意外收购	304
北店南下，褒贬不一	307

09 旅馆

孟渊旅社：五卅运动中的一座灯塔 315

"扫榻以待"的华商旅馆	316
五卅的秘密指挥部	318
鲁迅的"客寓"	322
惊心动魄的一幕	326

东方旅社:"忍看朋辈成新鬼" 330

 营业发达,环境复杂 330

 "东方旅社事件" 333

 "老东方"非"新东方" 338

扬子饭店:清风、玫瑰与刀剑 342

 海上旅馆,"清风徐来" 343

 "玉碎星沉,人亡影在" 349

 "玫瑰"之歌,传唱千里 355

 饭店内外,刀光剑影 360

 红颜特工,"真绝代也" 362

10 人物

黄奕住:参访申报馆的印尼"糖王" 369

 "剃头住",曾经一贫如洗 369

 "要想富,就学黄奕住" 372

 "申报馆之晤",开创中南银行 373

 与李登辉校长交集,与复旦结缘 376

史量才:一段传说已久的"对话" 380

 "史蒋对话"的多个版本 382

是"谈话"还是"对话" 385
史量才没有顶撞动机 387

严独鹤：在汉口路报馆遇刺 390
主编"快活林"，每日写"谈话" 391
"谈话"读者，竟是刺客 395
伤愈复出，庭上求情 397

毛彦文：慕尔堂内的传奇婚礼 402
白发红颜，携手成婚 403
浪漫韵事，始于复旦 404
世纪婚礼，万众瞩目 409

附录
汉口路百年大事记(1843—1949) 417
人名索引 432
参考书目 441

后记 448

01　机构

江海关:敲开近代上海历史的钟声
工部局:公共租界中的"城堡"
华商证券交易所:"拨开云头一看",皆为疯狂

江海关：敲开近代上海历史的钟声

位于中山东一路汉口路口（中山东一路13号）

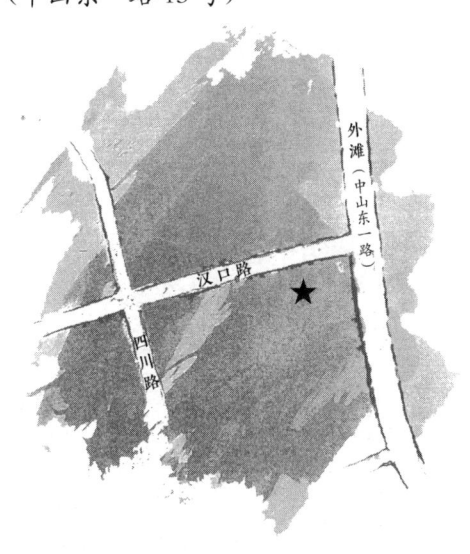

江海关是上海海关的旧称，为专司管理对外贸易及沿海贸易的机构。

1685年，清政府开放海禁，在江苏设海关，遂称"江海关"。江海关廨署最初设于松江府华亭县（今奉贤胡家桥附近），1687年移驻上海县城宝带门内（今小东门）。

1845年，清政府在上海县城北门外（今外滩上海海关大楼原址)设立新江海关,即"江海北关",俗称"新关"。新江海关设立后,其北侧的泥路,被称为"海关路"。同年11月,上海道台宫慕久与英国领事巴富尔(George Balfour)签订《上海土地章程》(即《第一次土地章程》),确定了租界事宜。其中第三条规定,"海关之北"的一条路,为"在租地内须保存自东向西之通江四大路"之一。这条"通江大路"(海关路),就是后来的汉口路。

今日汉口路(读史老张摄)

早期汉口路

流变的地标

1853年小刀会起义发生后,外滩的新江海关被破坏。1857年,在新江海关原址上建起了古庙式的海关衙署。1891年,海关衙署开始改建。此时,中国海关已由英国人把控,因此改建工程由英国设计师设计,于1893年竣工。

改建后的江海关,建筑式样完全为英国维多利亚风格。正中五层,有一高33米的塔楼。塔楼为衙署主轴,顶部四面设有大自鸣钟,墙面为哥特式风格的长券窗。塔楼两侧为副楼,高三层,双面坡屋顶,转角处作装饰塔尖。这一大楼,在外滩特别显眼。

1923年起,江海关又在原址上建造新的江海关大楼(后来统称为"海关大楼")。大楼由英国公和洋行设计、新仁记营造厂承建,于1927年底竣工。大楼为钢筋混凝土框架结构,占地5 722平方米,建筑面积约3.2万平方米,东部高八层,用金山石砌筑;西部高五层,二层以下为石砌、三层以上贴褐色面砖。大楼正门为古希腊神庙形式,内有六扇拉门。两侧砌以花岗石,为石堡状。底层为用彩色马赛克拼接,上有历代帆船战舰图画藻井,中部设有水晶喷泉。大厅的地坪、楼梯及走廊,都以马赛克铺砌。二至六层各室,皆铺柚木拼花地板。

海关大楼的钟楼,是整幢建筑的亮点,高三层,为78.2米,是当时亚洲第一、世界第三高的钟楼。钟楼大钟与英国大本钟为同

汉口路上

1845年,上海县城北门外设立的江海关

1857年建成的外滩江海新关,为传统衙署风格建筑

1893年建成的外滩江海关大楼,为维多利亚风格建筑

一制造商制造,结构也相同。每个钟面直径约5米,由100余块乳白玻璃拼接而成,指针由紫铜制成。钟楼分机芯房、铜钟座和旗杆台三层。机芯房内钟摆分别负责敲正点、走时和报刻,最大钟摆重达2吨。铜钟室内悬挂着五口大小各异的铜钟铃,其中最大钟铃约10吨,与其相配的钟锤达135公斤。

在上海外滩万国建筑群中,海关大楼雄伟挺拔、巍峨气派,自建成之日起,便是外滩的标志性建筑物之一。1996年,作为外滩建筑群的组成部分,海关大楼被列入全国重点文物保护单位。

被攫夺的司税权

江海关建筑由中国古庙样式演变为英伦风格,揭示了中国海关地位的微妙变化,也是近代中国历史的一个缩影。

江海关原由清政府掌握海关征税事宜,由苏(苏州)、松(松江)、太(太仓)道兼理,苏松太道台(上海道台)兼任江海关监督。

1853年9月7日,刘丽川领导的小刀会起义,攻入上海县城,上海道台吴健彰被抓,后逃入租界。第二天9月8日,位于租界内的外滩江海关衙署被破坏。至此,中国海关行政被迫停顿。

对于租界内的江海关被破坏,过去一般认为是"被起义群众捣毁"[1]。但是,历史学家唐德刚在查阅美档后发现,事实并非如

---

[1] 唐振常主编,《上海史》,上海人民出版社1989年版,第172页。

汉口路上

今日海关大楼（读史老张摄）

此。"其实当时租界内,根本没有什么'起义群众'——根据《第一次土地章程》,租界之内,是不许华洋杂居的。刘丽川在起义当天,就对英美领事作了保证,哪还有第二天的'群众捣毁'呢?"①据唐德刚记述:

> 原来就在小刀会占领上海城这一天(九月七日),美国公使马歇尔也在上海。马氏是西点军校毕业的职业军人,曾参加过美墨战争,胆子很大。这天小刀会突然暴动,马氏不顾危险,偏要出街去巡行,一探究竟,当他便道踏入外滩江边"中国海关大厦"时,眼见一个英国商人正率领一批搬运工人,冲入大厦,强行搬走室内寄存的商品。接着另批英国人也进入抢劫,借口说是海关欠其船租未付,特来搬运存货,以为抵押。直至中国海关被这批"英国绅士"(English gentlemen)洗劫一空之后,海关公署四门大开,街头中外游民才潜入行窃。
>
> 此一英国人洗劫过程,行之于光天化日之下,中国关员伫立在一边,无力遏阻;四邻华洋商人均所目睹。最可笑的是这位美国公使,竟然也是目击者之一。
>
> 马君在一旁看得气愤不过,乃向华府上司据实报告之。马歇尔说:
>
> "我曾向您报告过,第一次向租界之内的中国海关施暴,其非

---

① 唐德刚,《晚清七十年》第二册,远流出版事业股份有限公司 1998 年初版,第 177 页。

汉口路上

法行为而导致街头人民入内（行窃）者，并非始自中国之叛逆也……"①

英国人捣毁江海关后，第二天即派英国水兵站岗。正在镇压太平军的曾国藩闻之，还赞叹道："彼虽商贾之国，颇有儒道！"

后来，上海道台吴健彰回来，欲重启司税，却屡遭英国人抵制。据说他当初逃出县城时，"他的海关监督官印也丢失了，于是他发出通告说，将用'常州漕运使'官印代替江海关监督官印，仍按旧制办理关税征收事宜"。海关税收是清政府的利益所在，吴健彰不能坐视不管。于是，他不断向英国领事阿礼国（Rutherford Alcock）发出照会，要求恢复中国海关，开始征税。但阿礼国以租界中立为借口，断然拒绝："本领事认为须俟阁下到海关视事之日，（再）与阁下谈判征收关税事宜。"②与此同时，英、美领事反而先后宣布，英、美两国船只可自由进入上海，不交关税。

眼见征税不成，吴健彰很生气。9月26日，他在陆家嘴附近的两艘旧兵船上设立临时海关，又遭到英、美等国反对。无奈之下，1854年1月，吴健彰在虹口设立临时海关办事处，并设关税征收点。英、法、美三国领事仍以海关设于"内地"、违反条例为由，坚决不予承认。吴健彰被逼得走投无路，最后只得同意由各国领

---

① 唐德刚，《晚清七十年》第二册，远流出版事业股份有限公司1998年初版，第179页。
② [日]金城正笃，《一八五四年上海建立的税务司》，载《上海公共租界史稿》，上海人民出版社1980年版，第605页。

事"代征关税"。在此情况下，英国副领事威妥玛（Thomas Francis Wade）顺水推舟，趁机抛出备忘录，提议可由上海官员"用募外国人帮办税务"。

1854年6月5日，吴健彰被迫与英、法、美三国领事举行昆山会议，制定了有关江海关事务的协议。协议规定：一、组成一个江海关税务管理委员会，"引用外邦人才于海关"，三国领事提名一个委员（即税务监督）参与司税；二、外国委员若被控玩忽职守，"即由道台会同英、美、法三国领事审理"，中方无权单独处置；三、外国委员可以审查海关关务，对于船舶报告、进出口清单、税款单据和结关准单等正式文件，可以随意调阅。这一不平等协议，将中国海关的人事管理权、行政司法权和监督权，均置于英、美、法三国领事的管辖之下。

1854年7月12日，由三国领事提名的威妥玛等三人正式上任，成为管理中国海关税务的外籍委员。从此，江海关沦为英、美、法三国驻沪领事馆的附属机构，中国海关由外国人把控。

赫德与赫德铜像

一年以后（1855），江海关的三国派员均有更动，英国人威妥玛回任副领事职，英国人李泰国（Horatio Nelson Lay）继任委员。1858年，李泰国随英法联军到天津，出谋划策，参与起草了《中英天津条约》。1859年,他被清政府任命为江海关总税务司。1863年,为镇压太平军,李泰国代清政府赴英购买军舰,后组成舰队带来中国,强行要求由英国人指挥。清政府不允,被迫付与偿金,将舰队退还。对于李泰国的擅权,清政府颇为不满,遂解除了他的总税务司职务,由赫德继任。

赫德(Ropert Hart,1835—1911),英国北爱尔兰人,就读于卫理公会学校。1854年来华,任英国驻宁波领事馆助理翻译,后任广州领事馆翻译兼广州英法联军委员会秘书。1859年任粤海关副税务司,1861年代理江海关总税务司。1863年,继李泰国后成为江海关总税务司。1908年,赫德请假回国。至1911年在英国病逝,他把持中国海关近半个世纪之久。

赫德是一个复杂人物。对于他的评价,史学界一直存在争议。

一方面,赫德是外国列强在华利益的代表,他提倡的海关管理制度和决策,均得到英、法、美等国的允准,他也是各国认可的把控中国海关的合适人选。在他控制的海关内,高级职员多为列强各国的人员,英国人最多,华人雇员很少。据说,一个外籍灯塔管理员的薪水要比其华籍同事高出10倍。在赫德的任下,仅录用过一名华籍副税务司,即1873年清政府所派的第二批赴美留学生丁崇吉。丁崇吉回国后即进入海关任职,一干就是50年。直至退休前半年,才晋升为当时唯一一位中国籍副税务司。

另一方面,赫德又恪尽职守为清政府效力,被清朝官员称为"我们的赫德"。他爱好中国文化,喜欢穿中国朝服、娶中国老婆、

江海关:敲开近代上海历史的钟声

赫德的签名照

精通中国文字,会说京话、宁波话、上海话和广东话,他还努力读过一点《红楼梦》。他甚至让儿子混进考场,参加顺天考试,以博取中国功名。曹聚仁在《上海春秋》一书中称他"中西合璧""人极精明干练"。曾任户部尚书的翁同龢见到赫德,就有这个感觉。清光绪二年正月初十(1876.2.4),各国外宾至总理衙门贺年,翁同龢第一次见到了他。翁氏在当天日记中写道:

> 凡八国,而来者不止八人,有参赞,有翻译官也。每国不过一二刻,后者至则前者避去,就中威妥玛最况鸷,赫德最狡桀,余皆庸材也……总税务赫德,仪节疏慢,但略持其冠,于中事极熟,能京话。①

因为"于中事极熟,能京话",赫德直接参与过清政府的经济、外交和文化事务。他任职海关总税务司期间,制定了由外国人管理的海关制度,保证了清政府的海关税收来源(到 1895 年,清政府从海关税收中即得到 2700 万两白银)。1867 年,根据赫德的提议,清政府任命原美国驻华公使蒲安臣(Anson Burlingame)率领中国使团出使欧美诸国,为清朝官员开眼看世界起了作用。1876 年,他建议将原海关官驿改组为"送信局"。1896 年 2 月,在赫德的建议下,清政府创立"大清邮政局",他兼任总邮政司,成为中国邮政近代化的促进者。他还倡议成立"京师同文馆"(后来发展为

---

① 《翁同龢日记》,中华书局 1992 年版,第 1182 页。

北京大学),奠定了中国现代高等教育的基础。此外,他还参与过开矿山、修铁路和创办企业等洋务活动,深得洋务派人物李鸿章的欣赏和信任。

为了表彰赫德的功绩,中英两国政府都曾嘉勉过他。清政府赐予他顶戴红宝石花翎;英国政府则授予他圣米歇尔和圣乔治大十字勋章。1911年赫德死后,上海公共租界工部局决定筹资建造赫德铜像。铜像由英国设计师亨利·贝格拉设计,1914年铜像运抵上海。铜像高约2.74米,微微低头,双手背置,身体前倾,左腿略躬,大衣齐膝。底座有4级石阶,方形像基中部嵌有4块铜牌。正面上方是赫德生平英文铭文,下方是对应的中文译文:

前清太子太保尚书衔总税务司英男爵赫君德,字鹭宾,生于道光乙未,卒于宣统辛亥,享遐龄者七十七年,综关权者四十八载,创办全国邮政,建设海灯楼,资矜式于邦人,备咨询于政府,诚恳谦忍,智果明通,立中华不朽之功,膺世界非常之誉,爰铸铜像,以志不忘。

背面是赫德历年所受荣典表;北侧是墨丘利行走于地球之上的图案,寓意赫德"创建中国新式邮政";南侧则是一手执圆灯的妇女赤足立于海岸上为过往船只导航,象征着赫德建设沿海灯塔等助航设施。

1914年5月23日,赫德铜像设立于九江路外滩,正面朝北。1927年江海关新大楼落成后,铜像被移建到海关大楼正门对面,

汉口路上

外滩赫德铜像,1914年5月落成,位置在九江路外滩,正面朝北

正面朝向西方,面对海关大楼。

太平洋战争爆发后,中国海关大权旁落于日本人之手。1942年,赫德铜像被日军拆除,据说被用于熔铸制造枪炮。

1984年,在苏州河南岸河滨公园处,发现了赫德铜像的基座嵌石,现藏于上海市历史博物馆。

工部局：公共租界中的"城堡"

位于汉口路、江西路、福州路和河南路之间（汉口路193号）

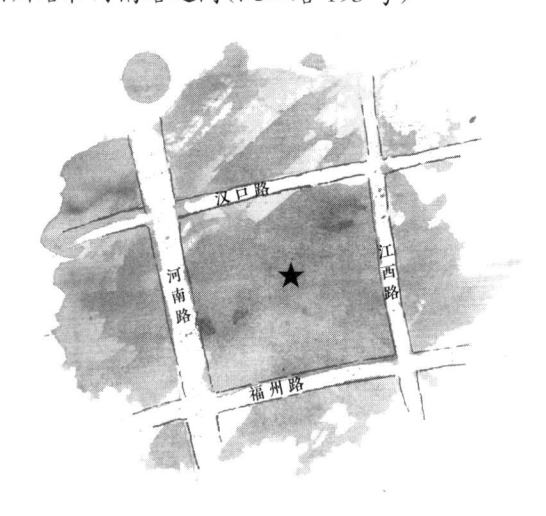

工部局是上海公共租界的最高行政机构。1913年，工部局在今汉口路、江西路、福州路和河南路之间集资筹建工部局大楼。大楼采用钢筋混凝土框架结构，由裕昌泰营造厂承建，1922年11月建成。大门朝向汉口路江西中路口。

租界:"国中之国"

1843年11月,上海开埠。1845年11月,英国首任驻上海领事巴富尔(George Balfour)与上海道台宫慕久订立《上海土地章程》,规定洋泾浜(今延安东路)以北、李家场(今北京东路)以南约830亩土地为英租界,供英国商人、侨民居住。次年又正式规定,英租界西界为"界路"(今河南中路),东界为黄浦江。不久,美国与法国相继效仿,与上海道台商议划定了美租界和法租界。

1846年,根据《上海土地章程》第十二条,英租界组建"道路码头委员会",负责租界内的路政修筑和管理。之后,各租界面貌渐次改变,各类西式房屋、商铺和洋行开始建造,侨民人数逐年增加。据1848年来沪省亲的王韬记述:"一入黄歇浦中,气象顿异。从舟中遥望之,烟水苍茫,帆樯历乱,浦滨一带,率皆西人舍宇,楼阁峥嵘,缥缈云外,飞甍画栋,碧槛珠帘……"①

1853年9月,小刀会起义爆发。起义军攻入上海县城,居民纷纷逃离,撤往租界避难。到1854年,各租界内华人剧增至2万多人。华洋杂处,人口猛增,租界矛盾和问题纷至沓来。英、美、法三国领事藉口清政府无力管理租界,遂对《上海土地章程》进行修改。1854年7月11日,通过了《上海英法美租界租地章程》(史称"第二次土地章程")。14日,三方正式建立租界工部局,取代了

---

① 王韬,《漫游随录》,湖南人民出版社1982年版,第50页。

道路码头委员会。

与以前的道路码头委员会相比,工部局是完全模仿西方城市自治制度、管理租界事务,具有自治性质的行政机构。工部局英文原名为 Executive Committee,意即"行政委员会";后改称 Municipal Council,直译为"市政会"或"议事会"。之所以叫作"工部局",有人认为,这一译名是专为糊弄上海道台衙门的。表面上看,工部局似乎只是一个修筑市政道路码头的机构(如同中国历代掌管工程、水利和交通等政令的"工部"),实质上却是一个全新的租界市政权力机关。

1862年4月,法国退出工部局,独自成立公董局,负责法租界管理。于是,工部局成了英美租界的管理机构。1863年英美租界合并,通称为公共租界,工部局即成为"上海公共租界工部局"。

工部局分为决策机关和行政机关两部分。决策机关是董事会,由纳税人会议选出5—9人组成,下设警备、工务、财务、卫生、铨叙、公用、交通、学务等若干顾问性质的委员会,每个委员会有董事1—3人参加。行政总机关为总办处,设火政处、警务处、法律处、卫生处、工务处、学务处、情报处、华文处、财务处、管理工厂事务股、乐队、图书馆、万国商团、监狱等机构。总办处对外代表工部局,对内即为所属各部门的"枢纽"。

工部局的成立,标志着外侨正式获得了在中国土地上的行政权、自治权。上海外国租界的性质也随之改变,由先前的外侨居留地,成为中国政府权力难以企及的"国中之国"。曾任英国驻沪领事的卡莱斯(W. R. Carles)记述过这样一则故事:

三合会(指小刀会的一个派系——引者注)占领上海县城时,清军就在附近活动。一天,魏德卯先生看见很多士兵举着旗帜、全副武装地沿着护城河行军,到桥梁处却停了很长时间,士兵和军官来回传话,随后,士兵们离开了苏州河。魏德卯先生非常好奇,走上前去查看是什么阻止了士兵的行进。他发现桥上有一件被用刺刀固定起来的英国蓝色夹克衫。他问一名水手,为何中国士兵放弃过桥,似乎这原本是他们行军的目的。水手说:"我告诉他们说我得到命令,任何人不得通过。"让我们为这位水手的胜利欢呼喝彩!①

故事中的魏德卯(W. S. Wetmore)是美国商人,于上海开埠后在沪经商。魏德卯的所见所闻足以证明,工部局成立后,租界地域已成为中国行政管辖的禁地。以上这段记述中,卡莱斯的得意之情溢于字里行间。

大楼:"石头房子"

工部局早期办公地点,约在今河南路、江西路和汉口路一带。

---

① [英]卡莱斯,《上海租界历史杂录》,选自[美]朗格等著、高俊等译,《上海故事》,生活·读书·新知三联书店 2017 年版,第192页。

"从工部局董事会开会的记录中可以看到,1866年9月24日的董事会会议,首次在记录上出现了开会地址——河南路12号。隔年的7月10日,在河南路15号。1874年1月5日,改为江西路17号;1880年1月5日,又改为江西路23号。以后就一直记载这个地址,1908年2月20日后不再记载,因为地址已经固定下来了。"[①]

从当年《申报》的记载来看,也基本可以确定上述论点。例如,1903年12月8日,广学会在工部局召开第十六届年会,"报告本年办理译印书报各事暨豫筹明岁推广事宜",《申报》当天报道的地址是"江西路"。1905年5月20日,尚贤堂在工部局举行第十五次报告会,"陈明半年内所行之事并十年来大概情形",《申报》22日报道的地点是"三马路"。

上述地点,与工部局大楼的原址相去不远。

1899年以后,公共租界进一步扩大,面积已达3.2万余亩。其时,工部局机构增多,办公用房不敷使用,工部局董事会遂决定建造新大楼。1913年,工部局工务处工程师特纳(T. C. Turner)完成了设计方案,式样为欧洲新古典派与巴洛克式的混合体大楼。原设计方案中,大楼主入口上方有一座50米的塔楼。但是,开工后不久,发现大楼地基沉降,塔楼位置下沉1.5英尺。经过激烈争论,最后不得不取消该塔楼设计。因此,大楼虽然平面规模宏大,但层高并不高,只有四层(后增至五层)。

工部局大楼耗银175万两,造造停停。建造期间,因第一次

[①] 吴志伟,《上海租界研究》,学林出版社2012年版,第62页。

从工部局大楼立面设计图可见,原大楼设有钟楼。后因地面沉降,钟楼未建成

1922年11月建成后的工部局大楼

世界大战爆发一度停工。1919年重新开工,到1922年才正式建成。当年11月16日,新大楼举行启用仪式。大楼总占地约8000平方米,建筑面积约29 800平方米,占地四条马路,颇像一个回字形城堡。楼内共有400间办公室,可以容纳近千人办公。其中央广场占地三亩半,为车马广场,也是万国商团大本营,可停放万国商团装甲车及各类汽车,楼内设有一个室内操练厅,面积1 700平方米;另有一个小型靶场,全部为钢结构。大楼内装潢考究,配有马赛克地坪、柳安木地板和大型钢窗,安装了当时上海最先进的自动电话交换机、卫生设备、电梯和热水汀。外墙以花岗石砌筑,因而又有"石头房子"之称。整幢大楼仿欧洲建筑式样,有爱奥尼克廊柱和半圆形阳台,入口处有凸面扇形廊,可专供小轿车停靠。总之,工部局大楼建筑之豪华、设备之先进,堪称当年上海之最,为中国及远东地区所罕见。

议事厅:"铁房子"

工部局大楼建成后,工部局董事会及各部门均在此办公。董事会会议、总董演说、接待来访者等活动,也多在此举行。此外,这里的会议厅也常被借用开会。

不过,需要指出的是,并不是工部局所有活动都是在此开展的。1923年元旦,爱因斯坦曾在上海演讲过《相对论》。过去有一种说法称,他演讲的地点就在新建的工部局大楼礼堂,看来是个错讹。爱因斯坦的演讲,应该是在南京路上的工部局议事厅举行的。1923年1月1日的《申报》,曾刊出过《欢迎爱因斯坦博士》的广告,内容如下:

爱因斯坦博士是近代科学界的大革命家。他的功绩,不在哥白黎(尼)牛顿之下。是世界学者所公认的,现在博士过沪,于十二年元旦在工部局议事厅,讲演相对性原理,我们备有几本相对性原理的书籍,介绍博士的为人和他的学说,作为欢迎博士的薄意,一般崇拜博士的人想必先睹为快……

"工部局议事厅",就是"工部局市政厅",位于广西路贵州路之间、南京路南侧。当年《申报》在报道"工部局议事厅"时,有时会特定指明地理位置,如"英大马路"或"南京路贵州路转角"等。工部局议事厅建于1896年。这是一幢两层楼的红砖建筑,因屋面由白铁皮构成,俗称为"铁房子"。"铁房子"原为万国商团训练房,占地一万多平方米。据1906年7月8日《申报》报道:"昨晚上海团练兵会操,到者共二百人……各队均于晚间八点四十五分钟在英大马路工部局议事厅会齐,旋各分队前往外白渡桥、洋泾桥及租界内各要隘处驻守……"

"铁房子"楼下附设菜场,楼上可供开会或举行公众集会,一度也是工部局乐队(上海交响乐团的前身)排练演出、举办音乐会的场地,这里还举办过慈善义演和戏剧演出。1923年8月2日,美国第29任总统哈定(W. G. Harding)去世,上海各慈善圈还"借

汉口路上

位于南京路上的工部局市政厅（又称议事厅），建于 1896 年，1929 年拆除

定英大马路工部局议事厅为礼堂"[1]，举行过追悼仪式。

爱因斯坦的演讲，正是在被称为"铁房子"的工部局议事厅进行的。1928年10月，"铁房子"被以130万两出售。1929年拆除后，在原址上建起了新雅粤菜馆。

新政权："人民的意志"

工部局作为行政机构，决策权力由董事会掌握，董事会董事全部来自西人。1928年起，开始有华人董事进入董事会。1941年12月8日，太平洋战争爆发，日军占领公共租界，工部局完全被日军控制，部分西人董事甚至被投入日军监狱。1943年8月，日本一手导演了"交还租界"闹剧。由日伪上海特别市第一区设立区公署，管理原公共租界辖区，公共租界工部局被解散。工部局解散后，工部局大楼成为伪上海特别市政府大楼。

抗日战争胜利后，国民党上海市政府从枫林桥搬迁到这里办公，原工部局大楼改称为国民政府市府大楼。1946年2月，蒋介石在上海露面，"在沪逗留四日"。13日，蒋介石在市府大楼礼堂接见了中外记者。据徐铸成回忆：

有一天，在三马路市府（原公共租界工部局旧址）大客厅举行

---

[1]《申报》1923年9月8日。

中外记者招待会。我当时还在《大公报》任总编辑。他（指蒋介石——引者注）讲些什么，记者们提出什么问题，我现在已毫无印象了。只记得《文汇报》年轻记者唐海曾发问："现在全国团结建国，请问主席，张学良将军何时释放。"我侧目看蒋的脸色立时煞白，怒容满面，后立的戴笠、唐纵等都两目射出凶光。招待会就此收场。[①]

1946年7月4日，旅美近9年的胡适回到上海。次日下午，胡适在记者们的簇拥下也来到这里，出席上海市长吴国桢举行的欢迎宴会，当记者们请他谈谈在美国近9年的感受时，一直面带微笑的胡适百感交集，"一时语塞，不知从何说起"……

1949年5月27日，上海解放。28日下午3点，在这里举行政权交接仪式，国民党上海市代市长赵祖康将旧市府的两枚印章呈交陈毅市长。自此，旧市府大楼成为新生的上海市人民政府大楼。据赵祖康回忆：

> 司令员兼市长陈毅同志偕同副市长曾山、韦悫两同志以及潘汉年、刘晓、周林等同志来到了市府大厦。我怀着喜悦而又紧张的心情欢迎他们，陈毅微笑着同我握手。接着，大家在市长办公室里坐了下来。陈毅同志招呼我坐在他办公桌的对面，问我关于24日晚间陈大庆、陈良是怎样逃跑的情况，我如实作了汇报。同时，周林同志叫我的秘书通知市府旧职工，齐集二楼小礼堂，参加

[①] 徐铸成，《风雨故人》，生活·读书·新知三联书店2011年版，第68页。

我们准备的欢迎会。陈毅同志丝毫没有我见惯了的国民党官僚作风,特别关照让所有勤、杂、工、警人员全部参加。到会的共约二三百人,把小礼堂挤满了。大会由人民政府秘书长周林主持,介绍陈毅司令员兼市长给大家讲话。陈毅同志一开始就说:"你们没有去台湾,很好。我们表示欢迎。"他说:"蒋介石背叛革命,统治了23年,搞得民不聊生。"讲到这里,他指着墙上挂的孙中山先生像,说:"怎么对得起他!"接着说:"历史是无情的。蒋介石现在逃跑了,他是不会甘心失败的。我看还是甘心的好,不甘心最后是要完蛋的!"末了,他说:"上海解放是一个伟大的变革。几十年来在国民党反动统治下的上海,现在已成为人民的城市。请大家各安职守,努力学习,改造世界观,为革命、为人民多做些贡献。我们的党是不会埋没人才的。"他勉励大家服从命令,办好移交,协助接管,听候人民政府量才录用。这番话,深深地感动了与会者,激起了热烈的掌声。[1]

1949年10月1日,毛泽东主席在北京宣布中华人民共和国成立。第二天,上海市人民政府在市府大楼升起了全市第一面五星红旗。

次年5月,刻有陈毅市长手书的"上海解放周年纪念"石匾,镶嵌在原工部局大楼二楼大厅正面的墙壁上。上写:

---

[1] 赵祖康,《回忆上海解放前后我的亲身经历》,上海政协文史资料工作委员会《文史资料选辑·上海解放三十周年专辑》,上海人民出版社1979年内部发行。

汉口路上

1949年10月2日，上海市政府大楼（原工部局大楼）升起了第一面五星红旗

上海人民按自己的意志建设人民的新上海

陈毅敬题

一九五零年五月二十八日立

1955年,上海市人民政府迁到外滩的原汇丰银行大楼办公,老市府大楼(工部局大楼)成为民政、市政工程、园林、卫生、环保等局的办公楼。

1989年,大楼被公布为上海市文物保护单位。

汉口路上

修缮中的工部局大楼（福州路江西中路一侧）。右侧尖顶建筑为圣三一堂（竺钢摄）

华商证券交易所:"拨开云头一看",皆为疯狂

位于汉口路422号

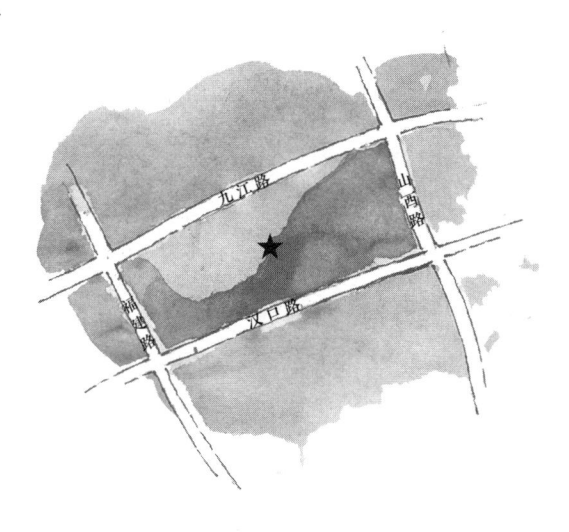

华商证券交易所开张于1921年,原设在一幢三层楼房内。1934年改建为钢筋混凝土建筑,称为"证券大楼"。大楼建筑面积为17000平方米,呈工字形,前后五层,中部八层。底层交易大厅设九个交易柜台,四至八层每层有六十个客户房间,为当年远东最大的证券交易所大楼。

两家公司，不同际遇

19世纪70年代起，部分华资企业开始实行股份制，较著名的有轮船招商局、仁和保险公司、开平煤矿、上海织布局、济和保险公司、上海锯木厂、中国电报局和上海机器造纸总局等。这些股份制企业，均发行股票，在市场上交易买卖。1882年9月，上海成立平准股票公司，专业经营股票交易。当时的《申报》刊文称："初来沪上者，人地生疏，欲买股票苦无门路……今平准公司逐日悬牌，定出真价，如兑换钱洋所依牌然，可一见而知。"[1]

平准公司，也许是最早经营股票买卖的公司。1914年，北洋政府颁布《证券交易所法》，证券交易开始走上正轨。此后，证券交易所纷纷成立。上海的证交所主要有两家，一家叫"上海证券物品交易所"，另一家就是"华商证券交易所"。

上海证券物品交易所，开设于1920年7月，是由孙中山联合虞洽卿倡议成立的。理事长为虞洽卿，常务理事为闻兰亭、郭外峰等六人，理事十七人，并有日本顾问加盟。该交易所除从事证券交易外，还经营金银、皮毛、花纱布和粮油等物品交易。证券物品交易所的特点，是与国民党关系密切。戴季陶、张静江和陈果夫等，都是该所经纪人，蒋介石也附在他们名下做交易。这些人

---

[1] 《申报》1882年9月27日。

华商证券交易所大楼奠基纪念石

士对虞洽卿恭敬有加，这也为虞洽卿后来亲近国民党蒋介石埋下了伏笔。当年，曾传过一则轶闻：有一天，蒋介石到证券物品交易所办事，茶房金龙正蹲着擦拭铜门槛，挡住了蒋的去路。蒋介石以为茶房故意小看他，一脚把他踢开，双方争吵起来。金龙哭诉到常务理事处，虞洽卿虽觉得蒋介石做得有点过分，但为了顾全蒋的面子，就把金龙除名，暗里安排他去另一家公司当茶房。由此可见，虞洽卿左右逢源，交际能力非同一般。

华商证券交易所是由原上海股票商业公会改组成立的，1921年1月正式开张。理事长为范季美，张慰如、孙铁卿、尹韵笙、陈兰庭、冯仲卿和周守良等为理事。范季美是日本留学生，曾在中国银行北京总行任职，因银行规定行员不得从事股票投机，遂辞

汉口路上

原上海证券物品交易所是中国最早的证券交易所

职专做股票交易。后范季美与人倡议,在上海创办华商证券交易所。取名"华商",一是为了区别于上海的两家洋商交易所,二是暗指上海证券物品交易所内有日本资本介入。

华商证券交易所里,人潮涌动、吵吵嚷嚷,一片忙碌景象

华商证券交易所成立后,交易红火,信誉大增,生意远比上海证券物品交易所兴隆。当年《申报》和《新闻报》刊载每日证券行情,都以华商证券交易所数据为准。每天,大批证券商涌进交易所,交易所内一片繁忙。据曾在华商证券交易所担任017号经纪人的林乐耕老人回忆:

汉口路上

　　……16岁时我就踏进了交易所。那个时候进交易所先做练习生,现在叫学徒。当时工资很低,一个月才6块钱,但是交易所的福利很好,分红分得多,一个月分红可以拿到300块。我每天干的活就是把行情写在黑板上。行情有行情表,我看行情表是什么价钱,我就写什么价钱。因为行情变化很大、很快,所以我的字也要写得很快。我写完了,有两个人就把我写的牌子挂起来,底下的客户就根据我牌子上的行情报到公司,公司里有电话间,电话间再把价钱报出去。我就干这个干了一年,一年之后我就升职了,在市场上做拍板,就是做开盘价。①

　　1931年,华商证券交易所每日交易量上升,全年成交量为37亿元,是全部发行额的2.3倍。九一八事变爆发后,交易量虽有下降,但仍有一定规模。相反,上海证券物品交易所的交易额却节节下降。因与政客关系密切,政客们常常贷款不还,导致坏账。到了1933年,上海证券物品交易所已负债累累,对此,虞洽卿黯然神伤。

　　1933年6月1日起,根据国民政府《交易所法》,原上海证券物品交易所的证券业务归入华商证券交易所,上海的本国证券市场归于统一。至此,华商证券交易所成为独一无二的股票和公债市场,地位得到空前巩固。

---

① 李剑阁主编,《资本市场纵横谈》,中国财政经济出版社2002年版,第23页。

华商证券交易所:"拨开云头一看",皆为疯狂

证券大楼,历经风雨

华商证券交易所原为一幢三层楼房,开在汉口路与九江路之间(今汉口路422号)。该楼房三开间门面,沿街为办公室,中间为交易市场。1934年,证券业务扩大后,交易所就在原址上拆除旧屋,翻建成八层钢筋混凝土结构大楼。这个大楼,就是证券大楼。该大楼建成后,上海的股票交易就完全脱离了茶会(在茶馆店交易)形式,开始有了专门交易场地。

证券大楼由中国建筑师陆谦受设计。陆谦受(1904—1991),广东新会人,出生于香港。1927年入读英国伦敦建筑学会建筑学院(AA)。这是一所强调现代建筑理念的学校,陆谦受深受影响。1930年毕业后,陆谦受成为英国皇家建筑学会会员。同年回国,应上海中国银行总经理张嘉璈之邀,任上海中国银行总管理处建筑课课长。

陆谦受设计的作品,多为银行建筑,代表作品有上海证券大楼、中行别墅、同孚大楼、中国银行总行大楼和海宁大楼等。其设计风格,代表了一种突破传统、创新开放的现代建筑理念。他曾和合作者、毕业于美国宾夕法尼亚大学建筑系的吴景奇一起,发表过《我们的主张》一文:"我们以为派别是无关重要的。一件成功的建筑作品,第一,不能离开实用的需要;第二,不能离开时代的背景;第三,不能离开美术的原理;第四,不能离开文化的

精神。"[1]上海证券大楼，正是在这一理念下诞生的。

证券大楼建成后，历经风雨。1937年八一三事变爆发，华商证券交易所停业。1943年11月，受汪伪政权命令复业，主要搞股票投机。抗日战争胜利后，由国民政府接受清理。1946年9月又另设上海证券交易所，理事长为杜月笙，证券大楼遂成为旧上海进行股票、公债投机买卖的大本营，交易所主要以华商工矿企业股票为投机对象，上市股票一百多种，经纪人达二百多名。1948年8月，华商证券交易所正式更名为"上海证券交易所"。

1949年5月上海解放，人民政府实行币制改革：取消金圆券，发行人民币。但当时，人民币在市场上无法流通，硬通货仍是美钞、金条和银元，其源头就在上海证券交易所内金融霸头的操控。据时任上海市警察总队（后改编为上海市公安总队）副政委的铁瑛回忆："我还记得当时有一个统计数字：6月2日以后的一个礼拜里，一块银元从600元（人民币旧币）一下猛涨到1800元；一两黄金从39 100元（人民币旧币）竟暴涨到11万元。"[2]国民党曾扬言，经济上中国共产党将败在他们手中。

为了平抑物价，稳定金融市场，中共中央华东局决定，取缔证券交易所，端掉银元贩子老巢。6月10日上午，上海市公安局局长李士英率400余名公安干警包围证券大楼，抓获了倒卖银元的

---

[1] 陆谦受、吴景奇，《我们的主张》，《中国建筑》1936年第2期。
[2] 文楚，《解放上海的最后一战——铁瑛将军谈取缔上海证券交易所始末》，上海通志馆等编《五月黎明——纪念上海解放70周年》，上海大学出版社2019年版，第263页。

华商证券交易所:"拨开云头一看",皆为疯狂

1949年6月10日,汉口路证券大楼被市公安局查抄,这是被抓获的扰乱金融市场的投机分子

投机商人，并将两百多名"双皮老虎"（国民党特务兼奸商）逮捕法办。据时任《解放日报》记者的作家袁鹰回忆："6月11日，《解放日报》上刊发了一条轰动全上海的新闻：公安局查封了汉口路证券大楼。证券大楼多年来一直是不法商人投机倒把、搅乱市场、操纵上海经济命脉和市民经济生活的罪恶渊薮……我们听几位去现场采访的同志绘声绘色的叙述，都有一种兴奋的胜利感。"①不久，上海证券交易所被关闭，清理停业。

1956年，证券大楼由房管部门管理，后改名为"华企大楼"，由市五金交电供应站等单位使用。

文学描写，情景再现

华商证券交易所是中国证券发展史上的一个坐标。然而，少为人知的是，它在中国现代文学史上，也有一席之地。茅盾小说《子夜》里的交易所，就是以华商证券交易所为历史场景的。

茅盾最初设想，是把《子夜》写成1930年代动荡的农村—城市交响曲。小说原分为三部曲：第一部为《棉纱》，第二部为《证券》，第三部为《标金》。为了描写交易所场景，他决定实地探访华商证券交易所。

当年交易所门禁森严，除了经纪人，其他人一概不得进入。

---

① 袁鹰，《汉口路见证》，《解放日报》2004年5月26日。

为了叩开交易所大门,茅盾找到了过去商务印书馆的同事章郁庵,他当时是交易所的经纪人。"我就找他,请他带我进交易所。他欣然允诺,并对我简短地说明交易所中做买卖的规矩及空头、多头之意义。这在别人,也许一时弄不明白。但我则不然。因为交易所中的买卖与我乡的一年一度的叶(桑叶)市有相像之处。"茅盾的家乡设有桑叶行,每年蚕汛前三四个月,"猜想春蚕不会好的人就向他所认识的农民卖出若干担桑叶",这就像是空头;"猜想春蚕会大熟的,就向镇上甚至邻镇拥有大片桑地而自己不养蚕的地主们预购若干担桑叶",这就像是多头[①]。掌握了基本知识,茅盾对于华商证券交易所的业务已成竹在胸。

1936年2月,茅盾在《良友画报》上写过《证券交易所》一文,详细地描述了他进入华商证券交易所看到的情景:

门前的马路并不宽阔。两部汽车勉强能够并排过去。门面也不见得怎么雄伟。说是不见得怎么雄伟,为的想起了爱多亚路那纱布交易所大门前二十多步高的石级。自然,在这"香粉弄"一带,它已经是唯一体面的大建筑了。我这里说的是华商证券交易所的新屋。

直望进去,一条颇长的甬道,两列四根的大石柱阻住了视线。再进一步就是"市场"了。跟大戏院的池子仿佛。后方上面就是会叫许多人笑也叫许多人哭的"拍板台"。

[①]《茅盾回忆录》上册,华文出版社2013年版,第393页。

汉口路上

……池子里活像是一个蜂房。请你不要想象这所谓池子的也有一排一排的椅子,跟大戏院的池子似的。这里是一个小凳子也不会有的,人全站着,外圈是来看市面准备买,或卖的——你不妨说他们大半是小本钱的"散户",自然也有不少"抢帽子"的。他们不是那吵闹得耳朵痛的数目字潮声的主使。他们有些是仰起了头,朝台上看……这小小的红色电光的数目字是人们创造,是人们使它刻刻在变,但是它掌握着人们的"命运"。

……被外圈的人们包在中央的,这才是那吵得耳朵痛的数目字潮声的发动器。很大的圆形水泥矮栏,像一张极大的圆桌面似的,将他们包围成一个人圈。他们是许多经纪人手下做交易的,他们的手和嘴牵动着台上墙头那红色电光数目字的变化。然而他们跟那红色电光一样,本身不过是一种器械,使用他们的人——经纪人,或者正交叉着两臂站在近旁,或者正在和人咬耳朵。

……池子外边的两旁,上面是像戏院里"包厢"似的月楼,摆着一些长椅子,这些椅子似乎从来不会被同一屁股坐上一刻钟或二十分的,然而亦似乎不会从来没有人光顾,坐了半天冷板凳的。这边,有两位咬着耳朵密谈;那边,又是两位在压低了嗓子争论什么。靠柱子边的一张椅子里有一位弓着背抱了头,似乎转着念头:跳黄浦呢,吞生鸦片烟?

……你如果到上面月楼的铁栏杆边往下面一看,你会忽然想到了旧小说里的神仙——"只听得下面杀声直冲,拨开云头一看"。你会清清楚楚看到中央的人圈怎样把手掌伸出缩回,而外圈的人们怎样钻来钻去,像大风雨前的蚂蚁。你还会看见时时有一团小东西,那是纸团,跟纽子一般模样的,从各方面飞到那中央的人圈。你会想到神仙们的祭起法宝来罢?

有这么一个纸团从月楼飞下去了。你于是留心到这宛然各在云端的月楼那半圆形罢。这半圆圈上这里那里坐着几个人,在记录着什么,肃静地一点声音都没有。他们背后墙上挂着些经纪人代表的字号牌子。谁能预先知道他们掷下去的纸团是使空头们哭的呢还是笑的?[①]

小说《子夜》的场景,正是茅盾真实的所见所闻。

今天,汉口路422号的证券大楼依旧巍然矗立。每次路过那里,我脑海中就会映现出茅盾的精彩描述——"拨开云头一看",皆为疯狂。

---

① 《良友画报》1936年2月15日第114号。

汉口路上

从汉口路的同安大楼上俯瞰华商证券交易所大楼,其建筑结构呈阶梯状,层次分明(读史老张摄)

02　教会

圣三一堂:"红墙隐隐云中见"
中西女塾:"宋氏三姐妹"读过的女校
慕尔堂:曾经"居全国各堂之首"

圣三一堂:"红墙隐隐云中见"

位于汉口路江西路口(今江西中路20号)

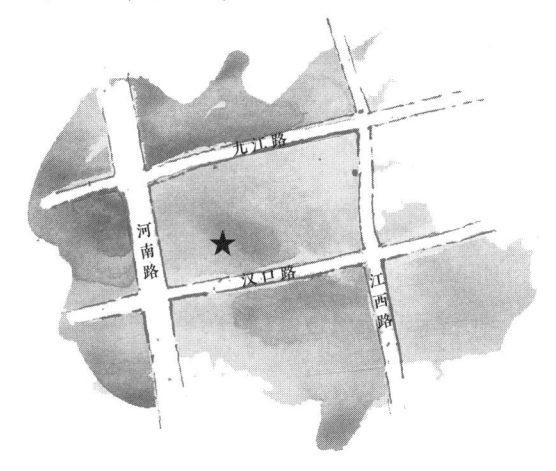

圣三一堂(Holy Trinity Church)是英国基督教圣公会在上海最早建造的教堂。"圣三一"的英文为 Holy Trinity,Holy 即"神圣的"意思;Trinity 为"三位一体"之意。基督教把圣父、圣子、圣灵称为"三位一体",认为上帝只有一个,但包括圣父、圣子、圣灵三个位格,所以往往用三角形来象征上帝。这三者同为一个本体。圣三一堂,就是英国基督教安立甘宗圣公会(又称"规矩会")建造的专供外国侨民进行礼拜的教堂。

汉口路上

见到教堂尖顶,"上海到了!"

1843年上海开埠后,英国人纷纷来到上海,其中约有百余基督教信徒。他们每周做礼拜都要到英国领事馆去,非常不便。1847年,英商电话公司老板贝尔(Beale)在今汉口路与江西路、九江路交叉处购置一块地皮,并捐赠一笔资金建造起了一座教堂,供在沪英国人做礼拜。教堂坐西朝东,因此,东面的一条街被称为"教堂街"(Church Street),1865年后改名为江西路。

该教堂建成后不久,第一任牧师即溺水而死,第二任牧师从房顶上摔落致伤,后来教堂又遭强台风袭击,屋顶坍塌,"雨水经常通过屋顶的裂缝渗进屋内,风时常吹落瓦片,部分瓦片落在了教堂的长椅上"[1]。一连串的祸事,被英国人认为此教堂不吉利。1862年,决定拆除重建。

1866年5月,新教堂破土动工。动工前,举行了盛大的基石安放仪式。这块基石的铭文如下:

圣三一堂基石,上海,照了规矩会的礼仪,在中国规矩会会长指导与监督下,奠基于1866年5月24日。英领:文察斯德。规矩会会长:派克。董事:克倍生凯丝威。司库:狄更生。建筑师:史浩德、凯德纳。承造者:番汉公司。领事馆指派牧师:般区。[2]

---

[1] [英]麦克莱伦,《上海故事——从开埠到对外贸易》,刘雪琴译。[美]朗格等著《上海故事》,三联书店2017年版,第106页。
[2] 路秉杰,《上海的教堂》,《新建筑》1986年第3期。

铭文中的史浩德（George Scott）和凯德纳（William Kidner），都是当年英国著名的建筑大师。史浩德曾设计过伦敦爱尔伯特纪念塔和格拉斯哥大学等著名的哥特复兴式建筑，在英国享有盛誉。凯德纳是当时上海唯一一位具有英国皇家建筑学会会员身份的建筑师，后来他还设计过两项有影响的上海作品——汇丰银行大楼（1877）和宝顺洋行大楼（1878）。

新堂建筑设计图由史浩德在英国完成，他设法将图纸带到上海，由凯德纳负责具体实施。后因经费不足，凯德纳修改了图纸，交英国番汉公司承建。这一情况表明，当时的上海教堂已开始重视正规的建筑设计，而不再满足于由传教士自己设计教堂的做法。1869年8月1日，圣三一堂历时四年落成，并举行了献堂典礼。

教堂平面呈拉丁十字形，长47米，宽18米，屋顶用木构桁架，室内为木拱顶。中厅层高较高，两侧廊低于中厅侧窗的坡顶之下，中厅与侧廊之间由6孔尖券列柱支撑。大堂中央一端设祭台，背后是半圆龛，窗顶发圈用哥特式的尖拱，祭台用大理石砌筑，雕刻精美。教堂建筑式样为哥特式，外墙用红砖砌筑，被上海人称为"红礼拜堂"。自教堂建立起，英国政府每年向教堂拨款500英镑，直到后来教堂经费充裕才撤销拨款。1875年，维多利亚女王把该教堂升格为英国圣公会主教座堂。

1893年，教堂东南角增建了方形塔楼和连廊。塔楼原是史浩德规划的一部分，塔楼基础用4.75米长的木桩625根，外形与法国夏特尔大教堂西南角塔楼相似。塔内装有八音大钟，能按圣诗

汉口路上

1863年,圣三一堂举行落成典礼

1893年建成钟楼后的圣三一堂

圣三一堂："红墙隐隐云中见"

在圣三一堂草坪上的英国水手们

的音韵打钟。后来又增建了塔尖和门斗,塔尖由四个小尖顶和中间一个大尖顶组成,塔内加添了彩色玻璃窗。玻璃窗格绘有《圣经》故事,也记录历史。例如,1892年10月10日,大英邮船公司"薄哈拉号"邮船在澎湖列岛沉没,船上125人溺亡,玻璃窗格上就绘有此事。教堂后部南侧有教长住宅,北侧有教区学校。整个教区气势宏伟,特别是锥顶尖塔高耸入云,是当时上海最高的建筑,被作为上海的象征。外国船只驶近黄浦江,一看到圣三一堂尖顶,就表明:"上海到了!"

中国人眼中的"红礼拜堂"

圣三一堂是当年远东最高级别的英国教堂。1908年,全堂改用电灯照明。1914年,又安装了电动鼓风的大型管风琴,这是远东最大也是第一个使用电鼓风的管风琴。圣三一堂建成后,在沪外国人经常在这里祈祷、祝圣,也有人在这里举行婚礼。

最初,中国人并不能进入圣三一堂做礼拜,所谓"得其门而不入"。本地人也不称其为"圣三一堂",而是根据其红砖外立面,称它为"红礼拜堂"。据查,最早出现在《申报》上的圣三一堂,始于1880年2月19日刊发的"英话书馆"广告。该广告称,英话书馆"择于新正月初十开馆",地点在"二马路红礼拜堂后宅"。此后,《申报》在报道圣三一堂时,一直以"红礼拜堂"称之。直到半个多世纪后的1931年5月5日,《申报》报道了中华圣公会第七届总议会闭幕的消息,才用了"圣三一堂"的提法:"昨日在三马路圣三一堂举行,教友到者甚为拥挤……"

当年,对于红礼拜堂附近区域的中国人活动,租界当局曾有种种限制。一位市民回忆,当年婚丧仪仗游行,均不得通过红礼拜堂附近马路,"本埠浦滩马路及南京路向不准婚丧仪仗游行,必不得已只许横穿通过,此租界定章也。又三马路红礼拜堂举祷告时,如上述导从之鼓乐行经该堂相近,立须静止,以免乱祷告之声浪"。

尽管如此,中国人对红礼拜堂仍不乏赞美。对于中国人来说,红礼拜堂是他们第一次见识到的正规、华丽的基督教堂——原来教堂可以这样有色彩感,装饰可以这样精致,壁画可以这样灿烂辉煌!清末著名画家吴友如曾作过《红礼拜堂》画卷,并为之配了一首调寄菩萨蛮词,词中写道:

圣三一堂:"红墙隐隐云中见"

> 红墙隐隐云中见,
> 琉璃作栋金为殿,
> 生怕断人肠,
> 鲸钟历乱撞。
> 风吹花片片,
> 绣院盈芳甸,
> 礼拜是今朝,
> 纷然各见招。

郑逸梅等人也曾以欣赏的口吻介绍道:"九江路口的红礼拜堂为上海具有悠久历史的教堂,本名圣三一座堂。那时筑屋都用青砖,这里却用红砖,因有此名。里面的花窗,每一扇都缀着有功于教会的名人像,无非借此以留纪念。堂上有塔型的东西,高耸云霄,很远即能望见。据说从前堂前尚有半圆形大池塘,里面蓄着数百尾金鱼,碧藻红鳞,很是动人,现在这池塘已填没了。"[1]应该说,圣三一堂(红礼拜堂)是上海最早真正意义上的西式建筑,它为上海引入了西方建筑学,进而影响了后来的上海教堂建筑。

1937年,闸北圣保罗堂在淞沪会战中被炸毁,中国基督教徒才被允许借圣三一堂举行下午礼拜。从此,圣三一堂由一个侨民教堂转变为上海的城市公共教堂。

---

[1] 郑逸梅、徐卓呆,《上海旧话》。

胡蝶的"海上第一婚礼"

1935年11月23日,著名影星胡蝶与潘有声在圣三一堂举行了婚礼。

胡蝶(1908—1989),原名胡瑞华,出生于上海。1924年进入中华电影学校学习。1925年,应邀拍摄无声片《战功》,开始了她的电影生涯。后与天一电影公司签约,拍摄了《白蛇传》《孟姜女》《珍珠塔》《儿女英雄传》等十余部影片。1928年,进入明星影片公司后,得到郑正秋、张石川的赏识。她主演的《火烧红莲寺》红遍大江南北。1931年,因主演中国第一部有声电影《歌女红牡丹》而轰动海内外。1933年元旦,《明星日报》创办人陈蝶衣发起了评选电影皇后的活动,胡蝶拔得头筹;天一公司陈玉梅位列第二;联华公司阮玲玉获得第三。1934年春节期间,她主演的《姊妹花》上映后,受到观众热烈追捧,连映两月有余,场场爆满,创造了当时国产片的最高票房纪录。

胡蝶长相端庄俏丽,演技出众,一颦一笑,深得人心,也成为当年上海滩的时尚标杆。她穿什么服装,上海滩就流行什么服装;她怎么打扮,上海女人就怎么效仿。据说她曾穿过一件蝴蝶褶衣边的旗袍,风靡一时,人称"胡蝶旗袍"。这一次,胡蝶与德兴洋行经理潘有声结婚,自然引起了全上海的瞩目。

婚礼前几天,《申报》就刊出了如下启事:"参加潘有声胡蝶结婚典礼来宾公鉴:23日潘有声先生与胡蝶女士结婚,来宾惠临,请圣三一堂:"红墙隐隐云中见"

电影明星胡蝶

汉口路上

1935年11月23日,胡蝶、潘有声(前排左五)在圣三一堂举行婚礼。这是婚礼前几天(19日)上海明星公司同仁欢宴致贺的合影

由三马路大门进,九江路大门退。深恐届时拥挤,招待不周,特此奉告。"此次婚典,正式收到邀请函的来宾,计有2000人以上。据说胡蝶好友田汉收到请帖,因正在南京无法前来,特别拍发了一封诗体电报:

> 昨夜飞来红帖子,
> 一时举国欢无比。
> 煮酒都开玳瑁筵,
> 罗丝看绣鸳鸯字。
> 所惜今日事急矣,
> 严霜将已大风起。
> 也应三日下厨房,
> 莫把生涯关在厨房里。①

为了使婚礼顺畅举行,11月21日下午,潘有声和胡蝶特地先期来到圣三一堂,秘密走台彩排。参加彩排的,还有证婚人德维特牧师和男女傧相各两人,以及小傧相、童星黎铿和胡蓉蓉等约20人——中华人民共和国成立后,胡蓉蓉曾任上海舞蹈学校校长,为现代芭蕾舞剧《白毛女》的创作者之一。

婚礼当天(11月23日),各大名店厂商几乎倾巢出动。新新美发厅老板汪志良特聘留美归来的周曼云为胡蝶化妆;鸿翔服装

---

① 《现实(南京)》1935年第2卷第23期。

店老板金鸿翔专派设计师为婚礼全程服务;沪江照相馆老板姚国荣将摄影棚布置得喜气洋洋;无敌香皂厂为胡蝶特制了"胡蝶香皂"……各报馆杂志社也纷纷派出记者、摄影师,沿街守候。一大早,为了一睹"电影皇后"芳容,很多青年男女就拥到了圣三一堂门口。部分嘉宾也提前赶到,教堂只得提前开放。教堂附近,人头攒动,交通堵塞,巡捕不得不在这里维持秩序。

上午10点,胡蝶的婚礼车队缓慢地驶来,"来了!来了!"围观群众兴奋地叫着胡蝶的名字。胡蝶从车窗中探出头,频频挥手致意。下车后,她站在教堂门前台阶上,朝人群深深鞠躬。11点,婚礼正式开始。胡蝶由父亲胡少贡牵着迈向礼堂中央,黎铿手捧盛满花瓣的银托盘紧随其后,胡蓉蓉等一路撒着花瓣。悠扬的乐曲声响起,明星影片公司演员们齐声唱起了专为这场婚礼谱写的《胡蝶新婚歌》:

> 胡蝶,你可实现了你全部的希望。
> 胡蝶,幸福紧紧跟着你咧。
> 假使你遭到不赏心的事,不必皱眉啊也不必忧愁,
> 因为你的生命就是一支歌,平静而美丽……

琴声稍歇,身着大红教袍的德维特牧师开始主持结婚仪式,并宣读婚词。一对新人都以"I will"回答了他的提问。不到一点钟,结婚仪式结束。

第二天,上海媒体纷纷报道了这场婚礼。《申报》的报道称:

我国著名电影演员胡蝶,昨与德兴洋行经理潘有声在九江路基督教礼拜堂举行婚礼,由德维特牧师证婚。前往观礼者,类皆各界知名之士,不下二千人左右。潘、胡及男傧相李祖冰、周余愚,女傧相袁美云、顾兰君等,先在沪江摄取结婚俪影后,至十一时始先后到达教堂,胡衣纯白色礼服,婚纱长三丈,上缀大小蝴蝶甚多,面部亦为纱所笼罩。袁、顾衣色,一为粉红一为紫罗兰色,亦均披短纱。童星黎铿为捧饰盘,胡蓉蓉、陈娟娟为撒花,另一男童为抱纱。胡、潘跪地作基督教婚仪毕,始散。晚在大东酒楼宴客,并有堂会多种至深晚始返西爱咸斯路(今永嘉路——引者注)四五九弄九号潘寓。

这场婚礼,大概是在圣三一堂所办婚礼中最隆重、最热闹的婚礼,被各界誉为"海上第一婚礼"。

……

1941年太平洋战争爆发,圣三一堂被日军占领,教堂外原有广场被日军占用,以作外侨集中营。因长期不获保养,教堂石木风化、屋漏墙蚀,损坏严重。

1950年,圣三一堂堂产交给中华人民共和国政府,由中国基督教三自爱国运动委员会筹委会负责运营。不久,又由中华圣公会以此作为主教座堂。1952年,中国基督教协会首任总干事郑建业在此被祝圣为主教。

1955年,上海市人民政府曾拨款进行过一次大修。1958年全市基督教实行联合礼拜,该堂成为黄浦区联合礼拜的场所。

汉口路上

今日圣三一堂（读史老张摄）

圣三一堂:"红墙隐隐云中见"

今日圣三一堂内景(芮群伟摄)

"文革"中,教堂遭到严重损毁,钟楼也被拆除。改革开放后,圣三一堂由黄浦区人民政府租用。1989年,被公布为上海市文物保护单位。

2005年后,圣三一堂经大修后恢复原貌。2005年6月6日,重归中国基督教三自爱国运动委员会、中国基督教协会使用。2019年,被公布为全国文物保护单位。

中西女塾:"宋氏三姐妹"读过的女校

原位于汉口路西藏路口(今沐恩堂原址)

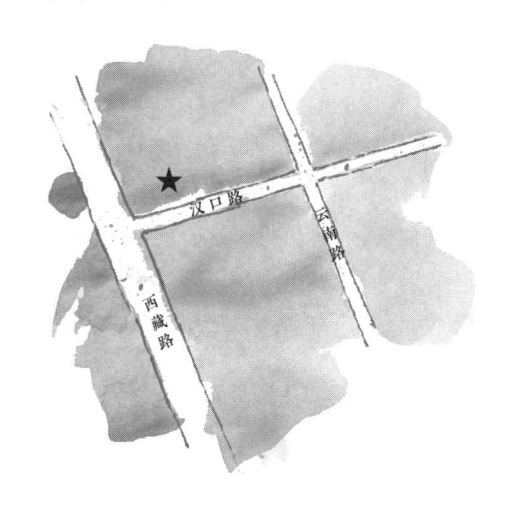

中西女塾于 1892 年由美国传教士林乐知(Young John Allen)筹划创办,第一任校长(总教习)为美国南方妇女监理会女传教士海淑德(Laura Haygood)。

墨梯学校"校誉日隆"

1843 年上海开埠后,西方基督教派纷纷来华传教,最早来到

美国传教士林乐知,是中西女塾的创办人之一

上海的主流派有伦敦传教会、尼泽兰(荷兰)传教会等,以后又有美国长老会、英国圣公会、美国圣公会、美国公理会、美国浸礼会和美国监理会(Methodist Episcopal Church, South)等差会来沪。1848年,美国监理会首派秦佑(Benjamin Jenkins)和戴乐(Charles Taylor)医生到上海郑家木桥(今福建南路口)造堂办校传福音,后回国。1860年7月,第七名监理会传教士林乐知到达上海,任监理会中国传教团团长。

林乐知既是美国传教士,也是一名学者。1882年,他创办中西书院,以培养西学和英语人才为主;后又创办华美书馆,开始进军翻译和印刷出版业。他的努力,在社会上引起较大反响。不久,林乐知"鉴于中国女界之锢蔽,绝少高等教育,既刱男学而不办女学,殊非男女平等之道,况女学之关系,较男学尤为重要哉"[①],遂借鉴中西书院经验,建议美国南方妇女监理会在上海创办一所高级女子中学,专门吸收上流社会女子入学。这一建议,得到了美国南方教会领导人、田纳西州监理会会督墨梯(又

---

① 江宗海,《上海中西女塾记》。

译"马克谛耶",Holland N. McTyeire)的鼎力支持,并获得监理会批准。

1890年,林乐知"购得三马路西藏路转角地,以二万五千美金,建校舍于此"。这一地块,就是今沐恩堂原址。1892年初,中西女塾开始招生。2月起,在《申报》上连续刊登招生广告:

美国女传教士海淑德,是中西女塾的首任校长

中西女塾告白

启者,本塾设在英界三马路监理会堂之后面南第二十一号洋房内,专收中华女子,教以中西文字与有关实用之学以及刺绣缝纫杂技等,每月暂收修膳洋三元,藉资津贴,准于二月十八日开塾。如愿来学,请至本塾报名。须请妥保,立写保单。欲知详细章程,或至中西书院或本塾取阅可也。特此布闻。

中西书院监院林乐知、中西女塾总教习海淑德同启

3月中旬,中西女塾在汉口路西藏路口正式开学。校名取为"墨梯学校",英文校名为 McTyeire High School for Girls,以表示对墨梯的纪念。中西女塾冠以"中西",以别于"英华",旨在表明这是一所美国人办的学校,遵循美国学校的办学宗旨和方针。

中西女塾创办时，办学制度非常严格。按照章程，中西女塾招收学生须满8岁以上，"已满十三岁者，必须住馆"。学校"中西并重，不事偏枯，欲专读西文，须由该生父母于入塾前声明，唯圣教书不能不读"。学生"每日八点三刻进塾，十二点钟放饭；西五月起，下午一点半钟进塾，五点钟放学；西十月起，下午一点钟进塾，四点半钟放学。暇时，备有玩具……一为歇暑，约六礼拜；一为年底，约三礼拜，可将学生领归；开学时，再行到塾"。学校课程设置，以中西教育并重，除传授基督教要义外，还有语文、英文、历史、地理、缝纫和烹饪等课程，并设有钢琴、弦乐、舞蹈和声乐等艺术类选修课。

初开学时，中西女塾入学者仅为五人（一说七人）。"此后校誉日隆，遂为社会所欢迎，负笈而来者，乃逐年加增。"1899年，中西女塾"别建新校舍于其左，分课堂、礼堂、宿舍等宅"。1907年，"东北隅之二层楼校舍又焕然新建矣"。后来，中西女塾成为上流社会女青少年梦寐以求的学府，入学者日众，"至为拥挤，有人满之患，不得已借用慕尔堂之后厢为课堂。继又以旧有之课堂不能容纳诸生，乃商诸美总会，以三一堂原址易慕尔堂为礼堂"[①]。这里所指的慕尔堂，是指美国监理会创办于1887年的早期慕尔堂，位于汉口路云南路口，离中西女塾不远；三一堂历史则比慕尔堂更早，由美国监理会创办于1879年。它原先位于郑家木桥（今福建南路延安东路口），后迁至西新桥（今广西北路延安东路口）。三

[①] 江宗海，《上海中西女塾记》。

中西女塾："宋氏三姐妹"读过的女校

20世纪30年代，中西女塾毕业生合影

汉口路上

清末时期一教会女校的毕业照

一堂内也曾办过女塾,名"三一堂女塾",是监理会办的最早学校,后并入中西女塾。

在中西女塾的"宋氏三姐妹"

中国近现代史上不少知名女性,如张乐怡、何纫兰、唐瑛、袁昌英、杨步伟和严幼韵等,都曾读过中西女塾。中西女塾为她们打开了眼界,也为她们的不平凡人生做了注脚。

著名的"宋氏三姐妹"宋霭龄、宋庆龄和宋美龄,早年也在中西女塾上学。斯特林·西格雷夫在《宋家王朝》一书中,曾记述过宋霭龄上学时的情景:

开学了,霭龄辞别了母亲,跟父亲一起去中西女塾。许多年后,她对女友项美丽谈起她第一天上学的情景,还记得清清楚楚:她穿得整整齐齐,身着花格呢上衣、绿裤子;两条辫子扎着缎带;右口袋里装着一盒奶油香糖,左口袋里是一盒又苦又甜的巧克力。另一辆黄包车跟在后边,车上拉着崭新的黑色小箱子,里边装的是她的衣服和个人用品,所有东西上面都工工整整地写着寄宿学校的地址。

詹姆斯·伯克在《我的父亲在中国》一书中,也有过若干描写。作者的父亲是美国传教士步惠廉,也是宋氏三姐妹的父亲宋

汉口路上

耀如在美国的同学。他写道：

> 牧师住宅在教堂旁边的云南路上。街角是马克蒂耶学校McTyeire School，是监理公会专为女子开办的学校。一堵高墙立在学校后院和牧师住宅之间，但伯克家的男孩子学会了爬到家中后院的树上，去看中国女孩——在他们的爸爸不注意的时候。学校里的女孩之一是查理（指宋耀如——引者注）的长女宋霭龄。①

埃米莉·哈恩所著《宋氏家族》一书，也是研究宋家的权威著作，据说该书完稿后曾由宋霭龄亲自审阅订正，书中记述过宋霭龄入学时曾与中西女塾校长理查森的关系：

> "三一堂"地处洋泾浜（爱德华七世大街），是一所为穷孩子开设的学校。这所学校的校长是理查森小姐的好朋友，她每天都坐黄包车来看理查森小姐，并总是把霭龄拉到身边，让她坐在自己的膝上。街上的中国人看见这个外国人和这个小姑娘，总这样说："小洋奴！小洋奴！"②

1904年，宋庆龄入学中西女塾。一位1908年毕业于中西女

---

① 《孙中山宋庆龄研究动态》2005年第一期。
② 埃米莉·哈恩，《宋氏家族》。

塾的旅美上海中西女中校友会会员韦增佩曾说过宋庆龄是她中西女中时期的同学。关于宋庆龄究竟是哪一年进入中西女塾的,史学界似有争议(有说1900年的,也有说1902年的)。但根据她本人在1921年的自述中称:"我在家读书,一直到12岁才被送入教会学校,我的父母都是基督教徒。我在中西女塾就读,直到我有了出洋留学的机会。"[1]宋庆龄自述时才28岁(1921),关于童年的记忆还很清晰。她所说的"一直到12岁",应该是传统说法上的虚岁,那年正好是1904年。宋庆龄进入中西女塾读书以后,取英文名字为Rosamond(罗莎蒙德),其英文意思是:学习勤奋,善于思考。事实上,宋庆龄一进入女塾学习,就跟上了节奏,再加上她勤奋努力,各门功课一直名列前茅。

与此同时,宋美龄也和姐姐一起在中西女塾读书。据姚民权回忆,他在上海卫理公会工作时,"曾听江贵云(江长川之幼妹)讲,她入中西女塾时和宋美龄在校园草地上(今西藏路沐恩堂一带)做'抓人'的追逐游戏"[2]。江长川是监理会第一位中国教牧人员,曾任慕尔堂牧师;江贵云则是苏州著名的景海女子师范校长(所谓"景海"者,景仰海淑德也),后任上海卫理公会女子部会计。

宋氏三姐妹似乎都未毕业就离开了中西女塾。1903年,宋霭龄赴美留学。1907年8月,宋庆龄和宋美龄也前往美国读书。

---

[1] 马晶华译,《宋庆龄自述》,《档案与史学》1997年第1期。
[2] 姚民权,《上海景灵堂[景林堂]建堂事迹》,载李天纲、王启元主编《乍浦路》,上海人民出版社2021年版,第67页。

汉口路上

宋氏三姐妹都曾在中西女塾读过书

中西女塾:"宋氏三姐妹"读过的女校

从"中西女塾"到"中西女中"

1917年初,在连吉生(Helen Richardson)校长治下,中西女塾又购得忆定盘路经家花园(今江苏路155号)52亩(一说89亩)土地,并迁往该处。经家花园原为实业家奚某私人房产,内有一幢四层楼洋房,后被改为校舍,"以高等四级生移往该处,更拟增建房屋,成一完全之高等学校,而以三马路之旧有校舍,为附属小学之用"[1]。

1922年,又在该洋房旁建一新校舍(后为五一大楼),底层有一个250座位的小礼堂、饭厅和医务室,楼上为学生宿舍,楼北还有一游泳池,建筑面积共8 114平方米,为哥特式美国学院风格。

1923年4月,初到上海的日本作家村松梢风在国民党交际部长周颂西的陪同下,参观了忆定盘路上的中西女塾。他对当时的校舍有这样的印象:"迎面有一幢两层楼的砖瓦结构的校舍,其他是木结构的平房,有些简陋。那幢砖瓦结构的房子,面宽不过十几米。也没有像样的操场,只有一小块空地,种着一些花草。"在校门口,他们正好遇上即将外出的一位老妇人,周颂西向村松梢风介绍,这就是中西女塾校长。有人据此认为,这位老校长就是首任校长海淑德。[2] 其实不然,海淑德早已在1900年去世,接任

---

[1] 江宗海,《上海中西女塾记》。
[2] 徐静波,《近代日本文化人与上海》,上海人民出版社2013年版,第69页。

的连吉生也于1917年去世。此后又有华德治(Alice G. Waters)、贝厚德(Martha E. Pyle)、葛路德(Lucie Clark)和麦玲雪(Sallie Lai Mackiunon)等女传教士先后任校长。与村松梢风邂逅的"老妇人校长"究竟是谁,尚有待考证。

老校长将他们领进校园,并介绍了一位导引的女教师后,便离开了学校。对于当时的中西女塾,村松梢风在《魔都》一书中有过客观的描述:

……然后我们在替代校长的一个年约四十的女老师的带领下,参观了几间教室和膳堂(食堂)。除了体馆的教室比较像样外,别的旧校舍内的教室都比较狭小幽暗,建造得很粗陋。在花坛的对面有一幢像是仓库一般的小房子,那也是教室。学生的人数非常少,最多的教室里有十五六人,少的只有三个人在上课。从小学三年级开始教授英语。六年级的学生已经能用漂亮的英语与老师对话了,还能诵读很难的课文。老师男女各半,女老师每个人都显得活泼有生气,而且令人难以置信的漂亮。学生也长得很漂亮,与日本的女生相比,都显得很洋气,聪敏伶俐。在空旷的食堂的一角,有个十六七岁的学生独自演奏着管风琴。

学生的脸上充满了愉快的神情,洋溢着亲切自由的空气。我情不自禁地想:"多幸福的孩子呀!"和煦的阳光照射在屋顶上,照在花坛上,有几只蝴蝶在飞舞。

1929年中西女塾向国民政府立案,聘请杨锡珍为第一任中国

中西女塾:"宋氏三姐妹"读过的女校

中西女塾初中部学生表演校园舞蹈

校长。1930年改名私立中西女子中学。1933年拆除旧教学楼，建造新教学楼。1935年底新教学楼落成，名为景莲堂(今五四大楼)。这是一幢倒"T"字形平面的四层混合结构建筑，由匈牙利建筑师邬达克设计，建筑面积共4607平方米，有教室22间，图书馆藏书达10万册，北侧一层有一个设1192个座位的大礼堂，还有教师办公室等。教室设于两侧，中间为走廊，每间教室采光充足。两侧教师办公用房系三层平顶建筑，女儿墙呈城堡式。主入口在南面正中，为二层高大门厅，有彩色尖券玻璃窗和豪华吊灯。整幢大楼至今仍在完好地使用。

1936年，中西女中聘请薛正为校长。1943年夏，日军强占中西女中校舍作陆军第二医院，中西女中迁海格路(今华山路)英国女子中学。1945年8月抗战胜利，学校迁回江苏路校舍。

1952年7月，上海市教育局接管中西女中和圣玛利亚女中，并把两校合并为上海市第三女子中学，校址设在江苏路155号原中西女中校园。薛正长期担任市三女中校长，1984年被聘为市三女中名誉校长。

慕尔堂：曾经"居全国各堂之首"

位于汉口路西藏路口（今西藏中路316号）

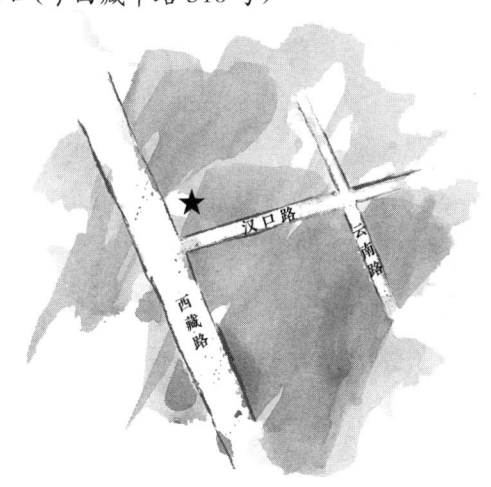

慕尔堂（今沐恩堂），英文名为"Moore Memorial Church"，为美国基督教监理公会为纪念捐款人慕尔（J. M. Moore）家族而定名的基督教堂。

汉口路上

雄伟的监理会教堂

慕尔堂原名监理会堂,清光绪十三年(1887)由美国监理公会传教士李德创立,原位于汉口路云南路交会处。清光绪二十六年(1900),为纪念慕尔家族的捐助,监理会堂改名为慕尔堂。慕尔是美国堪萨斯州的一位信徒,他为纪念死去的女儿,捐了一大笔钱给教会(监理会),并在教堂内设立幼稚园、夜校、女校和女子宿舍等。

19世纪20年代起,教徒剧增,旧堂不敷使用,监理会筹划募捐建造新堂。1926年,募捐到5万元资金,后因这笔钱所存银行倒闭,未能及时提取款项,建造新堂一事暂时搁浅,1929年才开始动工建造新堂。当时有一华商看中中西女塾原址的房产(即慕尔堂现址),拟建扬子饭店。中西女塾也属于美国监理会主持,此时已购到了忆定盘路(今江苏路)土地,急需款项修屋扩建,遂愿将原校址房产卖给华商,条件是"必须将原校址与慕尔堂对调",也就是新的教堂必须建造在原中西女塾的地皮上,于是有了这笔交易。1931年,慕尔堂新堂在中西女塾原址上落成。

慕尔堂新堂为砖木混合结构,坐东朝西,大门开在西藏路(虞洽卿路)。占地面积为1347平方米,建筑面积为3138平方米。由匈牙利籍建筑师邬达克设计,外墙以凹凸红砖相拼,为美国学院哥特式建筑风格,掺杂了罗马风和英国晚期哥特风的特色。

西南角有塔楼一座,为慕尔堂建筑最高处。大堂内顶部及四慕尔堂:曾经"居全国各堂之首"

慕尔堂里的女生们

周门窗为尖拱形,柱子为长方形。堂内彩色玻璃窗上绘制了《圣经》故事画面,并以黄色为主,即使在阴天,也好像有微弱阳光照射,映照出教堂的神秘气氛。大堂分两层,楼下可容560人,楼上可容380人及唱诗班60人。门厅较大,可兼作休息室之用,门厅上层是小礼堂,木构尖拱屋顶,墙上装有壁灯。西南角底层为妇女会堂,二层为女子教堂,三层为音乐室。东南角底层为儿童科,二层为女童军会所,三层为女子宿舍。西北角一层为牧师办公室,二层为青年科集会所,三层为女校。

慕尔堂建成后,被称为"建筑雄伟,居全国各堂之首"。

爱国保教的精神家园

1936年,有一位来自美国加利福尼亚州的教徒向慕尔堂捐款,在塔楼顶部安装了5米高的霓虹灯十字架,并在底座安装马达。一到夜晚,闪亮的十字架四面转动,远远望去,颇为时髦醒目。但由此引发了争议,有人认为这是对宗教神圣的亵渎,也有人认为它是教堂周围妓院、跳舞场林立的象征。

当年的作家们对慕尔堂的想象力则更为丰富。曹聚仁曾说过:

上海南京路,巍然矗立着二十四层楼的国际饭店;前面那一个广场,就是跑马厅。我有一位朋友,写一篇小说,把广场比作西湖,把慕尔堂教堂比作保俶塔,把国际饭店比作雷峰塔,也就有这么一个轮廓。①

不过,左翼文人则对慕尔堂另有看法。袁牧之虽然也把跑马厅比作杭州西湖,但他却把国际饭店比作北高峰,把福州路会乐里比作灵隐寺,而把慕尔堂比作雷峰塔,"它尖顶上的钟声是上海湖边的南屏晚钟"。由此,他进一步抨击道:

那钟声敲信过不少东方人的心,它虽不是直接张牙的豺狼,虽不是直接吮血的臭虫,但它的木鱼声所传的地方,影响的比张牙吮血的豺狼起更毒的作用。它带着弥陀的笑容的假面,得寸进尺地侵略着中国的文化。②

不管怎样,慕尔堂确实影响过中国人的精神生活。

1903年4月,沙俄政府撕毁中俄《东三省交收条约》,并提出七项无理要求,引起全国人民愤怒,各界人士纷纷举行抗议集会和游行,掀起了轰轰烈烈的拒俄运动。5月24日晚上,上海基督教徒聚会于汉口路慕尔堂老堂,为东三省祈祷,并讨论抵制的办法。监理会牧师宋耀如等人发表救国演说,号召教友结成爱国保教联合团体,拒俄救国。这是一个礼拜天,特殊的礼拜仪式变成

---

① 曹聚仁,《上海春秋》,上海人民出版社1996年版,第309页。
② 袁牧之,《神女与女神》,《袁牧之全集·小说卷》,上海文化出版社2019年版,第239页。

了爱国救国集会。宋耀如往来于慕尔堂与美华书馆之间,不巧他的马车撞上了另一辆车,几乎把腿骨撞断。但他不顾伤痛,毅然登台演说:"今俄人夺我之地,我欲自保,并非夺人之地也。教友能结团体,如日方新,有蒸蒸直上之势……"①他的演说,受到各界称赞。12月下旬,教徒们又在慕尔堂集会,牧师沈某发表演说,呼吁教友共陈救亡之策。有一宁波籍教徒慷慨陈词:"某虽孱弱,如外人竟行瓜分,暂必出死力与抗。虽家贫,愿将我一甒一瓦,变卖净尽,以供战费。"②这一切表明,慕尔堂是上海拒俄运动的精神家园之一。

市民的社交学堂

另外,慕尔堂也是"社交学堂"。早在1934年,胡道静就指出:"慕尔堂是一所社交礼拜堂,详言之,就是它不单是做传教的工作,并且兼助一切社会事业的发展,其最显著的表现是办理学校,现在该堂中有学校四所:1.民众夜校(原名惠工学校),这是义务的补习学校。2.慕尔堂夜校,这是业余学校。3.女子高等专修科,初中以上程度之专修科。4.妇女科,为失学妇女设,程度自初小至高小。该堂又有一团童子军,团号二七〇,团名"罗浮",在

---

① 《苏报》1903年5月25日。
② 《俄事警闻》1903年12月22日。

慕尔堂（今沐恩堂）（读史老张摄）

'一二八'事变时,慕尔堂童子军的活动是颇为著名的。"①

唐大郎曾介绍过慕尔堂的基础教育。一例是:"我的太太学问固然不大好,报上文字,她是看得懂的……当我认识她的时候,白天还在读书,天天上慕尔堂,平跟鞋,布旗袍……一面孔'学堂生'打扮。她中文也读,英文也读。"②另一例是:"我们的朋友姜云霞女士,她不过在慕尔堂里读了几个月的英文,却已经能同外国人酬对。有一夜,外国人请她们在扬子饭店吃夜饭,吃完了,姜小姐同外国人握一握手,说了声'骨头摆',第二天报上登出来,姜党的人看见都张着嘴笑了。"③

慕尔堂也是名家演说的地方。1926年4月28日,胡适应上海妇女会、基督教上海青年会邀请,曾在老堂作了《英庚款委员之任务》的演讲。1934年11月,美国演说家艾迪博士曾连续四晚在新堂作演讲,据说他的演讲"日必数千人",堂内堂外都站满了谛听的听众,"各处仍无插足之地",可谓一时之盛。

战时的临时校舍

1932年淞沪抗战中,美国义士肖特志愿协助十九路军,亲自驾机参加对日空战。2月20日,他驾机在苏州上空遇日本战斗

---

① 胡道静,《慕尔堂的纵横观》,《上海研究资料》,上海书店1984年影印版。
② 唐大郎,《才女》,《铁报》1947年12月12日。
③ 高唐,《王熙春的舌头带一点弯》,《社会日报》1939年11月9日。

机,以一敌六,击落敌机两架,自己壮烈牺牲——这是第一位在中国抗战中捐躯的美国飞行员。4月24日,肖特的葬礼就在慕尔堂隆重举行,各界人士前往执绋者达数千人,慕尔堂外的西藏路几乎交通断绝。会毕,肖特灵柩由中美航空队员八人(双方各四人)合抬送上灵车,随即离开慕尔堂,举行出殡。

两次淞沪战争爆发,慕尔堂是重要的难民庇护所,先后有一千余难民在教堂内避难,教堂则组织他们以擦皮鞋、理发等手段谋生自救。日军占领上海部分学校校舍后,慕尔堂又成为这些被占学校的临时校舍。

1937年10月,东吴大学法学院因虹口校舍被日军所占,曾借得南洋路治中女校复课。1938年春,又由治中女校迁到慕尔堂。东吴大学附中也从苏州迁来,借慕尔堂办学。其时,李政道正在东吴附中念初二,也在慕尔堂求学。同时,沪江大学部分学生也曾借慕尔堂作临时校舍。沪江大学校长刘湛恩明确表示:"虽然日本军队每天在附近进行轰炸——有时候楼房感到震撼,但上课仍正常进行,无论教师还是学生都表现了杰出的精神。"①

太平洋战争爆发后,慕尔堂被日军占领,成为日军司令部,部分房舍变成了马厩,堂内座椅大多被破坏。抗战胜利后,教堂收回整修,重新开放。

1958年,黄浦区各教派实行联合礼拜,将慕尔堂改名为"沐恩堂",意为沐浴于主恩之中。每逢圣诞节、受难节、复活节等基督

---

① 刘湛恩,《致沪江大学朋友函》,《档案与史学》1995年第5期。

教节日,这里会举行各种特殊礼拜,国内重大的基督教界会议也选在这里举行。

"文革"期间,沐恩堂遭到重创,堂内停止了宗教活动,一度由黄浦区南京中学使用。据一位当年进驻南京中学的工宣队成员回忆,"1968年的南京中学由于内斗不休、武斗频繁,整个学校满目疮痍,冷冷清清","一进校门所能见到的就是坏桌子、坏椅子、碎灯泡、碎玻璃"。

1979年9月2日,沐恩堂回归基督教管理使用,恢复礼拜,是上海最早恢复宗教活动的教堂。1993年,沐恩堂被公布为上海市文物保护单位,现为上海基督教三自爱国运动委员会所在地。

慕尔堂：曾经"居全国各堂之首"

慕尔堂（今沐恩堂）建筑立面，非常具有装饰艺术风格（竺钢摄）

03 街巷

望平街：赫赫有名的"报馆街"
昼锦里："脂粉飘香"的里弄街巷

望平街：赫赫有名的"报馆街"

位于山东路(今山东中路的南京路至福州路段)

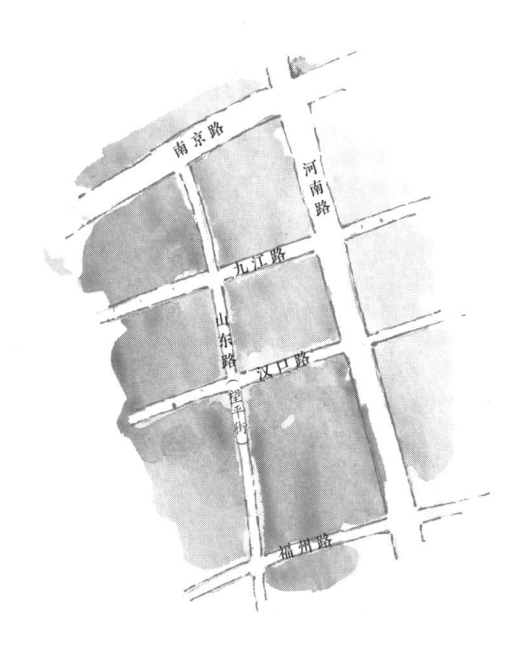

望平街横跨九江路、汉口路，全长约 200 米。清同治四年（1865），英租界工部局将这条路正式定名为"山东路"(今山东中路)，但中国人一直不称此路为山东路，而以望平街名之。

原来，在山东路以西、九江路与汉口路之间，有一个外国侨民公墓(Shantung Road Cemetery)。1843 年上海开埠后，欧洲侨民纷纷入沪定居。然而，侨民死亡后，因当年上海至欧洲海上航行时长约8个月,遗体无法运回欧洲,只得就地安葬。因此,租界当局在山东路建了一个占地11亩的公墓,这家公墓有围墙、通道及殡仪馆,上海人称之为"外国坟山","外国坟在三马路直街,西人之客死沪上者,丛葬于此。绿树阴浓,不见天日,虽曰义冢,亦一清静世界也"①。中国人对死人或坟地多有忌讳,就把靠近外国坟山的这一段山东路叫做"望平街",以祈望平安。

"中国的舰队街"

望平街虽是小街,却是著名的上海报业发源地。上海历史最久、影响最大的报纸如《申报》《新闻报》等,就设在望平街与汉口路的十字路口。

清同治十一年三月二十三日(1872.4.30),英国人美查创设《申报》,聘中国人蒋芷湘主持笔政。因报纸内容适合中国人口味,且经常刊登鼓励向西方学习的议论,引起读者兴趣,发行量迅速上升。后来,申报馆就迁到了望平街上(先在福州路口,1918年后迁汉口路口)。清光绪十九年正月(1893.2),中外商人合办《新闻报》,新闻报馆设在汉口路,离望平街仅几步之遥。《新闻报》创办后,先由英国人丹福士主持,清光绪二十五年(1899)易权美国人福开森,延聘汪汉溪任总经理。《新闻报》以商界为主要对象,以

---

① 黄式权,《淞南梦影录》。

经济新闻为重点内容,大受上海及外埠工商界欢迎。那时,《新闻报》与《申报》齐名,发行量居中国之冠,是经济上最早能独立的中国报纸。

自《申》《新》两报以后,各路报人纷纷到福州路、山东路、汉口路、九江路一带办报。在以望平街为中心的十字形区域里,大小报馆毗连,《时报》《神州日报》《民立报》《民国日报》《时事新报》《商报》《亚细亚报》等都曾在此驻足,后来崛起的《大公报》,也在望平街设有办事处。短短一条望平街,几乎成为上海"报业大本营",并成为全国的报业中心。当年上海竹枝词曾这样描写望平街的盛景:"集中消息望平街,报馆东西栉比排。近有几家营别业,迁从他处另悬牌。"因此,它是当年世界三大名街(即美国金融中心华尔街、英国政治中心唐宁街、中国报业中心望平街)之一,并与英国的报馆街"舰队街"齐名,被誉为"中国的舰队街"。

望平街能成为报业中心,并非偶然。一方面,望平街地处租界,清政府势力不能及,报纸言论有一定自由度,报馆政治风险小;另一方面,望平街靠近外国坟山,虽属租界地区,却并非黄金地段,地价较低,经济支出也不大。这些因素,是望平街报馆林立的主要原因。

政治"晴雨表"

清末民初,望平街是当年政治气候的晴雨表。

汉口路上

1932年,《美国国家地理杂志》拍摄的上海报童

资产阶级维新派就曾在望平街一带办报,宣传变法维新思想,如汪康年、梁启超等创办的《时务报》就在福州路上。后来,资产阶级革命派也在望平街一带活动,这里曾发生过轰动全国的"苏报案"。于右任曾在望平街创办过《民呼日报》《民吁日报》,批判满清政府,虽连遭查封,但他并不灰心,又继续创办《民立报》(后由宋教仁任主笔)。《民呼日报》《民吁日报》《民立报》,先后名为三报,实是一家日报两次再版,时称"竖三民"。这些报纸,成为革命党人的喉舌;其报馆所在地,也是革命党人的联络机关。

武昌起义爆发后,这里出现了"望平街小报"群,约不下三十种,主办者均为同盟会、光复会的革命团体成员与革命的同情者,出版形式则有双日刊、日刊、一日多刊等多种。由于时局关系,这类报纸骤起骤息,刊期不定,并以多种文体报道武昌起义的最新消息。其中,由柳亚子主持兼主编的《警报》,最能吸引读者。

那时,望平街几乎夜夜万人攒动,"仰视报馆牌示捷电,几有一国若狂之概"。上海竹枝词有云:"望平街口日徘徊,民气如云掌若雷。踵接肩摩灯火星,一齐仰盼捷书来。"对此,黄炎培曾有如下描述:

望平街左右相望的报馆,家家大玻璃窗上张贴各地消息。街上日日夜夜群众挤得满满地在打听。一个捷报到来,鼓掌狂欢;一个报告失败,认为这家报馆受清廷指使,诬胜为败,群众高度愤恨地把大玻璃窗砰訇砰訇地立刻打得粉碎。从此报馆不但不敢在门首披露失败消息,特别不敢在报上披露。报上一披露,整个报馆还哪里保得住。这样一片独立声、胜利声,震动全国,腐朽的清廷狂骇了。①

望平街的躁动,似乎与南洋公学辜鸿铭辞职也有关联。蔡元培曾就此事有过一段回忆:

自武昌起义以后,望平街各报馆每日发好几次传单,并在馆门口用大字誊写,借示行人,于是望平街有人山人海之状。辜先生那时正在南洋公学充教员,乃撰一英文论说,送某报,责问公共租界工部局,谓:"望平街交通阻滞,何以不取缔?"南洋公学学生阅之,认辜先生含有反革命意,乃于辜来校时,包围而诘责之。辜说:"言论本可自由,汝等不佩服我,我辞职。"学生鼓掌而散,辜亦遂不复到校。此为我回国以后所闻,未知确否。②

辛亥革命成功之后,望平街的报业愈加繁荣。民国初年,望平街及福州路附近新增《大共和日报》《民权报》等多种报刊。据《上海名街志》记载:

其中《民权报》《中华民报》和《民国新闻》,都具"民"字,各有主持人,互不关联,人称三报为"横三民"。袁世凯对这些报纸采

---

① 黄炎培,《八十年来》。
② 蔡元培,《辛亥那一年》,《越风》第20期,1936年10月10日。

取禁止出售办法,迫使停刊。至1913年,几乎所有属国民党革命的报纸被袁查封,史称此为"癸丑报灾"。1915年,薛大可受北京筹安会之命,来上海设言论机关,在望平街11号创办《亚细亚报》,于9月11日出版,鼓吹袁世凯立帝,次日即有人在报社门前投掷炸弹,报社挟政府之力,要求当局缉捕严办,不料12月17日又有炸弹炸毁门窗、桌椅,炸伤主笔刘竺佛……1916年7月,黎元洪下解除"查禁"令后,办报恢复自由,设在福州路附近望平街的报馆达51家,既是报社集中地,也是报纸发行集中场所。每天晨光熹微,望平街报市已开始,许多大小报贩从报馆批来报纸,在屋檐下和人行道上整理,转发各处叫卖零售,也有非此报社驱车前来发报,清晨至上午8时左右,热闹异常。

上文提到的望平街的清晨,实为上海独特一景。"……破晓后,卖报者麇集于报馆之门,恐后争先,拥挤特甚。甚有门尚未启而卖报人已在外守候者,足征各报销畅之广。"①"……四更向尽,东方未明,街头人影幢幢,都是报贩的人,男女老幼,不下数千人。一到《申》《新》两报出版,那简直是一股洪流,掠过了望平街,向几条马路流去,此情此景,都在眼前。"②

抗战之后,上海的报业重心南移,但望平街的地位却一点也没有动摇。据曹聚仁回忆:

---

① 《报馆晨起卖报之拥挤》,《图画日报》第163号。
② 曹聚仁,《上海春秋》,上海人民出版社1996年版,第97页。

汉口路上

这是美国摄影师施塔福拍摄的望平街一景。照片左侧一位年轻人胳膊下夹着一卷纸,似是报馆学徒,后面一位好像是文化人

每天早晨,百川汇海,不管报馆办在哪儿,印出来的报纸,照例流向那条古老的街头去。谁都没有力量改变这一传统观念,另开市场的。《中华时报》创刊那一天,因为印刷上脱了节,迟到望平街半小时,但见街空人散,找不到一个报贩,连我买的一份在内,总共销了十一份,也成为望平街上的趣话。①

由此,曹聚仁总结道:"短短望平街,代表着西风吹动以来的中国文化,从这一街巷的潮浪上,体会着时代的脉搏。从启蒙运动以来,每一个和政治动向有关的人物,没有不在望平街上留下他们的足迹;一部望平街变迁史,也正是一部现代中国政治史呢!"②

商家千姿百态

因为报馆林立,望平街渐成租界商业最活跃的地段。各路报人都喜欢到这里雅集,望平街为传统人士带来了一种全新的生活方式。

包天笑早年告别苏州老家,进入上海报界,最早便在望平街

---

① 曹聚仁,《上海春秋》,上海人民出版社1996年版,第98页。
② 曹聚仁,《我与我的世界》,人民文学出版社1983年版,第350页。

汉口路上

人来人往的望平街。照片右侧显示，报贩们正蹲在地上整理准备上街推销的报纸

望平街：赫赫有名的"报馆街"

上的时报馆供职。《时报》创办于清光绪三十年(1904),"虽然销数不及申、新两报之多,一时舆论,均称为后起之秀,是一种推陈出新的报纸"[①]。《时报》原馆址在福州路广智书局楼上,后在望平街福州路转角处,建了一幢塔式高楼,被称为"巍然巨厦",上有七级"浮屠","微风吹动,可闻铃声",从此,时报馆与申报馆、新闻报馆三足鼎立。

包天笑刚到上海不久,就去拜访了《时报》老板狄楚青和主笔陈景韩,如愿担任了《时报》编辑,开始了他的报人生涯。他在晚年曾回忆过这一时期的工作与生活:

……在馆内楼上,辟出一间房子,做了一个小俱乐部,那个名字,就唤做"息楼",起这个名的意思,无非是聊供休息所需,有许多朋友来访问、闲谈,便请在息楼里憩坐。在报馆里的同仁,工作之余,也在息楼中休息一下。或有朋友见访,就可以在息楼中会客。息楼那一间房子,由报馆供给,不取租费;另雇一个茶房,专管息楼内的茶水、差遣等,备了几份日报,供客浏览,所费无多,而得益匪浅。也有朋友们在息楼里吃点心的,好在时报馆在福州路望平街,邻近都是点心店、西餐馆,叫茶房去唤他们送来,自吃自惠钞,很多便利。[②]

不少早期报人的交际活动,多与望平街附近、福州路上的

[①] 包天笑,《钏影楼回忆录》,中国大百科全书出版社2009年版,第316页。
[②] 同上,第328页。

冶游文化有关。早期报人的写作、发稿,多选择在熟识的青楼女子处进行。毕倚虹的《人间地狱》,便对这种冶游文化人生活进行过详尽描述。但是,在望平街附近,更多的是书局、饭馆、影楼、印社、刻字铺和医生诊所,文人在此,工作互相交叉,互为因果。

包天笑曾回忆过当年在时报馆工作用餐的情况:

> 望平街那一带,周围都是饮食店。京馆有悦宾楼,我们吃得最多,因为他可以打一口京片子,伙计们似乎更客气,唤他毕大爷。我们常吃的什么糟溜鱼片、清炒虾仁等,大概是两菜一汤,不喝酒,价不过二元而已。番菜馆那边更多了,有一家春、岭南春等,这时上海的番菜,每客一元,有四五道菜,牛扒、烧鸡、火腿蛋,应有尽有。有一道菜,名曰红酒青果煨水鸭,我们常吃,说是大有诗意。上海的番菜馆有两派,一派是广东派,一派是宁波派,我们所吃的都是广东派……广东菜则杏花楼近在咫尺,但我们不去请教它,专去广东小馆子,什么洋葱炒牛肉、虾仁炒蛋、腊肠蒸一蒸,开价也还不到两元,真是便宜。①

郑逸梅则介绍过望平街上一家菜馆:

> 醉沤居,是何等隽雅的市招啊!这是家酒菜馆,设在望平街

---

① 包天笑,《钏影楼回忆录》,中国大百科全书出版社 2009 年版,第 415 页。

中市,为蜀人王秉恩所开设。秉恩字雪澄,清末任广东臬台。富收藏,又精鉴别,能诗,又擅书法。著作有"平黔纪略"二十卷,"强学簃杂着"若干卷。记得当时醉沤居门上有一嵌字联语"人我皆醉,天地一沤",就是他老人家的手笔。①

郑逸梅还回望过望平街上一家刻字铺:

清末有盐城人底奇峯,曾开设一刻字铺于望平街南口,招牌为"新世界",刻售日本牙印及玻璃章,生涯尚不恶。奇峯因醉心革命,得识几个党人。当辛亥革命时,党人谋光复上海,要镌刻图章,许多刻字铺因清吏逮捕革命党很严,万一事发,恐被株连,不敢承接。底奇峯却当仁不让,慨然应允。但他不敢彰明昭著地刻着,等到夜深,伙友都熟睡了,才偷偷地在灯下奏刀。上海既悬白旗,陈英士设立沪军都督府,他常出入都督府,后来孙中山返国,推举为临时大总统,奠都南京。总统府中设有印局,陈英士竭力保举他,于是他一跃而为总统府镌印局局长。有一天,他跨马出游明孝陵,不料马失前蹄,他从马上坠下,头部触着一块大石头,血流不止,不及医疗而死。孙中山赠赙仪一千元,派卫队护送棺木回沪,并赡养他的家族,且入祠杭州西泠印社。汪切肤为他作传,刻在遗像后面,以为纪念。②

---

① 郑逸梅,《上海旧话·望平街》。
② 同上。

汉口路上

曹聚仁则说,望平街上有过一家著名帽庄:

……我走上了《申报》的五楼,向北俯视,那便是外国坟山。这一坟山后来移到静安寺路西头去……那古老的外国坟山北边,有一家古老的马敦和帽庄,他们的小东主马荫良兄,正是《申报》的董事之一,而他们那家帽庄,从八十岁老太太的包头门到摩登大礼帽,无不应有尽有,代表着整个社会文化。①

名医陈存仁开的诊所,最初也设在望平街:

望平街的新诊所,如期可以迁入,我把它装修一新,这座转角上的房子,还有一个圆顶,上面可以扯旗。那时节上海有一个有名的测字先生,叫作"小糊涂",他女儿是学医的,因此和我很相熟,他为我拣了星期一可以迁居的日子,我哪里能等,在星期日前夜就搬迁各项书籍文件一个人住了进去,挂起牌来,次日开始诊病。②

文人近悦远来

当然,与望平街结缘的,主要还是文人,如作家、报人、编辑家

---

① 曹聚仁,《我与我的世界》,人民文学出版社1983年版,第350页。
② 陈存仁,《银元时代生活史》,上海人民出版社2000年版,第56页。

和艺术家等。

1913年10月,应"丹桂第一台"老板许少卿邀请,京剧名角王凤卿携梅兰芳南下,到上海演出,这是梅兰芳第一次到沪。"丹桂第一台"位于福州路大新街(今湖北路)口;梅兰芳在沪期间,就住在许少卿家里,许家位于望平街平安里(今申报馆南侧)。当时,梅兰芳年仅20岁,初出茅庐,并不为人知晓。在王凤卿引荐下,他先后到望平街拜访了《申报》老板史量才、《新闻报》老板汪汉溪和《时报》老板狄楚青,得到了大力支持。据说,当年有一家报纸为梅兰芳打广告,第一天版面只写"梅兰芳"三字,第二天依然是"梅兰芳",读者猜测纷纷:这是人名?还是花卉?或者是产品?到了第三天,才打出"梅兰芳,京剧名旦,丹桂第一台"等字样……后来,在万众期盼中,梅兰芳出现在"丹桂第一台"。他一亮相,即惊艳全场,引得满堂喝彩,从此一炮打响——可以说,后来走红大江南北的梅兰芳,最先就是从望平街"走"出来的。

1928年夏,胡也频到《中央日报》编副刊《红与黑》,丁玲、沈从文也参与了协助编辑的工作。三人商量,将副刊定名为《红与黑》。据沈从文回忆,胡也频"每夜便得过望平街转角处一幢老房子里,从走动时吱吱格格的扶梯,爬上摇摇欲坠的三楼,坐在办公室一角,发出编好的稿件……丁玲则有时同去,有时又独自在家中等候,或一个从报馆把事情办完,一个在家中的短篇小说也写成了"[①]。后来,《红与黑》副刊停刊,三人即开始自办了《红黑》月

[①] 沈从文,《记胡也频》。

刊。他们还尝试办过《人间》月刊,经营过一家小出版社。这些办刊、办社经历,正是从望平街起步的。

巴金也是从望平街开始文学生涯的,他在自传中说,当年《时报》曾约他写一部连载小说,每天发表一千字左右。当时他住在闸北宝山路宝光里,于是他就把他的《春梦》前几章送去望平街,"我写好三四章就送到报馆收发室,每次送去的原稿可以用十天到两个星期。稿子是我自己送去的,编者姓吴,我只见过他一面,交谈的时间很短"。

1934年的一天清晨,邵洵美从外地乘船回沪,刚下十六铺码头,因时间太早,怕吵醒家人,他索性直奔望平街:

> 走近福州路,已闻到油墨的香味……一条望平街,就像是个菜场,新鲜的货色,摊着给你捡:这是肥大的母鸡,《申报》八个铜板;这是西海的猪肉,吃糖的,《新闻报》也是一样的价钱;你看,这一支支虾都是活的,在跳呢,《晶报》要不要?青菜,红萝卜,海瓜子,蚕豆,《晨报》《时报》《时事新报》《小日报》全买回去了要吃不下……不知怎样,我虽然离开上海不过半月,但是连对报纸都似乎有一种久别重逢的感觉。买了一份,一边走一边看,像是想要在里面找到几个相熟的朋友的名字。[①]

另据翻译家李文俊回忆,1947年,当他还是17岁的少年时,

[①] 邵洵美,《儒林新史》,上海书店出版社2012年版,第22、23页。

曾因在某报上发表了一篇三五百字短文,收到了稿费通知单,心情非常激动。他瞒着家人,按通知单上的地址,来到望平街取稿费。他找到那家报馆,走上楼梯,推开斜支着两根锃亮铜棍的玻璃门,几经打听,终于找到了出纳柜台。那大理石柜台相当高,他抬眼望去,只瞥见那位戴金丝边眼镜的出纳小姐那"烫得蓬蓬松松的头发"。至于稿费拿到多少,他已毫无印象,但有一点可以肯定:扣去来回车资,那点稿费也只够他"买一个三角形小包的花生米了"。

……

上海解放以后,望平街被改名为"山东中路"。外国坟山原址矗立起了黄浦体育馆。申报馆、新闻报馆先后被解放日报社接收;时报馆底楼一度成为上海美术书店。"文革"时,时报馆建筑被认为是"四旧",四层以上被"锯掉"。现已不存,代之以几十层的豪华办公楼。新闻报馆于20世纪初被拆,在原址上建起了申大厦。申报馆虽然仍矗立在汉口路山东中路口,但《解放日报》编辑部早已迁出,现在底楼为一家西餐馆。于是,作为"报馆街"的望平街,终于名不存、实亦亡了。

汉口路上

今日汉口路山东中路口,已不复有当年望平街的热闹景象(读史老张摄)

昼锦里:"脂粉飘香"的里弄街巷

位于南京路以南、福州路以北、山西路两侧的区域

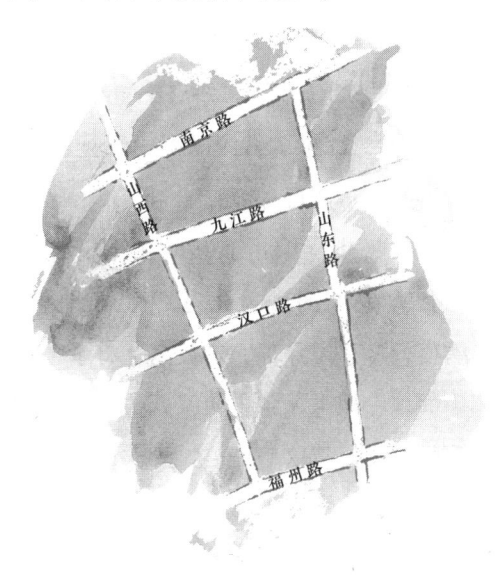

昼锦里是一个街区地名。这个街区,以南京路、九江路、汉口路和福州路为横轴,以山西路为纵轴,范围较广,现已不存。

"衣绣昼行"与"衣锦还乡"

过去,老上海人有"二马路(今九江路)昼锦里""三马路(今汉

口路)昼锦里""四马路(今福州路)昼锦里"的称呼。1876年出版的《沪游杂记》所附《英租界图》上,今山西南路的九江路至汉口路一段已标"昼锦里",汉口路至福州路一段标"南昼锦"。另外,同一时期也有"东昼锦里""西昼锦里"的说法,如王韬在《海陬冶游录附录》中就说:"沪上租界,街名皆系新创,如兆富里、兆贵里、兆荣里、兆华里、东昼锦里、西昼锦里……教坊咸萃于此。"所谓"东昼锦里""西昼锦里",具体以哪一条南北向的马路(湖北路还是山西路?)为分界,尚待考证。

"昼锦"一词,可能与《史记·项羽本纪》中项羽"富贵不归故乡,如衣绣夜行"的慨叹有关。"衣绣"即指身穿锦绣华丽的衣裳;"衣绣夜行",是说穿锦衣走夜路。有了"衣绣夜行",遂有"衣绣昼行"一词。《三国志·魏志·张既传》称:"太祖谓既曰:'还君本州,可谓衣绣昼行。'"这里的"衣绣昼行",有"衣锦还乡""荣归故里"的意思。因此,"昼锦里"这个地名,比之于相邻的地名"盆汤弄"(今南京东路北侧),显得高雅了不少。有必要指出的是,因为"昼"字的繁体字"晝",与"画"字的繁体字"畫"只有一笔之差,近年来也有论者把"昼锦里"误写成了"画锦里",这是一个不该有的错讹。

昼锦里形成于清末。当年这里有民居、商铺、饭馆、旅店、药号、诊所和书局等,也有妓院和赌窝。因为靠近四马路,昼锦里常有"野鸡"(下等妓女)出没,也有油头粉面的冶游者游荡。曹聚仁在《上海春秋》中就曾指出,"昼锦里有一家一林春,那是妓女标会的所在"。因此,这里可谓五方杂处,鱼龙难辨。

20世纪初,昼锦里开始出现了不少石库门建筑,后来形成了一条弄堂,这条弄堂,位于原汉口路360弄的位置,也曾被命名为"昼锦里",这与作为街区的昼锦里稍有不同,后者的范围更大。本书所述的昼锦里,主要指后者。

"老妙香"与"戴春林"

1861年,在三马路昼锦里(汉口路山西路口),出现了一家"老妙香室粉局"。老妙香是上海第一家生产化妆品的工厂,也是中国第一家化妆品专营店。

老妙香以制作、出售鹅蛋香粉、芝兰香粉闻名,店老板是苏州人朱剑吾。他对制作香粉、香油一类化妆品颇有研究。据说有一年初秋,他到苏州园林游玩,扑鼻的桂花香味激发了他的灵感:苏州城一年四季都有盛开的鲜花,何不利用这些自然香料制作香粉、香油呢!后来,他就在昼锦里物色了商铺,开出了"老妙香室粉局",前店后工场,自产自销各种香粉和生发油。

一年四季,老妙香会把从苏州采购的鲜花运回上海,然后用明矾等腌制,炼成香料,再掺进香粉内。朱剑吾制作生发油的原料,则是从菜籽等植物中提取的。老妙香的香粉、香油研制成功后,被命名为"和合牌",很快就占领了市场。

老妙香声名鹊起后,一度传到了清廷皇室。为了博取皇室青睐,朱剑吾又特地研制了一款用绿豆粉、冰片、麝香等为原料制成的香粉——"宫粉",细腻滑爽,香味芳雅,既可美容又能护肤,大受皇室欢迎。一时间,老妙香名扬四海,生意兴隆。其他行业业主嗅到商机,纷纷起而效仿。于是,昼锦里一带,香粉工场和店铺如雨后春笋,竞相冒头。

在昼锦里后来冒出的几十家香粉店中,以"戴春林香粉铺"最为有名。戴春林是扬州老牌子,在明朝崇祯年间就已形成规模,其生产的香粉,早就是当时国内首屈一指的化妆品,一度作为贡品,直接供朝廷宫女使用。当时有《竹枝词》写道:"浓香阵阵袭衣襟,冰麝龙涎醉客心;真伪混淆难辨认,钞关无数戴春林。"

19世纪80年代起,戴春林进军上海,开出十多家分店,仅在昼锦里就有数家,如久记戴春林、和记戴春林、正记戴春林和升记戴春林等。据作家沈寂回忆,小时候,他母亲常去"戴春林","她总是找门面最大的真正老'戴春林'那家去,为我的姊姊们买胭脂香粉。可是后来她发觉有很多女顾客,都打扮得花枝招展,说话嗲声嗲气,行动轻浮邪气,一打听原来都是来自邻近四马路会乐里的妓院。母亲不愿和这些人一起,就不再光顾香粉弄"[①]。作家刘半农在他的《瓦釜集》里,曾把民间文艺喻为"清新的野花香"。他说,我们如果被戴春林的香粉熏得头痛,就请到野外去呼吸一点野花香。显然,在刘半农眼里,戴春林是宫廷化和贵族化的象征。

[①] 沈寂文、戴敦邦图,《老上海小百姓》,上海辞书出版社2005年版,第33页。

昼锦里："脂粉飘香"的里弄街巷

这是画家戴敦邦为《老上海小百姓》一书绘制的插图，名为《香粉弄里的戴春林》

买绣鞋与"办行头"

昼锦里成为"香粉街"以后,一系列为女性服务的店铺也应运而生。例如,周福记、王福祥、金绣斋等,以销售女鞋、童装为主;德大、大华、美章等,以经营绣花被面和绣花女装闻名;源昌、新源祥等,以珠宝首饰为主打商品……因此,昼锦里又有了"女人街"的美誉。直到1924年,湖南长沙人杜秉权还在三马路昼锦里(今汉口路393号)开设过"中美一湘绣庄"。"中美一"店名含义为"中国艺术一流"("中":中国;"美":艺术;"一":独一),杜秉权特地从湖南高薪聘请湘绣名家缪家惠绣制绣品,从此,湘绣名扬上海。这家"中美一",后来成为南京路上著名的老字号——"中艺绣品商店"。

昼锦里的繁华和兴盛,令达官贵人们趋之若鹜。作家沈寂说,小时候,他常跟着母亲到昼锦里的"鸿泰源"女鞋店去买绣花鞋。鸿泰源靠近"小花园",店里女鞋花色多、尺寸全,买多了,还派店员送货。他母亲每隔两三个月就会去,一买就是好几双,分赠给至亲好友。"她在店内挑选绣鞋。我在店门口看橱窗里陈设的各种鞋样,真是好看。同时也看到有不少女客进进出出,都是拎着鞋匣满意而归。"后来,沈寂又听说,在所有到鸿泰源购鞋的顾客中,最引人注目的是一位中年妇人。"她住在浦东,坐着自备包车,搭小火轮到外滩,再到小花园昼锦里。鸿泰源老板薛大容亲自接待。那位妇人选中几双女鞋后并不带走,而是指定要那个绰号'小财神'的店员……亲自送鞋到浦东,可得到赏钱。那位高贵的妇人,就是宋庆龄和宋美龄姊妹的母亲倪桂珍。"①

昼锦里不仅吸引富人,对平民百姓也是一种诱惑。20世纪初,上海流行各种民间戏曲说唱,其中有一段"苏滩"《过年赋》,唱的就是过年前夕,丝织厂女工忙着去昼锦里"办行头":

湖丝阿姐起忙头,一到十一二月俚歇仔手,工钿拿到仔手,要紧赶到四马路昼锦里去办行头,我末要去买只芙蓉佛,我倒要去买瓶生发油,我末要去买只兜,我末要到伊头大马路格拉宝成里去打付金镯头,回到屋里打扮大忙头。时式衣裳蛮考究,小腰身,硬领头,现在行个大袖口。面孔上粉雪雪白,又是白,又是厚,勿晓得俚耳朵背后头日恩(又作"劳坑",指脏污——引者注)倒有三寸厚!

名士诊所与学人餐馆

昼锦里留下过不少近代名人的足迹。

清末名士陆士谔就住过昼锦里。陆士谔(1879—1944),名守先,字云翔,号士谔,别号云间龙、沁梅子等,青浦珠溪镇(今青浦

---

① 沈寂,《昼锦里买绣花鞋》。

朱家角镇)人。他出身于名门望族,但到他祖父一辈时,家道已中落。后来,陆士谔孤身闯荡上海滩,成为颇有名气的小说家。他一生共创作小说百余部,内容涵盖武侠、言情和世态等多方面。其中,最有名的小说是《新中国》。《新中国》以第一人称为视角,幻想了未来的中国和上海。"我"认为,"吾国立宪四十年"后,世界各地都会有"中国货";汉语成了"公文公语";黄浦江上架起了大铁桥;跑马厅建起了"新上海舞台";南洋公学(今交通大学)成了综合性大学,等等。这部作品,准确地预告了不少今日的现实,陆士谔本人也以幻想小说家之名为后人所知。

然而,很少有人知道,当年陆士谔还悬壶行医,其诊所就在四马路昼锦里的上海书局(老上海图书馆)内。有一次,某个广东富商途经此地,见陆士谔正在看病,便请他出诊,为其病危之妻诊治。陆士谔以几帖中药方子,就让其妻药到病除。广东富商感激不尽,欲以重金酬谢,陆士谔婉谢称,只要富商在《申报》上刊登广告,"鸣谢一月"即可。富商笑而应之。从此,陆士谔医名鹊起,成为民国年间蜚声沪上的"上海十大名医"——这是他继"著名小说家"之后获得的又一名头。

20世纪初,知识界人士常在昼锦里聚会,这里见证过中国学术文化史上不少重要事件的发生。例如,张元济进入商务印书馆,就是在昼锦里餐馆的餐桌上商议合资办法的。据高凤池在《本馆创业史》中回忆,那是1901年,张元济时任南洋公学译书院院长,因印书和翻译,与商务主事的夏瑞芳等人常有往来。那时,"夏先生正想扩充本馆,预备设立编译所,想聘请张先生主持编译事务。双方意见相投,一谈之后张先生等愿意投资参加。同时印锡璋先生亦有意参加,就由原发起人,邀请张、印诸先生在四马路昼锦里口聚丰园会议合资办法,并进行成立有限公司"……不久,张元济就辞去旧职,进入了商务印书馆,并担任了编译所所长。

这个"四马路昼锦里口",除了有聚丰园,也有华美药房、第一春菜馆等地标,还设立过商务印书馆临时发行所(后迁至河南路口前上海科技书店旧址)。据藏书家周越然回忆,1907年7月,他从浙江湖州吴兴来上海求学,与哥哥第一次去商务印书馆,就从九江路的"谦泰栈"(一家湖州旅馆)向南走,"经过昼锦里——不多几步,即抵达目的地"。有意思的是,一进印书馆内,他就发现了一件"奇物":"高高悬于天花板之下,啪啪啪的旋转不已,粗粗看它,似分二片,仔细再看,似为四片……我觉得'清风徐来',额上的汗马上就消灭了。"[①]原来,这件"奇物"正是电风扇!这位刚从吴兴来的青年人,终于在"四马路昼锦里口"大开了眼界。

1920年,胡适也来过四马路昼锦里口。那一年,出版家汪原放决定将中国古典名著标点整理出版。这一计划,立刻得到了陈独秀和胡适的支持。7月初,陈独秀为汪原放整理的《水浒》写了《水浒新叙》;7月底,胡适又写成了《水浒传考证》。这两篇力作,成了新式标点版《水浒》的序,为汪原放的整理本增色不少。

不久,胡适来到了上海。据汪原放回忆:

---

① 周越然,《我与商务印书馆》。

汉口路上

《水浒》快要出版了,忽然接到适之兄的信,说是他日内要到上海,再到南京高等师范办的暑期学校教书。我好不高兴,因为还有些事情要向他请教的。

不日,店里有电话到"太平洋",说:"适之先生到了,要来看你,你来先看他罢。"我立刻去了。我们谈到"水浒传考证"已经排好,正在预备做封面,等等。差不多是中饭时了,适之兄要请大家吃徽馆。我的大叔(指胡适老友汪孟邹——引者注)道:"适之,我来请你才对。徽馆,第一春很不错。"

我们到了四马路昼锦里口的第一春菜馆,在吃酒时,适之兄笑着,站了起来,道:"原放,来,敬你一杯。你做的工作很好,很有意思。"

我也站了起来,道:"不敢当。我起初以为标点、分段不很难,现在才知道很不容易做好。今回是尝试尝试,以后还要请你多多的教教我。"[①]

1927年,蒋介石发动四一二反革命政变,被悬赏通缉的周恩来,也曾在昼锦里一带活动过。那时,周恩来的父亲周劭纲也在上海,19岁的堂弟周恩霔则在上海大同大学读书。周恩来辗转得知周恩霔的下落,约他到三马路昼锦里的"上海旅馆"秘密见面。那天,周恩霔是和周劭纲同去的。看到多年未晤的七哥周恩来,周恩霔很激动。据他1981年5月在《与七哥恩来在上海的几次

---

① 汪原放,《亚东图书馆与陈独秀》。

秘密会晤》一文中记载,那次会见中,周恩来除和周劭纲谈论工作外,还关切地询问了恩霔母亲的健康情况,并叮嘱恩霔要努力学习,注意锻炼身体,切勿沾染游荡习气。那时,周恩霔并不关心政治,但七哥不计个人得失的精神和临危不惧的风度,给他留下了极其深刻的印象。

文学比喻与电影画面

在中国现代文学史上,昼锦里也值得一记。

现代作家的文学作品,几乎都提过或记述过昼锦里。例如,周瘦鹃就曾提到过,南京路抛球场与昼锦里之间,是一个"吃喝衣着荟萃之所",他的朋友杨清馨、顾苍生曾在此合组过一家食品店,名为"四五六","以维扬名点、川中佳肴为号召,大足使贪吃贪喝之上海人食指大动,而趋之者若鹜焉"[①]。

阳翰笙的小说《大学生日记》,主要记述"五四"以后的大学生活。他写道,有一天,"我"在校园里看到一期名为《明灯》的壁报,"第一篇赵国维的纪念'五四'的文章,开口就大放其'读书救国'的滥调"。另外,这一期也与过去不同,"皇后宫女们的起居注虽说没有了,可是他们却花样新翻,用大字标题,对女同学建议,他们劝她们:'与其用泊(舶)来品的乔其纱,倒不如用道地货的上色

---

① 周瘦鹃,《礼拜六的晚上》。

杭纺；与其搽巴黎脂粉，倒不如抹国货雅霜；与其跑大马路的三大公司，倒不如走三马路的昼锦里……'"。这里，"三马路的昼锦里"，指的就是"女人街"。

茅盾的小说《子夜》，也提到过昼锦里。他在介绍1930年春国民党新军阀内战对工商业威胁的时代背景时，这样描述道，"战争改变了生活的常轨"，武汉方面形势吃紧，"上海的公债市场立刻起了震动"。"谣言从各方面传来"，华商证券交易所的投机者既是谣言的轻信者，也是谣言的制造者和传播者——在此，茅盾用了一个非常形象的比喻："三马路一带充满了战争的空气！似乎相离不远的昼锦里的粉香汗臭也就带点儿火药味。"

1943年，柯灵受聘接编《万象》杂志，编辑部就设在出版《万象》的中央书店内。这中央书店，位于昼锦里一条弄堂的石库门房子里。楼下是店堂，楼上就是《万象》编辑部，旁边搁一道门，就是老板平襟亚夫妇的卧室。其时，柯灵正在寻求作家为《万象》赐稿。他偶然从《紫罗兰》杂志上读到了张爱玲的小说《沉香屑·第一炉香》。这张爱玲是谁？如何请到她来为《万象》写小说呢？正在踌躇之间，张爱玲出乎意外地来了。

《万象》杂志封面

昼锦里:"脂粉飘香"的里弄街巷

1944年,业余摄影家童世璋等为张爱玲拍摄的照片。张爱玲称单色呢旗袍不上照,就在旗袍外面加件浴衣

汉口路上

柯灵这样记述道：

那大概是七月里的一天，张爱玲穿着丝质碎花旗袍，色泽淡雅，也就是当时上海小姐普通的装束，肋下夹着一个报纸包，说有一篇稿子要我看一看，那就是随后发表在《万象》上的小说《心经》，还附有她手绘的插图。会见和谈话很简短，却很愉快。谈的什么，已很难回忆，但我当时的心情，至今清清楚楚，那就是喜出望外。虽然是初见，我对她并不陌生，我诚恳地希望她经常为《万象》写稿。[1]

这段记述，极有电影画面感：一条弯弯曲曲的弄堂，一幢斑驳陆离的石库门房子，一架吱吱呀呀的木楼梯，一袭色泽淡雅的丝质碎花旗袍，一个腋下夹着的报纸包——这个孤岛时期编辑与作家的故事，就发生在昼锦里。

……

1930年代，上海百货业逐渐兴旺，南京路上"四大公司"和"四小公司"等大中型百货公司相继开设，昼锦里的生意日益清淡。直到中华人民共和国成立后，社会风尚发生了根本变化，这里的商店纷纷转型或歇业，昼锦里的特色经营从此消失。

20世纪90年代，作为弄堂的昼锦里在城市改造中消失。从此，作为街区的昼锦里故事也被人淡忘，渐渐隐去。

---

[1] 柯灵，《遥寄张爱玲》。

昼锦里:"脂粉飘香"的里弄街巷

今日山西路。这是至今仅存的为数不多的昼锦里风貌。一侧的"城区改造项目基地管理办公室"字样显示:它正处于动迁改造前夕(读史老张摄)

04 报馆

申报馆:留下不少"历史之谜"
新闻报馆:一波三折的"美商"报馆

申报馆：留下不少"历史之谜"

位于汉口路309号(原汉口路24号)

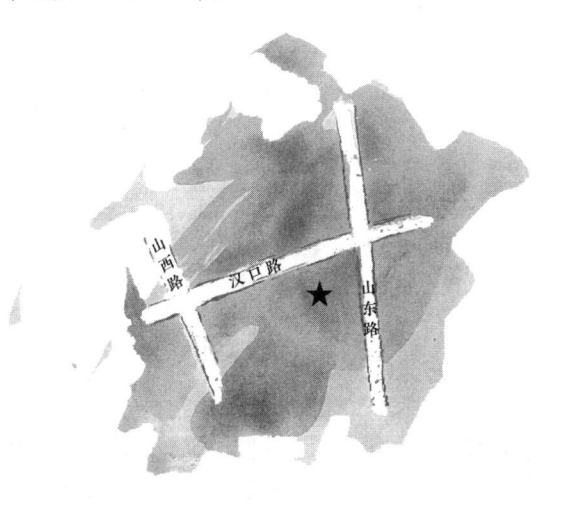

《申报》于1872年4月30日创刊,原名《申江新报》。申报馆原位于"英租界三马路大礼拜堂南首",即圣三一堂南侧,今汉口路江西路口(工部局大楼原址)。1912年后,一度迁至后马路(今天津路)泰记弄,后又迁往福州路望平街路口的时新书局楼上。1918年10月,汉口路望平街路口(今汉口路309号)建成新大楼,申报馆遂迁新址。

汉口路上

国人的"言论机关"

《申报》由英国商人安纳斯脱·美查(Ernest Major)和他的朋友伍华德(C. Woodward)、普莱雅(WB. Pryer)、麦基洛(John Machillop)等一起集资兴办,每人出银400两,共计1600两,公推美查为报纸全权负责人。美查聘请中国人蒋芷湘出任总主笔,钱昕伯、何桂笙为主笔,襄理编辑业务。又派钱昕伯去香港,向流亡海外的《循环日报》创办人王韬求教。王韬不仅为《申报》撰稿,还为之出谋划策,对《申报》早期发展颇多建树。

《申报》

19世纪80年代后期,《申报》采用西方通讯,重视报道国内外大事,包括帝国主义侵华战争及重大案件等。在报道中法战争、甲午战争的新闻中,主张中国应坚守国土,反抗外来侵略,反映了清末国人反帝爱国的忧患意识。其刊载的杨乃武与小白菜冤案始末的报道,前后长达三年之久,轰动朝野,显示了近代报纸在新闻传播和舆论监督方面的巨大作用。

1889年,美查将在沪经营的所有事业改组为"美查有限公司",由华洋四人合股。1902年以后,美查因年事已高,不愿久留上海,回国心切,有意转让《申报》。此时,席子佩在申报馆任会计,目睹"彼时沪上报纸均为外人所操纵、深切痛心,今以美查亟欲返英",认为机不可失,于是纠合有志之士,"集资盘受该报"。不久,美查以7.5万银元代价将《申报》全部产业出让给席子佩等人。于是,这张"全国言论中心"的报纸,成为国人的"言论机关"。席子佩由此名声大振。

席子佩(?—1929),字裕福,祖籍江苏吴县洞庭东山,后迁居青浦。最初,席子佩是与上海道蔡乃煌合资同办《申报》。1910年10月,蔡乃煌被清廷革职,《申报》成了席子佩独资办报。辛亥革命后,民众思想得到解放,社会动荡,各种党派纷争激烈,各派报纸也蓬勃兴起。1912年,《申报》面临改朝换代大潮,因不能与时俱进,一度无法招架,销量大减。10月,席子佩以12万两银元,将《申报》出售给史量才,自己则成为新馆主的留聘经理。史量才接手时,与张謇、赵凤昌等人合伙经营《申报》。到了1915年,《申报》业务腾飞,有了资金积累。此时张謇等人淡出政治,无意继续经营，史量才遂决定归还他们作为期票所资助的钱款，登报声明所有期票均已收回。从此，申报馆就成为史量才的独资产业。

史量才怀抱"新闻救国"的雄心大志，一接办《申报》，就留聘老申报馆全班人马，高薪选聘得力经理张竹平、总主笔陈景韩为两大台柱。在他殚精竭虑的经营下，申报馆业务大见起色，蒸蒸日上。没料到，被辞退的席子佩见状，心生嫉恨，于1915年向法院控告，称自己当初没有收到《申报》招牌款，要起诉史量才补偿损失。史量才认为无理取闹，未予理睬。法院竟以"拒传不到"为由将其拘捕，并判史量才赔付24万两银元。

《申报》官司，在社会上已家喻户晓，许多有正义感的人，都为之打抱不平。据说有位公平洋行的卢少棠，对史量才深表同情。为了助史量才雪耻，表示要以最快速度、最优惠价格，帮助史量才建造申报馆新大楼。1918年10月10日，新的申报馆大楼终于在汉口路望平街路口落成。

与《泰晤士报》并驾齐驱

新的申报馆大门开在大楼东北面。底层为《申报》印刷工场。最新式的美式印报机，每分钟可印刷800份报纸。楼上为办公场所，约有几十个小房间。二楼为营业厅、编辑室；三楼为经理室、编辑室、会客室和餐厅；四楼为编辑室、图书室、校对室和照相间；

申报馆：留下不少"历史之谜"

1918年10月，申报馆营业部职员合影，前排左三为营业部经理张竹平

汉口路上

位于望平街上的老申报馆，门前人流熙来攘往

五楼为宿舍和屋顶花园。申报馆气势恢宏,独领风骚,为当年报馆之罕见。陈景韩曾在《双十节申报新馆落成赋》中叹道,"……览气势之辉煌兮""漫拾级以叩扉兮,知群英之萃聚""凭朱栏而望全宇兮,忽念苌弘之碧血,一时不觉灯火为之失明,天地为之顿窄""试观此琼楼玉宇之矗立云霄兮,何莫非一手一足之由平地而程工也"。

申报馆大楼刚落成时,就接待过蜚声中外的世界名人。1919年5月2日,美国教育家、哲学家杜威(John Dewey)偕夫人来访,受到了史量才的热情欢迎;陪同前来的中国学者,是胡适、蒋梦麟和陶行知。1920年10月,访沪的英国学者罗素(B. A. W. Russell)

1919年5月2日杜威访问申报馆合影。前排左起:史量才、杜威夫人、杜威,后排左起:胡适、蒋梦麟、陶行知、张竹平

下榻西藏路"一品香"旅社。16日,他沿着汉口路健步走进了申报馆。1921年11月21日,世界报业大王、《泰晤士报》老板北岩爵士(Lord Northcliffe)一行到访申报馆。同年12月23日,美国新闻学家格拉士(Frank P. Glass)也前来参访。

当年,申报馆曾在三楼自设餐厅和会客室,它们是申报馆接待世界名人的见证者。杜威在给女儿的信中曾提及,那天他在三楼餐厅,"四点左右时在那里喝了下午茶";晚宴上吃了中国菜,有一道用米做的布丁,里面有八种特色食物,和着杏仁粉的沙司一起吃,"那味道是如此美妙,以至于我后悔当时没有多吃些"……由此看来,杜威吃的是中国传统点心——八宝饭。

罗素到访的当天,《申报》曾发过一则惜字如金的消息:"罗博士已定于今日午时来本馆参观。本馆当引罗博士参观各部以便领教,并略备午膳以尽东道之谊。"这最后一句,表明了对于"本馆"三楼餐厅的信心。北岩爵士到访时,"先请爵士参观全馆各部,次在三层楼餐室宴叙"。在宴会上,北岩将《申报》与《泰晤士报》相提并论:"世界幸福之所赖,莫如有完全独立之报馆,如贵报馆与敝报馆差足与选……"①正是在三楼餐厅,史量才在欢迎格拉士的招待会上,发表了一段有关"本馆宗旨"的言论,颇含深意:"十年来,政潮澎湃,本馆宗旨迄未偶移。孟子所谓'富贵不能淫,威武不能屈',与顷者格拉士君所谓'报馆应有独立之精神'一语……似亦隐相符合,且鄙人誓守此志,办报一年即实行

---

① 《申报》1921年11月22日。

一年也。"①多年以后,史量才因"誓守此志",殒命于沪杭公路上。

名人的身影背后

申报馆还与不少中国名人有缘。

1919年4月,印尼华侨实业家黄奕住决定回国投资,却不知从何处着手。他每日必看《申报》,认为《申报》老板必定见多识广,遂轻车简从,到申报馆登门拜访。在三楼经理室,史量才接待了黄奕住一行。他初见黄奕住衣着朴素,以为对方只是一般乡绅,就向他提议,可以投资建一家银行,五十万、一百万即可。黄奕住不屑地说,那太少了,我可以出一千万!直到此时,史量才才恍然大悟,眼前这位满口闽南语的"乡绅",竟是身揣万贯的印尼"糖王"……这次黄奕住到访申报馆,终于促成了赫赫有名的"中南银行"的诞生——"中南之者,示南洋侨民不忘中国也"。

1920年2月,不满10岁的杨绛随两个姐姐来到申报馆,看望她的爸爸杨荫杭。杨荫杭时任《申报》副刊编辑,他以"老圃"笔名撰写的文字,曾深受读者欢迎。据徐铸成回忆:"我那时比较欣赏署名'老圃'的短文章,谈的问题小,而言之有物,文字也比较隽永。"②那时,杨绛正跟着两个姐姐在启明女校读书。一天,姐姐们

---

① 《申报》1921年12月24日。
② 徐铸成,《谈老〈申报〉》,《报海旧闻》,生活·读书·新知三联出版社2010年版,第12页。

汉口路上

带她走出校门,"乘电车到了一个地方,又走了一段路。大姐姐说,'这是申报馆,我们是去看爸爸!'"。杨绛记得,一见到爸爸,她只规规矩矩地叫了一声"爸爸","差点儿哭,忙忍住了。爸爸招呼我们坐。我坐在挨爸爸最近的藤椅里,听姐姐和爸爸说话。说的什么话,我好像一句都没听见。后来爸爸说:'今天带你们去吃大菜。'""吃大菜",就是吃西餐。等吃完西餐,他们又回到了申报馆,"爸爸带我们上楼到屋顶花园去歇了会儿,我就跟着两个姐姐回校了"①。杨绛提到的屋顶花园,就在申报馆五楼。据说屋顶花园曾养过几百只意大利信鸽,当年《申报》记者会带信鸽采访,写好新闻就让信鸽飞回,比拍电报发稿省事。另外,还有一种说法是,史量才当年还"拟将沿汉口路之屋顶,全部建为平台。为添设探访飞机之停机场及开放露天新闻电影之用"②,后因史量才被刺,终未实现。

1921年7月,26岁的邹韬奋从圣约翰大学毕业,到上海纱布交易所任英文秘书。纱布交易所位于爱多亚路(今延安东路260号,前上海自然博物馆),离申报馆一箭之遥。那时,邹韬奋一心想进新闻界,就与《申报》张竹平取得了联系。张竹平原是圣约翰校友,负责《申报》经营。一天,张竹平找到邹韬奋,希望他去申报馆帮忙,邹韬奋愉快地答应了。于是,每天下午六点以后,他就离开纱布交易所,到申报馆打工。其职责是,根据张竹平口述,用打

---

① 杨绛,《到申报馆看爸爸》,《解放日报》2003年7月14日。
② 黄梁,《申报馆参观记》,《人事管理》1936年第1卷第5期。

申报馆：留下不少"历史之谜"

邹韬奋肖像

汉口路上

字机打成英文回函。邹韬奋这样回忆：

> 我们两人同在申报馆楼上一间小小的办公室里，在我的小桌上摆着一架英文打字机，他的办公桌上七横八竖地堆着不少待复的英文函件……他把意思告诉你之后，你一面在打字机上的的答答地打着，他一面却在房里踱着方步，仍在转着他对于复信的念头。有时你的信打到了一半，他老先生在踱方步中抓抓他的秃头，想出了新的意思，叫你重打过……所以我每夜工作到十点钟，手不停止地在打字机上工作着，每封信打到最后一行的时候，总要很担心地望望那位踱方步抓秃头的朋友！每夜这样工作了几小时，走出申报馆门口的时候，总是筋疲力尽，好像生了一场大病刚好似的。"[1]

就是这短短三周，为邹韬奋后来从事新闻工作做了铺垫。他自己也承认："后来张先生拉我加入《时事新报》，这三星期的练习也许也是一种有力的媒介。"

另外，当年申报馆还留下过不少历史之谜。例如，1912年，史量才等人从席子佩手下买下《申报》，其时，史量才不过32岁，他的钱从哪里来？有人说来自四马路艺妓沈慧芝（后改名沈秋水，被史量才纳为"太太"）的私蓄；也有人说主要是张謇、赵凤昌等人出钱；更有人说是史量才与张謇等合谋代持前清《申报》股份，最

---

[1] 邹韬奋，《经历·患难余生记》，生活书店出版有限公司2018年版，第69页。

终将官股化为私有……究竟如何,似乎都缺乏史料依据。

还有,申报馆大楼顶楼,史量才原是要安装电台的。据柳中燨回忆,"《申报》那时没有电台,好像与《新闻报》合用一架,不自由"。于是,史量才聘请他来申报馆安装电台,"因是秘密架设电台,我直属史先生督管,连每月一百二十元的工钱也是他亲自交给我的"①。那么,一向谨小慎微的史量才,为什么要秘密架设电台?后来为什么又没有搞成呢?

再如,鲁迅曾与申报馆有过多次交集。1932年12月黎烈文任《申报·自由谈》编辑后,鲁迅是《自由谈》最有影响力的作者。最初,他是通过郁达夫联系申报馆的。据鲁迅日记记载,1933年2月3日,"寄达夫短评二";8日,"寄达夫短评二则……收申报馆稿费十二元"。自15日起,鲁迅开始直接联系申报馆,并与黎烈文往来密切。此后的鲁迅日记中,留下了不少"寄《自由谈》稿"或"寄黎烈文信"的记录。然而,9月30日,鲁迅致信黎烈文称:"日译法朗士小说一本及肚围二枚,已于一星期前送往申报馆,托梓生转交。昨晚始知道,先生并不常到馆去,然则函件不知梓生已为设法转致否?殊念。如未收到,希往馆一问为幸。""梓生"即张梓生,时任申报馆编辑。那么,这里的"送往申报馆",是说鲁迅亲自到了申报馆,还是指请人代为"送往申报馆"?鲁迅究竟有没有到过申报馆呢?

……

---

① 柳中燨,《与史量才接触往事》。

1918年建成的申报馆,原建筑呈"L"形。1930年,在申报馆旧屋之南,添建新屋一座,1946年又在新屋上添建一层。新屋呈反向的"L"形。新屋和旧屋之间,正好合围成一个"口"字。难怪后来我到申报馆,从北门上楼,一出电梯口就发现,那里各楼层的房间与房间之间,四面相对,颇像一口深井,若大吼一声,必有回音……这一建筑结构,正好暗合了申报馆的历史:深不可测,魅力无垠。

1949年5月27日上海解放,《申报》停刊,申报馆由解放日报社接收,成为《解放日报》编辑部所在地。20世纪90年代中期,编辑部撤出,申报馆改为写字楼出租。如今,申报馆依然完好地矗立在汉口路上。

申报馆：留下不少"历史之谜"

今日申报馆（汉口路 309 号）。楼下为复旦校友众筹开设的 The Press 西餐馆（读史老张摄）

新闻报馆：一波三折的"美商"报馆

原址汉口路19号，后为汉口路274号

新闻报馆原设在望平街西侧一幢石库门房屋内，馆址为"山东路156号D"。1909年，《新闻报》在汉口路19号（河南路西）基地，建成三开间四层洋式新屋。1926年，租下馆屋东侧和北侧两块房产，与业主颜料巨商薛宝润签订租地造屋契约（租期25年，到期房屋归业主），与原馆屋合并翻造四层大楼。1928年，新大楼建成，占地面积1 200平方米，建筑面积4 800平方米。后因原业主病故，报馆向其遗族购下地基，新闻报馆大楼遂成《新闻报》独

新闻报馆：一波三折的"美商"报馆

1909年，《新闻报》在汉口路19号（河南路西）基地，建成三开间四层洋式新屋

汉口路上

资地产,馆址后来改为汉口路274号。

"不党不偏"的福开森

1893年2月17日,《新闻报》创刊。报馆原属华商组织的私人公司,公推华盛纺织厂英国人丹福士为总董,华商张叔和等为董事。后该公司解体,丹福士成为报馆主人。1899年,丹福士因无力经营《新闻报》,遂为福开森购得。福开森(John Calvin Ferguson,1866—1945),美国传教士,1886年从波士顿大学毕业后来华,先在镇江学习汉语,后赴南京,开课传教。1888年,任南京汇文书院院长。1896年,盛宣怀创办南洋公学(交通大学前身),聘其为教务总长(后任校长)。福开森在华近六十年,对于中国文化、教育、新闻和铁路等事业,均有涉足,影响深远。据说福开森购下《新闻报》,纯属心血来潮。1899年11月4日,他路过英国领事公堂,看见《新闻报》推盘拍卖公告,灵机一动,即用廉价购得报馆全部产权。

美国传教士福开森。1899年,福开森购得新闻报馆全部产权,成为报馆老板

《新闻报》创办初,福开森即以"不

党不偏"为口号。"福经常夸耀地说：'我们美国人是中国人的好朋友，美国人是最公正的。'而这个办报方针后来也就成为《新闻报》的传统编辑方针。"①在《新闻报馆三十年纪念册》里，载有福开森《新闻报之回顾与前途》一文，他对"不党不偏"口号是这样阐述的：

> 本报有一始终不变之方针，是为主张明达之舆论，而又长持此明达之舆论于不衰，凡一切事业足以助中国智识界、道德界、商务界、工业界之进步者，本报无不助其张目……（本报）未尝为任何个人或任何政党所主持而控制，亦未会以本报为个人报其恩怨之机关……凡合于本报之政策者，本报不即以为英雄豪杰；凡不合于本报之政策者，亦不即以为卖国奸人也。

不过，"不党不偏"之方针知易行难。福开森曾接受过清政府"二品顶戴"的赏赐。据曾任《新闻报》主笔的严独鹤说："他每次到上海来，常戴上红顶，坐着大轿，拜会当时的'上海道'和其他官员。这种情形，是我进新闻报馆后听到编辑部里有几位老同事说的，但最近又听到有人谈起福开森，却说他只特备了一颗小红顶，作为纪念，并未高高戴起。不管他戴与不戴，他得到清廷的赏赐，总是事实。"因此，尽管清政府摇摇欲坠，他却很少指责。后来，北洋军阀当政，他任政府顾问，更少批评当局。严独鹤记得："在徐世昌初任总统的时候，我因为舆论对徐大为不满，曾写过一篇短

---

① 陶菊隐，《〈新闻报〉发家史》。

评,其中有这样两句:'徐娘半推半就之姿态,未必能博得人又惊又爱也'。这篇短评,引起福开森责难,特函汪汉溪给我扣上了一顶大帽子,说我是'违反美国报律,侮辱元首'。我当时甚为气恼,汪汉溪却向我解释,说福开森也不过是为了想保全他那顾问的老位置,只要他和总统府之间挂上了钩,顾问的交椅坐稳了,也就无所谓了……"①由此可见,福开森的"不党不偏",不过是蛊惑人心的口号而已。实质上,他是"偏"向当政者的。

1919年,肇嘉路（今复兴东路）翻修地下水道,因施工地段晚间不置示警红灯,致一行人摸黑坠毙。《新闻报》在报道时,刊布了短评,稍微批评了为政者的"惰政"。此事竟触怒淞沪护军使署,护军使署即以诽谤为名,控告《新闻报》。此时,侨寓北京的福开森见状,不得不亲自出面,南下拜访军阀卢永祥。几番转圜,卢永祥碍于"洋人"面子,最后销案了事。

1927年后,中国人要求收回报权的呼声高涨。1929年,福开森顺水推舟,暗地与《申报》总理史量才接洽,将新闻报馆股权出让对方,并改制为华商股份有限公司。从此以后,《新闻报》归国人经营。

1937年抗战全面爆发后,为避开日军新闻监视,《新闻报》只得再请福开森"出山",以美商太平洋出版公司名义,在美国注册。这样,《新闻报》成了"美商报纸",福开森一度又回到新闻报馆。据陶菊隐回忆,福开森回来后,他曾见过福开森:"当我第一次看见他的时候,觉得这位'洋老板'个子很高,官气十足,虽然满面春风,

---

① 严独鹤,《福开森与〈新闻报〉》,上海政协《文史资料》第二辑。

新闻报馆:一波三折的"美商"报馆

1928年,《新闻报》在原馆屋基础上合并翻造四层大楼,馆址即为后来的汉口路274号

汉口路上

新闻报馆建筑三十年的变迁。该图由《新闻报》插画师马星驰绘制

却又道貌岸然;虽然是外国人,满口说的却是南京话……他还是带来了那套'不偏不党'的办报方针,意思是叫编辑人员在言论上不要过分地得罪日本人,必要时还得保持'美商报纸'的第三者地位。"①

1941年太平洋战争爆发,美、日交恶,作为"美商报纸"的《新闻报》被日军查封,并被强行收买。不久,福开森在日美交换侨民时归国,1945年死于美国。

殚精竭虑的汪汉溪

福开森虽是"中国通",但对于办报,毕竟隔膜。因此,他买下《新闻报》后,就像开设"洋行"一样,以华人经理主持报馆业务(报馆内遂有"洋大班"和"华买办"之称)。《新闻报》的首任华人经理,是汪汉溪。汪汉溪(1874—1924),名龙标,以字行,安徽婺源(今属江西)人,前清秀才,梅溪书院肄业。他原在南洋公学任总务员,"住在南市,上下班都是步行,要穿行长长的一条宝

汪汉溪,《新闻报》首任华人经理,颇受福开森赏识,他是《新闻报》事业的开拓者

---

① 陶菊隐,《〈新闻报〉发家史》,《文史资料选辑》第4辑。

汉口路上

昌路(后称霞飞路),来回不下三十里,风雪天也从不请假或迟到"。由此,汪汉溪深得校长福开森的赏识,"就索性把汪调到《新闻报》任经理。当时,这个经理的职务,近于洋行的买办,所以报馆的工役,一直称福开森为总办,而且一定要加上'大人',而对汪,直到他独揽经营大权的时候,老工友还称他为师爷"[①]。

汪汉溪上任后,接过"不党不偏"的办报方针,坚持经济自立。在《新闻报》发展史上,汪汉溪是第一个兢兢业业、殚精竭虑的报人。他专注于报纸内容和版面创新,例如,为新闻配发短评,以文艺副刊和科学专刊充实版面。又开辟"经济新闻",报道商市动向,刊载商情表与进出口及江海船期表;推出"教育新闻",刊载学校动态、体育消息及文化团体新闻等……这些创新,颇受工商界、知识界人士欢迎,大至工厂、公司、商号和洋行,小至澡堂、理发店,都会订阅一份《新闻报》。为此,徐铸成深有体会:

我初到上海时,就听到"老上海"的同事说,上海的各界名流和商店、工厂的老板,不看《新闻报》就不敢放心,因为《新闻报》刊载有关婚、丧事,做寿、开张的广告最齐全,看了后,才便于"交际",免于"失礼"。即使是一个小理发店吧,如果这一地段的流氓"大亨"或包打听头头,登出广告,说某日是"三小女出阁之期",或某日"为先母八十冥寿",看了《新闻报》,就可以及时打点礼金礼

[①] 徐铸成,《报海旧闻》,生活·读书·新知三联书店 2010 年版,第 38、39 页。

物,否则,就必然会招来不测之祸。①

1906年,《新闻报》日销量已达15 000份,超过《申报》,成为旧上海发行量最大的华人报纸。

在报业管理上,汪汉溪也自有一套。首先,他强调新闻报道要迅捷。过去,新闻电报按优待价(每字三分)拍发,但邮电局须待商电拍完后始发新闻电,新闻常被耽搁为旧闻。汪汉溪规定,遇重要新闻,记者可不惜按三等急电(每字三角六分)拍发电报。为了防止邮电遭军阀检查扣押,他遍告记者,可在信封上仅写"上海汉口路十九号曹慎之收"(曹系假名),不写报社名和编辑部等字样;为了方便记忆、节省时间,他又向电话公司选用"365"作为报馆电话号码,并租用邮局专用信箱,以便及早获取新闻。

其次,汪汉溪注重更新印刷设备,加快印报速度。1914年,《新闻报》发行量已达2万份,他及时废止平版单面印报机,改用新购的双层卷筒轮转机,每小时可印7 000份报纸,这是中国报业首先采用的第一台先进机器。1920年,再购三层巴德式轮转机一台、四层高斯式轮转机两台,每两小时可印报5万份。

第三,汪汉溪特别重视原材料储存,做到有备无患。他要求报馆要保持一年以上用纸量,每当白报纸市价较低时,就大量购进,储备待用。1914年,第一次世界大战爆发,海运严重受阻,进口纸张减少、纸价飞涨,但《新闻报》因储备充足,并未受到影响。

---

① 徐铸成,《报海旧闻》,生活·读书·新知三联书店2010年版,第39、40页。

第四，汪汉溪制定了逐年加薪的工资制度，职员薪资高，年终有特薪；退职人员能领取养老金。有一员工突发精神病，无法继续工作，报馆仍坚持每月发薪，直至其去世。当年，在所有报馆中，新闻报馆薪资最高。因此，从业者进入《新闻报》后，都乐于毕生奉献，不愿中途引退。据资深编辑孙玉声回忆："余在《新闻报》《申报》《舆论时事报》等，任职近二十年，期间主宾之宽洽、待遇之优厚、起居之安逸、时间之从容，以《新闻报》最为深惬我心。"[1]

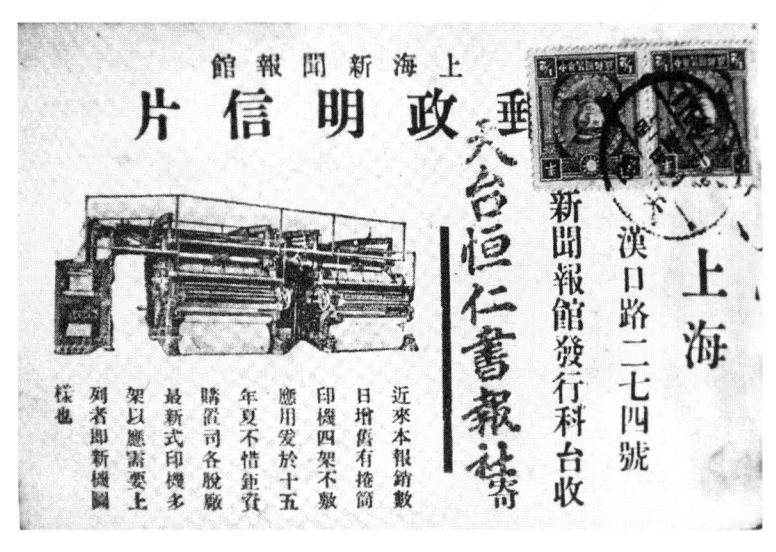

新闻报馆明信片，左侧是报馆新购印刷机的广告图案

1924年11月，汪汉溪因积劳成疾，不幸去世。新闻报馆由其子汪伯奇接任总理、次子汪仲韦任协理。

---

[1] 孙玉声，《报海前尘录·公余逸趣》。

苦心经营的汪氏兄弟

汪氏兄弟接办《新闻报》后,先后经历了北洋政府、蒋介石政权和日本占领当局的统治,办报环境险恶,经营遇到不少难题,可谓一波三折。有一次,汪仲韦偕严独鹤、严谔声等应邀出席复旦大学举办的报纸展览会。严谔声在发言中曾感叹:"在暴力统治下办报,犹如草台班演员表演全武行,尽管小心翼翼地使尽技巧,想博看客几声叫好,而看客总觉还不够卖力……真本领确未显出来,但在这摇摇欲坠的草台上,真要卖尽平生之力,看客是满意了,而这座草台,也就保不住往下坍了。"[1]这一番话,道出了《新闻报》经历的磨难与痛苦。

1927年蒋介石新政权成立,对报纸管控严厉。国民党中宣部曾派官员徐天放进驻新闻报馆,监督经营。汪氏兄弟既不愿接受监管,又不敢加以拒绝,便采取敷衍逶迤之法,"请这位编辑委员主编教育新闻,并且暗示可以拿钱不办事,而徐天放也就乐于在家中纳福,不到报馆工作"[2]。有一次,《新闻报》发布一条新闻,标题上把"蒋委员长"的"蒋"误植为"奖"字,总司令部军法处长陈群见报后,大发雷霆,认为这是亵渎领袖,要求报馆把肇事排字工送交审讯,查明是否有"共党从中捣乱"。汪仲韦细查以后,发现了

---

[1] 丁芸生,《汪汉溪父子与〈新闻报〉》,许涤新主编《中国企业家列传》第5册。
[2] 陶菊隐,《〈新闻报〉发家史》。

原因：这是用"福"号（大小为四个新五号字见方）铅字组成的标题，"福"号铅字都是空心的，经压纸版机一压，那"蒋"字被压得低斜了，无法浇版，排字工就到排字架上去另捡一个换上。结果因为粗心，又不校对，致成此误。尽管事实如此，依然难释军法处之疑。后经报社多方保释，排字工被判三个月羁押。

1928年7月，日军制造济南五三惨案后，张作霖迫于军事劣势，准备放弃北京，逃往关外老巢，这在当时是一件大事。时任《新闻报》采访部主任的顾执中正在北京，他到车站走访，看见堆着大量行李，证明张出走已成现实，便赶回北京办事处，要拍电报给上海，报道这个重要消息。不料，北办采访科主任张亚庸痛哭流涕地劝阻，"说电报局中驻有张作霖新闻检查员，此电稿一送出，大刀队就会来，大家难免做无头之鬼"。经过再三考虑，顾执中对张亚庸说："一、这条重要消息，一定要拍到上海；二、不拍收电人付费的新闻电，改拍发电人付现款的普通电，以避免新闻检查员的注意；三、电文是：'上海汉口路274号陈达哉先生：弟于人晚偕同小妾离京，所有家务，托郭务远先生管理。特此奉告。'"顾执中后来解释说："这是一份未事先约好的密电，其中汉口路274号就是上海新闻报的地址。我哪里有小妾，这个'我'就暗指张作霖；'郭务远先生'就是暗指'国务院'。陈达哉是新闻报馆中一个比较灵敏的编辑，他接电之后，必能译成：'张作霖于×晚离京出关，所有事务由国务院负责办理'。"①此电稿的拟定，让顾执中们

---

① 顾执中，《我与"汉口路274号"》，《解放日报》1982年8月17日。

既避免了被大刀队砍头,又及时发出了新闻。果然,后来《新闻报》接到电报后,就率先发表了张作霖逃离北京的独家消息。

1929年,史量才从福开森手中获得新闻报馆股权,此事只有很少人知道,连汪氏兄弟也被蒙在鼓里。有一天,福开森突然不到馆里来了,"有一个自称为新股东全权代表的董显光,意气昂扬地走进来占领福开森所居的监督室,并且发号施令,凡百元以上的支票,须由出纳课呈送他本人核准签字后方能生效。这一'条谕'发表,全馆人员无不为之骇然。于是大家三三两两地讨论应付策略,初步决定一致不理睬这个颐指气使的新监督,让他一个人冷冷清清地坐在三楼监督室。随后大家知道,报馆的新主人不是别人,正是一贯与《新闻报》争锋对垒的《申报》老板史量才。于是《新闻报》全体人员发动了反对报界托拉司的风潮"[1]。最后,史量才决定,退出部分股票,使之拥有股权不超过50%;并保证不干涉《新闻报》内部事务,报馆仍由汪氏兄弟管理。后来,《申报》和《新闻报》虽为一个老板,但两家仍保持各自特色,互为竞争对手。

抗日战争全面爆发后,《新闻报》一般不发表反日言论。1937年11月,日本军方接管国民政府设在租界内的新闻检查所,并通知各报送检。这时,《申报》《大公报》《时事新报》都已决定停刊。汪氏兄弟则秘密筹划,再次请福开森"出山",将《新闻报》租给美商太平洋出版公司,并向美国特来佛州注册。11月30日,注册证尚未领到,日方已发出通牒:如报纸拒不送检,翌日即不准发行。

---

[1] 陶菊隐,《〈新闻报〉发家史》。

汪氏兄弟决定,暂时送检应付。消息传出后,报馆员工同仇敌忾,在报馆三楼集会,决定怠工,并邀总理处表态。汪仲韦只得含糊其辞表示:"总理处决定送检,但此举非贸然作出,而是经过深思熟虑的。不久,诸位便会了解。"没过多久,"美商"注册证下达,《新闻报》便发布启事称:华商新闻报股份有限公司即日停止出版《新闻报》,将房屋、机器、设备及生财等全部不动产,出租给美商太平洋出版公司,继续出版《新闻报》。所有办事人员,一概移交给新公司安排。当晚,《新闻报》即停止送检。至此,全馆员工遂明白汪氏兄弟的良苦用心。

1941年太平洋战争爆发后,日军进驻租界。"美商"《新闻报》被查封,并被日军强行收买。1945年抗日战争胜利后,国民政府把新闻报馆作为敌产接收,经交涉后,同意将报纸股权归还原业主,由政府控制。于是,《新闻报》由民办报纸变成了"CC系党派报"。

1949年5月27日,中国人民解放军军管会接管新闻报馆。《新闻报》停刊,改组为《新闻日报》。1960年5月31日,《新闻日报》并入《解放日报》,汉口路274号原新闻报馆大楼遂成为解放日报社资产。2006年,大楼被拆,原址上建起了"申大厦"。

05 银行

上海中国银行:渡尽劫波今犹在
中南银行:"示南洋华侨不忘中国也"

上海中国银行：渡尽劫波今犹在

位于汉口路 50 号

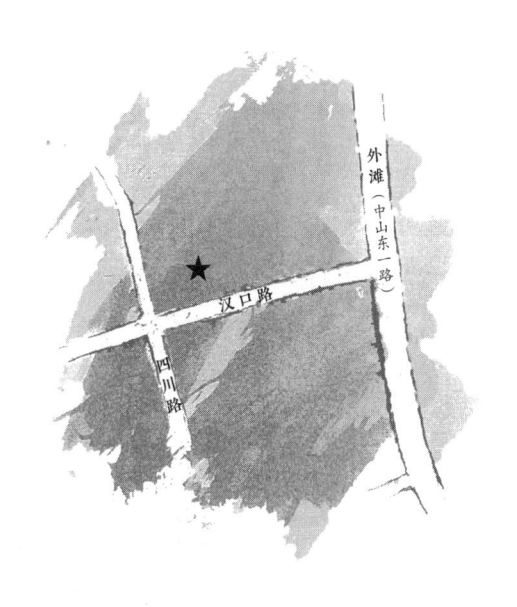

上海中国银行又称中国银行上海分行，成立于 1912 年。中国银行前身是清朝户部所办的户部银行。1905 年 8 月，户部银行在北京开办。10 月，户部银行创办上海分行，行址在上海公共租界汉口路 3 号（今汉口路 50 号）。1908 年，户部银行改名为大清银行；上海分行随之名为大清银行上海分行（简称"大清沪行"）。1912年，大清银行被改组为中国银行，大清沪行遂成为上海中国银行。

大清沪行寿终正寝

1904年3月，清政府军机大臣奕劻奏请试办户部银行，认为"现当整齐币制之际，亟赖设有银行，为推行枢纽"。1905年8月，经奏准后的户部银行正式成立，总行设在北京西交民巷，另在天津、上海设分行。

户部银行为国家银行性质，总办和副总办均由户部选派。但在实际操作中，又实行官商合办，该行额定股本为400万两银子，分为4万股，每股100两，其中由户部认购2万股，其余由国人购买，持100股以上的4人为银行理事。后因应募者寥寥，户部又拨款50万两，作为开办分行的资本。1905年10月31日，户部银行上海分行成立，陈宗妫为总办，焦发昱为经理、席裕光为协理。

1908年7月，清政府度支部奏定，户部银行改称为大清银行，决定添股至1000万两，每股100两，其中清政府认购5万股。至1910年底，新增股款缴足。大清银行的改组，进一步确定其中央银行性质。各地凡遇市面不振、银根紧张之际，均由该行呈准度支部借款，以维持市面、结算存息。

大清银行改组后，户部银行上海分行遂成大清沪行。大清沪行的职责之一,是经理"赔还洋款"。1894年甲午战后,清政府每年须向列强各国支付大量赔款,需在上海用白银折成英镑结算,镑价(汇率)高低对实际赔款数额影响巨大。此项业务,原由上海道(属江苏省管辖)主理,户部银行成立后,户部即责成上海分行会同上海道协办。大清沪行在经理赔款时,效率高、度衡准,每岁节省之数颇巨,大清银行总行对此颇为满意。1911年7月,时任总行监督的叶景葵曾上奏度支部,拟将所有赔款事宜均交由大清沪行署理。后因武昌起义爆发,此事未成。

在"赔还洋款"等业务中,大清沪行声誉日隆,成为大清银行总行辖下一家重要的分行。1907年4月,总行派定副监督驻上海。因此,大清沪行不设总办。1909年春,总行以上海为东南大埠,地位重要,派正监督移驻上海,副监督入京管理总行事宜。是年4月,正监督入京而不驻上海,大清沪行重设总办一职,由户部员外郎钱宗潮试署。

1910年初,大清沪行经理焦发昱等因舞弊被免职。7月,由宋汉章接任经理。宋汉章(1872—1966),名鲁,浙江余姚人,出生于福建建宁。其父曾在福建办盐务,并营木业,后参与开创上海电报局。宋汉章早年随父来沪,就读于上海中西书院,毕业后进入上海电报局,1895年任上海海关关员。离职后,宋汉章做过中国通商银行"跑楼"(即翻译),担任过北京储蓄银行经理,逐步成长为业务熟练、处事稳重的金融家。他受命出任大清沪行经理后,积极整顿行务,稽核旧账,分别催收,清算成效显著。上海的外商银行原不收用大清银行纸币,经他联络,外商银行开始收用。

为此,总行特为宋汉章增加月薪数十两。

1911年10月,武昌起义爆发。11月3日,上海光复,此时大清沪行业务虽受冲击,但因地处公共租界,仍能照常营业。5日,宋汉章与叶景葵、总行秘书项藻馨、江西分行总办吴鼎昌等人集议,成立大清银行股东联合会,设办事处于汉口路大清沪行楼上。12月4日,该会改名为大清银行商股股东联合会。

1912年,南京临时政府成立,孙中山任临时大总统。为能在短期内成立中央银行,南京临时政府决定,停止大清银行原有业务,将其改组为中国银行;大清银行原有官股,全数补抵战时各行所受损失;原有房屋、生财等项,统归中国银行接收应用。1月28日,大清银行商股股东联合会召开大会,宣布中国银行成立,大清银行停业清理。2月5日,上海中国银行即在大清沪行旧址开幕营业,宋汉章继续留任,担任上海中国银行经理。至此,大清银行寿终正寝。

小万柳堂事件

然而,宋汉章就职后不多久,3月24日,他就在小万柳堂遭到绑架,轰动上海,史称"小万柳堂事件"。小万柳堂是清末举人廉泉的私家花园,位于沪西曹家渡的苏州河边,介于公共租界与华界之间。

3月26日,《民立报》以《小万柳堂煞风景》为题,报道了事件

上海中国银行:渡尽劫波今犹在

上海滩的金融家合影。前排:宋汉章(左一)、张嘉璈(左二)、钱新之(右一);后排左起:徐寄庼、李铭、陈光甫

汉口路上

经过：

梁建臣，广东顺德人，寓沧州旅馆；邓廷栋（梁甫），广东三水人，寓虹口招商局斜对门。二君系华侨初次来沪。本日（指24日——引者注）下午二时，二君借座曹家渡小万柳堂宴客，商量携资来华拟办银行实业等事，座客为周舜聊、顾达三、宋汉章、刘（柳）滇生、张叔和及小万柳堂主人廉惠清。二时许，尚未入座，突有救生（船名）小轮船，自梵王渡来泊于小万柳堂园内码头，约有十数人号称都督府者，上岸直入客堂，问座中有大清银行之宋汉章先生否。宋君起立，问何事。来人答以奉沪军都督命令，要君至都督府有事面谈。宋君索观公事，来人答曰有有有，作探怀出示状，然始终未见公事，遂被七八人将宋汉章拥抱上船，鞋落苏州河内。又问大清银行胡睦芗先生（时任上海中国银行副经理——引者注）在此否，众客答曰：

左为廉泉肖像，右为小万柳堂帆影楼

座中无胡睦芗。来人不由分说,硬指华侨梁建臣为胡睦芗,梁又不能上海话,蜂拥入船。众客与争,来人各出手枪恫吓,鼓轮向东而去……

关于此次被捕和关押经过,后来宋汉章也录有陈述,并被租界警务处记录在案,内容如下:

在我被捕前不久,张叔和把我介绍给前广东兵备道柳滇生。柳邀请我到哈同花园附近一家外国饭店去吃饭,他说要在饭店里给我介绍两个人,一个姓梁,一个姓邓。他说这二人都是从海峡殖民地来的大富翁。但后来约会延期,原因未详。

梁由柳滇生陪同在我被拘捕前那天上午10时半来银行看我。柳说,梁、邓两富翁意欲开设一家银行,他提议由我当经理。我谢绝道,大清银行停业清理,中国银行已成立,财政总长陈锦涛(Chen Chien Tao)博士要我继任经理,我不能一仆二主。

柳说,他要劝诱两位富翁赞助200万元作为中国银行部分资金。

柳交给我一张在极司非而路小万柳堂吃饭的请帖,我的名字在请帖上列在第一位。梁、邓二人为东道主,午餐定在次日下午2时。

第二天,我去极司非而路赴宴,就被捕了。约有十二名佩带手枪的士兵用船将我带到南市第十团军营,扣押在那里。扣押期间始终有士兵看守着,不许我走动、不许看报,也不准友人与我见面。

扣押三天后,有王、杨二人奉陈其美将军命在军营中对我进行初审。讯问我有关大清银行存款余额和满清政府的资金。

关于债务、往来账户、贷款或定期存款均未问及,也没有原告人出场。

4月15日晚上9时,都督府的一个官员奉都督命来军营释放我。当时团长不在营中,其他一些军官讨论了我的释放问题,我又被解到都督府,后于晚上10时半被释放。

在我关押期间没见到陈其美将军,释放时也没见面。我猜想我的获释是由唐绍仪与陈其美将军二人商定的。

报上登载了两个原告人的名字,可是我从来不认识他们。

陈其美授意在报上说我侵吞银行公款,并鼓动诸股东仿中国银行设立民国中央银行,这些说法毫无根据。

我已建议银行总裁查核账目,现正由陈其美将军、唐绍仪、银行理监事与股东会的代表在静安寺路外事交涉署进行。

4月16日我已向银行总裁递辞呈,但未准。

总裁说,他将以公函告诉在沪各外商银行,自4月18日起我已恢复中国银行经理之职。[1]

从《民立报》报道的"来人奉沪军都督命令",到宋汉章陈述的"奉陈其美将军命",可见事件的幕后主谋,皆指向沪军都督陈其美。

---

[1] 英文本刊载于1912年《上海公共租界工部局年报》"革命绑架案"一章,中文本刊载于上海市档案馆编《辛亥革命与上海——上海公共租界工部局档案选译》,中西书局2011年版,第264—265页。

上海光复后,沪军都督府月支过百万,为筹军饷,陈其美曾欲筹组上海中华银行,作为"日后开办中央银行之基"。他向孙中山再三吁请,将中华银行设立为中央银行,以没收大清银行官股,充作日常用度。孙中山虽对陈其美十分倚重,但并不支持他的主张,而是力主由大清银行改组为中国银行,继续承担中央银行之职责。陈其美的如意算盘落了空,遂设计将宋汉章逮捕,以阻挠大清银行改组,逼宋就范。

事件发生后,临时政府频频向陈其美施压,陈一度难以招架。在社会各界一片声讨声中,最后被迫释放了宋汉章。历时三周(3月24日至4月15日),小万柳堂事件终获圆满解决。

经此一案,宋汉章声名鹊起。作为近代金融家,他在中外金融界享有极高声誉,为社会各界所景仰。

平息停兑风波

1916年5月8日,上海中国银行忽然接到北洋政府发来的密令,要求其"迅速迁出租界"。宋汉章立刻电询政府此举用意,未得回复。稍后,有消息纷纷传来:北洋政府即将下达停兑令,勒令中国、交通两银行停止兑换现银。之所以先令上海中国银行"迁出租界",是为了便于控制该行,执行停兑令。

原来,袁世凯正阴谋称帝,需用浩繁。停止用两行发布的兑换券兑换银两,是为了扣留现银,备为己用。宋汉章闻讯,颇感焦虑:假如银行兑换券停兑,会失信于持券人。持券人遭受损失,银行信誉不再,今后欲图再起,将不可得。他与副经理张嘉璈等商议后,决定一俟停兑令下达,坚持敞开兑银。

当时,上海中国银行所发行的兑换券为数不过千万,宋、张估计,以本行库存现银,合并起来敞开兑现,并不困难。宋汉章又亲自走访英商汇丰银行和日商正金银行,告以违抗停兑令的打算。两行鉴于宋汉章的个人声誉,均表示愿意赞助,各支援银元100万元至200万元。

然而,违抗停兑令,无异于直接与政府对抗。北洋政府完全可以抗命为由,将宋汉章和张嘉璈免职,从而他们根本无法执行敞开兑银的计划。为此,宋汉章专程拜访上海会审公堂法官,向其咨询:一旦上海中国银行抗拒停兑令,有何办法可以让现任经理、副经理留任银行?法官献计曰:如果上海中国银行的利害关系人(如股东、存户和持券人等)向会审公堂控诉该行侵权,就可以成立诉讼;在诉讼期间,政府无权逮捕或撤换现任经理、副经理。得到指点,宋汉章胸有成竹,遂联合上海滩金融界人士叶景葵、李馥荪、蒋抑卮和陈光甫等,商定由他们分别作为上海中国银行的股东、存户和持券人代表,向法庭提起诉讼;宋汉章、张嘉璈则代表上海中国银行应诉。

5月11日,北洋政府的停兑令果然下达。一夜之间,全国交行、中行机构纷纷关上大门,停止兑换现银。第二天一大早,张嘉璈到汉口路上班时,银行门外的三条马路上,早已挤满了人山人海的持券兑银者,他们吵吵嚷嚷,将银行围得水泄不通。当天晚上,张嘉璈在日记里写道:"……勉强挤到行门口,则挤兑者何止2000人,争先恐后,撞门攀窗,几乎不顾生死。乃手中所持者不过一元或五元钞票数张,或二三百元存单一纸。"①

在此情况下,上海中国银行立刻通知挤兑者,凡持有本行发行的兑换券,本行均敞开兑现。除本行收兑外,并可向本行委托代兑的各处兑现。同时,又登报公告:5月13日(星期六)本行将延长办公时间,下午照常开门兑现;5月14日(星期天),本行也将改变不开门办公通例,特别开门半日,照常兑付……不到几天,挤兑风潮遂告平息。

这次违抗政府停兑令,上海中国银行独木撑天,创造了奇迹,而北洋政府却对之无可奈何。1916年5月15日,《新闻报》评论道:

上海中国银行抗拒停兑之后,前日兑出43万元,昨日兑出15万元,两日以来,舆论翕然,然非资力雄厚兼有胆识者,何能若是!此后持有上海中国银行钞票者,均可少安毋躁矣……

经过这场风波,宋汉章声誉再次大振,张嘉璈也一举成名。他们有胆有谋,安然度过挤兑风潮,成为尽人皆知的神奇人物,被社会各界誉为"不屈从北洋政府的勇士"。5月16日,西文报纸《字林西报》发表社论,对宋汉章等人备加称颂:

---

① 姚崧龄,《张公权先生年谱初稿》上册,传记文学社1982年版,第28页。

汉口路上

沪部赖有此举,而不堪设想之惊慌或暴动得以转为无事,此等举动,乃足以当胆略非常,热心爱国之称誉。至记者所以虑及暴动者,则以星期六上午,持票者其势汹汹,苟有迫压,恐难保祸变之弗作,于此又足见该行行长宋汉章氏胆识俱优。当衮衮诸公神经错乱,不惜以国利民福快其一掷之时,独能以应变之才,挽祸机于仓猝也。

这一年,宋汉章44岁,张嘉璈28岁。一年之后,宋汉章即被推为上海商会会长,张嘉璈则于1917年出任中国银行副总裁。1927年,国民政府定都南京,宋汉章出任中国银行沪区行总经理。翌年,中国银行总行从北京搬到上海。1935年,宋汉章出任中国银行总经理。

经过这一风波后,中国银行信誉猛增,业务愈加兴旺。其发行的兑换券,信用大为提高,钞票流通范围也更广,一举改变了外商银行控制上海金融市场的局面。从此,渡尽劫波的中国银行一跃而为中国实力最强、国际化程度最高的第一大银行。

1923年,上海中国银行迁至仁记路(今滇池路)22号原德国总会大楼办公。1937年,新建的中国银行大楼在此地(今中山东一路23号)傲然矗立,成为外滩万国建筑群中一幢标志性的中国特色建筑物。

上海中国银行：渡尽劫波今犹在

原上海中国银行大楼，曾为大清银行大楼。通和洋行设计，建于1908年，为具有巴洛克特征的古典主义风格建筑（读史老张摄）

中南银行:"示南洋华侨不忘中国也"

位于汉口路110号(原汉口路4号)

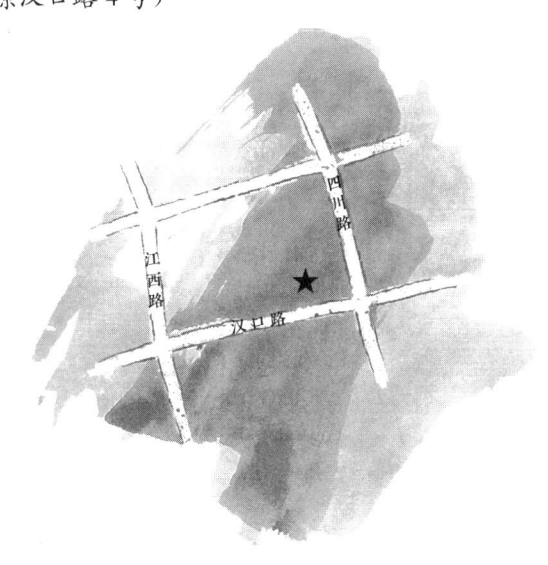

1921年7月5日,中南银行在汉口路四川路口正式开业。中南银行大楼由马海洋行设计,1921年竣工。这是一幢五层钢筋混凝土建筑,新古典主义风格,立面构图严谨,横向以檐口划分为三个层面。第一个层面是底层入口,设两组四根塔斯干式立柱;第二个层面为二层到四层,有四根陶立克立柱支撑;第三个层面为低矮的五层。据说塔斯干立柱是所有柱式中处理最简单、比例最沉重的一种,陶立克柱式则稍带装饰性。这两种柱式都被看作是男性的柱式形象,与大楼矮壮的整体颇为相配。大楼占地面积1148平方米,建筑面积4749平方米。

侨商崛起上海滩

1919年,华侨实业家、印尼"糖王"黄奕住回到祖国,即把目光投向上海。在与《申报》老板史量才接触后,决定投资创设银行。他认为,"上海为五口通商之一,外商云集,皆使其国币",中国人自办银行,大有可为。

最初,黄奕住拟自行出资一千万银元,后接受他人建议,决定创建股份有限公司性质的组织,先收集资本银元500万元。通过史量才介绍,黄奕住认识了统益纱厂的老板徐静仁,又经过徐静仁介绍,与前北京交通银行经理胡笔江晤谈甚欢。最后决定,拟筹办的银行,分别在国内和南洋华侨中招股,黄奕住投资350万元,连同南洋招集之华侨股份,共占资本总额80%以上(1923年增资银元250万元,合为银元750万元,黄家增资较多,持有股份75%强),并将银行定名为"中南银行","示南洋华侨不忘中国也"。

1921年7月5日,中南银行正式开业。董事会由黄奕住、胡笔江、史量才等七人组成,黄奕住任董事长,胡笔江为总经理。次日,《申报》报道了开业典礼之盛况:"本埠政商各界,中外各银行,商会及南洋侨商代表,均往志贺。京沪及长江一带,并有来宾约

汉口路上

中南银行大楼,位于今汉口路110号,建成于1921年,马海洋行设计,为新古典主义风格建筑

一千五六百人,衣冠楚楚,济济一堂,颇极一时之盛……当时柜面收入存款银洋共合五百余万元,查侨商组织银行,此为首例,而资本之雄厚,实为商业银行所仅见。"

这是黄奕住一生中投入资本最大的事业。中南银行成立后,便开始大力拓展业务领域和业务范围。1922年,中南银行增设天津分行及北京办事处。接着又先后在汉口、南京、苏州、杭州、广州和香港等地设立分支行,并在鼓浪屿设立办事处。

中南银行成立之初,即向北洋政府提出发行货币。1921年6月,中南银行董事会在给财政部的申请呈文中说:

查银行发行兑换券一项,推其作用,不外节省现金,扩充通货。而在国内之本国特种银行、外资银行及中外合资之各银行,多享有发行之权,今若多一发行之本国银行,则一方可减外券发行之力,一方可增内国经济之资,洵一举而两得焉。……奕住等挈其资产,对于祖国实业前途所抱无穷之志愿,悉属政府积久之心期,宜若可以仰邀钧鉴,体念下忱,准予发行中南银行兑换券,以示优异。至于他日币制统一,则国家法令自当敬谨遵行……①

7月11日,北洋政府币制局就签发了准予发行的批文:

该侨商等久羁国外,不忘祖国,筹集巨资,创办中南银行,于

---

① 中南银行档案《董事会文卷》,1921年6月。

汉口路上

流通金融及发展实业前途,均有裨益,殊堪嘉尚。本局为鼓励侨商回国经营实业起见,姑予格外通融,暂准发行,俟将来政府订有统一纸币条例颁布后,该行仍应遵守,以重币政。①

当时,中国银行和交通银行在北京、天津地区发行的货币,曾发生过停兑风潮,信用大损。以华侨资本为主的中南银行申请钞票发行权利,受到了金城、盐业、大陆三家银行的支持,为了保证钞票发行的信用,中南银行又邀请这三家银行联合组织"四行准备库",共同承担以中南银行名义发行钞票的兑现责任。胡笔江在四行联营第一次会议上提出:

中南银行为慎重政府赋予发行权及维持社会上钞票流通之信用起见,兹拟将中南钞票规定为十足准备,并由四行联合发行,设立四行准备库,公开办理,以坚信用。②

1923年,中南银行与金城、盐业、大陆银行,各投资本25万元,组织"四行储蓄会"(后来改为联合银行),厚聚四行之资力,进行发展和储蓄部分业务的联营,为联合经营创立了初步基础。后来又以高薪聘用外籍雇员,又兼营国外汇兑,逐步与各国银行建立联系,对促进对外贸易起了一定作用。

---

① 中南银行档案《董事会文卷》,1921年7月11日。
② 盐业银行档案《四行联营第一次会议记录》,1922年9月4日。

中南银行:"示南洋华侨不忘中国也"

原四行储蓄会大楼,位于四川中路 261 号,邬达克设计,1926 年建造,为英国乔治式折中主义风格建筑。现为上海银行浦西支行(读史老张摄)

1931年,中南银行又和大陆、国华、交通等五家银行各投资100万元,联合经营原由金城银行在上海创办的太平保险公司,由各投资银行的经理为董事,黄奕住为董事长。太平保险公司有了几家雄厚资本的银行作后盾,在同行中提高了号召力,使收入的保险费居当时华商保险公司同行业之首。它收入的保险费又分别转存到各投资银行,充分发挥了货币的作用。

1932年,"四行储蓄会"为巩固和提高信誉,扩大业务范围,拨出500万元,在上海跑马场北侧建造一座高达78米的国际饭店,1934年冬建成。"四行储蓄会"遂即搬入办公营业。到1935年时,四行储蓄会的储蓄存款,较开办第一年底增加了206倍。一直到1937年,已发展成为民国时期重要的商业银行之一。

中南主将胡笔江

中南银行之所以发展迅猛,与其得力主将胡笔江有关。

中南银行开业后,黄奕住虽往来于厦门、上海两地,但大部分时间主要待在鼓浪屿。他会讲一些国语,但是讲得并不好,而他的闽南话在上海又没几个人能听懂,这让他常感到沟通不便,而胡笔江则是中南银行不可多得的人才,为中南银行发展成为实力雄厚的大银行,立下了汗马功劳。

胡笔江(1881—1938),名筠,以字行,祖籍江苏镇江。他出生在一个钱庄店员家庭,少年时接受过良好的私塾教育,好学上进。

年幼时就到姜堰镇裕隆元钱庄当了练习生。1900年,他又到扬州仙女庙义善源银号当店员,耳濡目染,从小就积累了丰富的金融行业经验。后经人介绍,到陆军部办的公益银号任副理,随后到交通银行北京分行任调查专员。时交通银行总理由北洋政府总统府秘书长梁士诒兼任。一天晚上,梁士诒来到交通银行分行,见银行已下班,灯火寥寥,只有胡笔江还在勤奋工作。梁立即将他叫到面前,不动声色地询问行中事宜。胡笔江业务熟练,又见识过不少权贵人物,见到梁士诒后,毫无手足无措之态,对答如流、思路清晰。梁士诒见他相貌堂堂、举止大方,大为满意,便决定破格提拔。不久,胡笔江就连连晋级,从交通银行总行稽核到北京分行副理,再升到北京分行经理——可以说,这次梁士诒夜探,成了胡笔江发迹的起点。至1914年,胡笔江已成为交通银行的新秀。

1920年,胡笔江得到线报称,北洋政府将发行短期公债6 000万元,遂在中国银行、交通银行钞票黑市中大做投机文章,发了一笔横财。这次投机,遭到京津金融界严厉指责,最终他不得不从交通银行辞职。正在此时,他结识了准备在国内创办银行的黄奕住。于是,联合创办中南银行,为他"东山再起"奠定了基础。

胡笔江担任中南银行总经理后,在营业上"向主稳慎"。他明白,发行钞票固然会带来滚滚财源,然而"有发行权之银行遇到政局变故不免受挤兑影响","欲求免此影响,惟有十成现金准备"[①]。

---

① 上海市档案馆藏档,Q265-1-53。

这一切,单靠一家银行显然独力难支,万一风吹草动,提存挤兑相继而至,对中南银行反而不利。正在此时,盐业银行总理吴鼎昌从欧美考察归来,途经上海时,径直找到胡笔江,告诉他:"外(国)人设立银行,资本既厚,团体亦坚,每可调剂金融,辅助实业,而我国银行界各自为谋,不相联合,实难与敌……以今日银行之需要,似非群策群力联合进行,不足以资发展。"[①]吴鼎昌的想法,与胡笔江的愿望不谋而合:盐业、金城等成立较久,在华北已有相当基础,唯有三行联营,南北呼应,相互支持才是趋利避害的最佳选择。后来,就有了"四行"(中南、盐业、金城和大陆银行)联营。

除了联营他行,胡笔江还想方设法,广结权贵名流,不惜付出较大经济代价。例如,为了拉拢安徽省主席陈调元投资,胡将自己占地 10 多亩、风景秀美的沪西一处豪华私宅相赠。让胡笔江做梦也没想到的是,这座私宅,后来成为臭名昭著的汪伪 76 号特工总部;为了与湖北省主席何成浚建立关系,胡笔江特别提拔与何成浚关系很好的张质夫为汉口分行副经理……这样的"感情"投资,得到了权贵们丰厚的回报:他们不仅愿将大量款项存入中南银行,而且还对在自己辖区的各中南分行予以关照,中南银行因此获利甚丰。

在胡笔江苦心经营下,中南银行业务发展迅速。1921 年时存款为 240 万元,1933 年增为 2 000 万元。到 1936 年,存款额已达到 9 400 万元,是开办时的 39 倍多。存款增加,营运资金更为灵

[①] 上海市档案馆藏档《盐业、金城、中南三行联合营业规约签订议事录》,Q277－1－135。

活,营业额扶摇直上。到抗战前夕,中南银行达到了鼎盛时期,胡笔江也收获了极高声誉。与此同时,在宋子文提携下,他如愿以偿地重回交通银行,既当中南银行总经理又任交通银行董事长,一身而二任,好不风光。

抗日战争全面爆发后,胡笔江坚决主张抗战到底。为了支持抗日大业,他受国民政府委托,拟赴美国商谈借款。1938年8月24日,胡笔江与浙江兴业银行总经理徐新六等搭乘"桂林号"飞机赴重庆开会,孰料飞至广东中山县境内,突遭五架日本战斗机追逐扫射,致"桂林号"翼部中弹起火,胡笔江、徐新六等机上18名乘员罹难。

据幸存的乘客楼兆念回忆,刚上飞机时,胡笔江还对他说:"余于宣统元年,即拟入川,当时以事阻未果,流光驹隙,瞬息二十九年,迄今始告成行,非蜀道之难殆天所注定欤!"[①]另据报道,这次"桂林号"事件,源于日本人要追杀从国外回来的孙科。按预定计划,孙科将乘坐"桂林号"去汉口,但他在香港因事延误了半小时,改乘了欧亚航空公司的飞机,而徐新六面貌极似孙科。徐新六登机时戴着太阳镜,日方暗探误把他当作了孙科,以致袭击惨祸发生。

胡笔江、徐新六等罹难噩耗传来,举国震惊。1938年9月4日,汉口举行了隆重的公祭仪式。9月5日,据《新华日报》转载的"中央社讯"记载:

---

① 楼兆念,《桂林号遇险身历记》,《新阵地》1938年第21期。

汉口路上

　　汉口市商会银行业公会共同发起之追悼徐新六、胡笔江两先生大会于昨日在商会举行。上午九时公祭开始,十一时许,举行追悼会。何成濬、张嘉璈、吴鼎昌等人献有挽联,武汉市长吴国桢,八路军代表董必武、罗炳辉,徐源泉氏代表陈汉存等人到会致祭。

　　在香港的追悼会上,宋子文主祭,他为胡笔江题写的挽联是:"忠于事、恕于人,血性论交,常披肝胆肺腑至诚以相见;敌之仇、国之宝,奇才招忌,竟历刀兵水火诸劫而成仁。"这算是对胡笔江一生较为中肯的概括。

　　胡笔江殉难后,中南银行总经理由黄奕住之子黄浴沂担任。

286号保险箱

　　中南银行,是近代华侨投资国内金融业最大的银行,它与广东华侨投资的广东银行、东亚银行和福建华侨投资的中兴银行、华侨银行、商业银行和集友银行等比起来,资本规模大、社会影响力强,存续时间也较长。对于中国民族工商业和社会经济的发展,起过重大的作用。

　　1937年抗日战争全面爆发后,中南银行业务有所紧缩,一些地方分支机构被撤销,仅在重庆重新设立分行,业务处于保守状态。1945年抗战胜利后,中南银行本想重整旗鼓,只因当时官僚资本的排挤,加上通货膨胀和社会动荡,其业务遭受严重挫折。

1952年秋,中南银行和全国各私营银行、钱庄等参加全行业公私合营,统一组成了一家公私合营银行。

1955年,中南银行在报纸上刊登启事并发出专函,通知银行保险箱租户限期前来退租。原来,当年各银行大楼都设有保险箱库房,供客户保存黄金、美元及珍贵文件等。位于汉口路110号的中南银行地下金库,也曾为客户提供过保险箱保管服务。中南银行变更为公私合营银行后,因金库要移作他用,便通知租户退租。若保险箱逾期不领,将由上海市第一公证处到场公证、当场破拆。

在清理保险箱的过程中,银行发现,其中编号286、姓名"陈仲香"的租户,自1939年5月1日到期,已逾期欠租16年,未办理任何手续。经请示主管部门后,破箱查验,发现箱内存有一捆何香凝的私人信函、文件和稿件,以及12张照片,还有银元155枚及少量双毫银角。同年8月下旬,经与北京华侨事务委员会联系,银行致函何香凝本人询问核对。

很快,何香凝发来了回信:"我确以陈仲香名义开用保险箱一个,但至今年月已久,保险箱号码凭证及图章等物,亦于战乱一应散失无遗,是以长时期来未能办理认领手续。现经贵行查明清理,得以收回文件、照片等纪念物品,以为喜慰,关于所欠各项手续费及租金自应悉数清缴,该款请将原存保险箱内的银元及双毫兑换为人民币缴纳,余款文件照片等物,即委托贵行转托便人妥为带回北京,是所至幸。"

那一年,何香凝已是77岁的老人了。在战乱时期,她利用中南银行保险箱,存放了与中国共产党人有关的文件资料,使珍贵

汉口路上

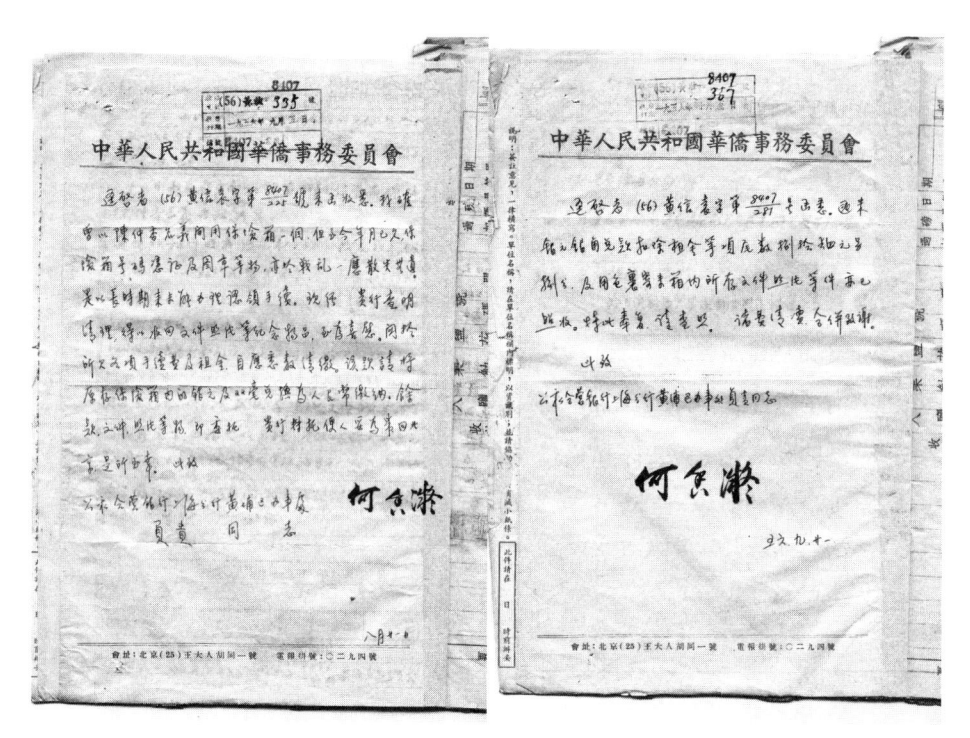

1956年8月、9月，何香凝签署的有关286号保险箱事宜的两封信函。上海市银行博物馆收藏

文献得以保存。后来,当银行遵照要求妥善处理后,何香凝再次回函,告之余款、文件、照片等"亦已照收,特此奉复,请查明,诸费清赎,合并致谢"[①]。

为何香凝找回珍贵物品,是银行保险箱业的一段佳话,也是中南银行公私合营后一个有意思的插曲。

1958年,中南银行大楼由上海市房地产部门接管,后来长期由上海市化工局使用。1997年到1998年,使用单位对房屋进行了加建。加建后,楼高七层,建筑面积达到6 059平方米。

---

① 黄沂海,《银行保险箱掩藏的神秘往事》,《解放日报》2023年3月16日。

汉口路上

今日中南银行大楼。大楼原高五层，1997年加建两层，为七层（读史老张摄）

06 店铺

公泰:"最先著名"的华人照相馆
小有天:"声誉最广"的闽菜馆
陶乐春:"资格亦老"的川菜馆
大壶春:上海滩的"肉心帮"

公泰:"最先著名"的华人照相馆

位于江西路至河南路之间的汉口路

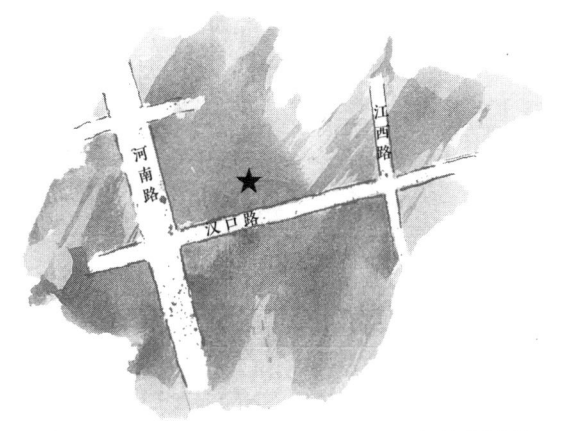

★ 确切地址存疑

1840年鸦片战争前,摄影术就已传入中国的广东地区。1842年中英《南京条约》签订后,作为对外贸易的商埠,上海迅速接纳了摄影术。公泰照相楼,就是上海最早开出的华人照相馆。

"日成照相绝无伦"

据记载,早在1852年,外商赫尔曼·哈斯本德就在隆泰洋行内开始经营银版摄影。从《上海年鉴1863》(外文版)可知,隆泰洋行位于福州路,"在江西路与河南路之间"。但1874年4月21日《申报》则记载,隆泰洋行在二洋泾桥(四川路桥);而《沪游杂记》则称,隆泰洋行在二洋泾桥北……这些史料证明,上海最早的照相场所,是由外国人开设在隆泰洋行内的,而隆泰洋行就在英租界。1852年7月24日,《北华捷报》上刊登了一则外文广告,全文如下:

综合广告栏。银版照相!本主人郑重通知上海侨居者,其已准备就绪,为拍摄着色肖像照相。寓所在隆泰洋行。

赫尔曼·哈斯本德
1852年7月23日于上海

这大概是上海最早出现的有关照相的广告。

此后不久,上海开始有了"照相楼"。上海的照相楼具体诞生在哪一年?究竟有几家?因史料很少,似已无从查考。但可以肯定的是,在上海最早开出照相楼的,是一个叫李阁郎的法国钟表商兼摄影师。根据《上海年鉴1857》中的《外国侨民在上海花名册》显示,"李阁郎"在利名行号名下。王韬曾在1858年10月25日的日记中记道,"关郎(即李阁郎)善照影,每人需五金,顷刻可成",所照之影"眉目毕肖"。此段日记表明,李阁郎开的照相楼,不会晚于1858年。

稍后,公泰(Kung Tai)照相楼在汉口路创办。清咸丰九年二月九日(1859.3.13),王韬在《蘅华馆日记》中记载了他与友人同

公泰:"最先著名"的华人照相馆

清末的街上,人们对照相机这一新事物充满好奇

汉口路上

去上海看拍照("观画影")的情景:"晨同小异、壬叔、若汀入城,住栖云馆,观画影……"后来,他又在《瀛壖杂志》一书中写道:

> 西人照像之法,盖即光学之一端,而亦参以化学……精于术者,不独眉目清晰,即纤悉之处,无不毕现,更能仿照书画,字迹逼真,宛成缩本,近时能于玻璃移于纸上,印千百幅悉从此取给,新法又能以玻璃作印板,用墨拓出,无殊印书,其便捷之法,殆无以复加,法人如李阁郎,华人如罗元佑,皆在沪最先著名者。

书中提到的华人"画师"罗元佑,名字似有多种写法,有的写"罗元祐",有的写"罗允佑",还有的写成了"罗元祜"。他是广东人,早年为上海道台吴健彰门下的会计。吴健彰被革职后,为了另谋生计,他开始跟随外国人学摄影。因学习刻苦,他的摄影技术甚至超过了李阁郎。据王韬日记称,罗元佑"今从西得受西画法,影价不甚昂,且眉目明晰,人无不酷肖,胜于法人李阁朗矣"[①]。由于技术精湛、价格公道,罗元佑很快就成为上海滩最受欢迎的华人摄影师。

另据《黄浦区志》载,罗元佑其实就是公泰照相楼老板,他于1857年"在汉口路开设公泰照相馆,为首家华商照相馆"。不过也有人认为,公泰照相楼的老板名字就叫公泰,上海的外侨们都称他为"公泰先生"。

[①] 王韬,《蘅华馆日记》。

到了19世纪末,上海的照相楼已有50家之多,主要分布在大马路(南京路)至五马路(广东路)范围内,而三马路(汉口路)的公泰照相楼正好位于这个区域的中间。

那么,这一时期的照相馆为什么大多取名为"照相楼"呢？因为当年照相确实要"登楼"。早期照相使用的绝大部分是玻璃底片(湿片),感光速度很慢,很多时候要2至6秒,有时甚至需要数到20个字。而当时又没有灯光和其他人造光,必须利用日光。因此,摄影室一般都设在顶楼,还得天气晴朗,以便充分采光。日光强的时候,就在顶棚上拉起白布遮挡直射光,光弱则用反光板加光。因为曝光时间较长,被摄者坐的椅子和头部都有靠背,以保持稳定不动。拍照时,摄影师敲一下木板子,就像说书人敲"醒木"一样,以引起被摄者注意力集中(据说"拍照"一词由此而来),然后大喊一声,开始数数字:1,2,3……一直数到10,甚至20,曝光才大功告成。因为喊的时候声色俱厉,有迷信思想的人认为照相会把人的灵魂吸去,万一碰巧回去生了病,有人就会跑到照相楼来"叫魂",上海人当时称之为"叫喜"。

大约作于1878年间的《春申浦竹枝词》,其中有一首就吟咏当年利用日光拍照之事:

日成照相绝无伦,
电气传神信有神。
何必画师挥彩笔,
依然纸上唤真真。

汉口路上

清末民初的仕女照,可见当年华丽的头饰和装扮

诗后有注释曰:"日成,照相楼也,必待日中照之。其法亦以电水抹玻璃上,置器中,向人照之,转眼而成。以水洗净,再用药水以纸印之,神形必肖。"

1882年,英国商人C.狄斯和另外两个合伙人,出资银5万两,购置美国克利芙兰白勒喜公司出品的电机,在上海创办了中国境内第一家电厂,外滩、南京路一带,竖起了上海第一批电线杆,从此有了电灯。几年后,上海的照相楼再无"靠天吃饭"之虞。到了20世纪20年代,照相楼普遍用上了人造光,所谓"楼"的意义才相对减弱。

"门前罗列尽娇娃"

公泰照相楼开张后,其主要服务对象是有闲阶层、妓女、演员、社会名流和外国侨民。当年王韬去公泰"观画影"时,"见桂、花二星使之像皆在焉"[1]。此处的"桂、花二星使之像",系指1858年6月与英、法两国签订《天津条约》的清朝钦差大臣桂良和吏部尚书花沙纳的肖像摄影。由此可见,早在19世纪50年代,清廷大臣就已到照相楼拍过照,其肖像已被用作照相楼的商业广告了。

公泰开在汉口路并非偶然。汉口路与"红灯区"四马路(福州路)只几步之遥,在这里,娼妓业非常兴盛,"十里之间,琼楼绮户

---

[1] 王韬,《蘅华馆日记》。

汉口路上

相连缀,阿阁三重,飞临四面,粉黛万家,比闾而居。昼则锦绣炫衢,异秀扇霄。夜则笙歌鼎沸,华灯星灿"[1]。为了招徕生意,那些名妓花魁常到照相楼拍照,为早期照相楼带来了众多的客源。

当年有不少竹枝词,描写过当年照相楼门口的景象:

> 照相申江几十家,
> 门前罗列尽娇娃。
> 美人一去留真相,
> 付与多情满路夸。
>
> (朱文炳《海上竹枝词》)

> 显微摄影唤真真,
> 较胜丹青妙入神。
> 客为探春争购取,
> 要凭图画访佳人。
>
> (李默庵的《申江杂咏》)

上述竹枝词中所说的"美人""娇娃""佳人",都是指妓女。"美人一去留真相",妓女们拍了照片回去,留下的"美人"照却留在了照相馆;"门前罗列尽娇娃",指的就是这些"美人"照在照相楼门前展示;"要凭图画访佳人",则是指嫖客"探春"可以按图索骥,找

---

[1] 王韬,《淞滨琐话》,齐鲁书社2004年版。

公泰："最先著名"的华人照相馆

公泰照相楼拍摄的黄浦江风景长卷照（局部）

公泰照相楼拍摄的上海公共花园（外滩公园）大门，时间约为 1880 年

到中意的妓女……这是当年上海滩色情和照相合二为一的特色广告。

另据记载,公泰除拍摄人像外,还"备中国人像及风景出售",它曾以拼接的方式,拍摄过多种上海外滩的全景照片,很受上海外侨青睐。1877年10月,《〈北华捷报〉最高法庭和领事公报》刊发了一则告白,提到《字林西报》和《北华捷报》曾将"公泰照相馆所拍外滩景色照片呈于(英国)女王御览"。1893年11月,为庆祝上海开埠五十周年,上述公报再次赞扬了公泰拍摄的照片:"河南路的摄影师公泰先生寄给我们一打他拍摄的纪念日精美照片。其中包括几张内容不同的外滩景观、围观的群众和水手,以及中国游行队伍、龙形云梯消防车,等等。收集纪念日照片者,请勿错过公泰先生作品。"[①]还有,当时公泰照相楼的眼界也比较开放,1872年中国首批赴美的30名官费留学生中,有一个叫黄仲良的广东小孩,即来自公泰。

一直到1890年,公泰照相楼还在报上刊登广告。不过,后来不知什么原因,它却不知所踪了。

一街之隔"苏三兴"

最后要顺便提一下的,是与公泰照相楼隔街相望的苏三兴

[①] [英]泰瑞·贝内特著,徐婷婷译,《中国摄影史:中国摄影师1844—1879》,中国摄影出版社2014年版,第137页。

（Chow Kwa）照相楼。

苏三兴也是在上海开设的最早照相馆之一。从它不同时期名片小照背后的印戳看，它的地址曾在汉口路223号，后搬迁至234号。现存一张清末时期苏三兴照相楼的照片显示，右侧是公泰，店招上写着"KUNG TAI PHOTOGRAPHER 公泰照相"；左侧就是苏三兴，店招为"CHOW-KWA PHOTOGRAPHER 苏三兴照相楼"。两家照相楼隔街相望，苏三兴门口似乎还站着两个人。此照片没有拍摄时间，地址在汉口路河南路转角。

这张清末佚名照片显示，右侧是公泰照相楼，店招上写着"KUNG TAI PHOTOGRAPHER 公泰照相"；左侧是苏三兴照相楼，店招为"CHOW-KWA PHOTOGRAPHER 苏三兴照相楼"

苏三兴的历史也十分悠久，它于19世纪60年代开设于香港、广州一带。清末无名氏所撰的《绛云馆日记》，在"同治十年（1871）八月初四日"中曾有这样的记载："春木须照小照，即偕至三兴照相楼照之。"

1872年4月30日，《申报》创刊。5月2日，《申报》就刊出了如下广告：

照相。启者，本号照相，比众不同，格外清明。倘贵客光顾者，请至三马路口，认明本招牌，意不有误。其价格格外公道，特此布告。

三兴主人启，三月二十五日

这则广告连登九天。它是在《申报》上最先刊登的照相楼广告，也是上海苏三兴见诸文字的最早记载。其中提到的"比众不同"，说明当年上海照相业已呈群雄割据状态。到了19世纪80年代，除了有森泰等外商照相楼外，上海还有公泰、苏三兴、宜昌、华兴、丽珠和宝记等数家华商照相楼。其中，1888年广东人欧阳石芝在上海开设的宝记照相楼，后与耀华、保锠和致真合称为上海照相业中的"四大天王"。"宝记"也是一家著名照相馆，现存的1904年少年顾维钧赴美留学前的照片，大多印有"宝记 Pow Kee"字样。

关于上海苏三兴的创办时间，答案不一，众说纷纭。有一种说法是，1870年，广州的苏三兴迁至上海汉口路，上海遂有了苏三

少年顾维钧在宝记照相楼留影。照片卡纸上印有"宝记"字样

兴。那么,上海苏三兴与广州苏三兴真的是一家人吗?不管怎样,根据上海苏三兴1891年11月14日在《申报》上刊登的"本号照相开张三十余年,远近驰名"这则广告来看,苏三兴的历史至迟不会晚于1860年。

1873年1月1日,《申报》又刊出了苏三兴广告:

照相。启者,本号照相系西人传授,其法精工,且于用料,加金水银水等贵物,勿惜工本,盖欲图久远故。着色鲜艳,日后亦不退色,其价公道,如欲意者,请赐光顾可也。

三马路口苏三兴启

这则广告说明,此时的苏三兴,已掌握了新颖的照相之法。其着色技术,可保持鲜艳色彩,久不褪色。

上海苏三兴创办后,主要也是以妓女、名媛和艺人为服务对象。清光绪十年(1884)刻印的《申江名胜图说·照相馆名花留影》这样写道:"沪上照相馆多至数十家,而以三马路之苏三兴首屈一指。凡柳巷娇娃,梨园妙选,无不倩(请)其印成小幅贻赠所欢。"这些用于交际的"小幅"照片,与流行于欧洲的名片肖像非常相似。

除拍照外,苏三兴还兼营绘画业务。其作品技艺精湛、质量很高。据说国外有一家美术馆曾藏有一张苏三兴照相楼绘制的美国商人欧德(Austine Heard)的油画肖像,其画面非常精美,有可能就是按照照片画下来的(该照片为"碧波地"藏品)。现存苏

公泰:"最先著名"的华人照相馆

汉口路真美照相馆拍摄的仕女照

三兴作品还包括一些细致的象牙微缩像,里面的人物是美国上尉约翰·莱恩(John Lane)一家,根据银版照片绘成。

19世纪90年代后,苏三兴与公泰一样,突然消失,不知所踪。

小有天:"声誉最广"的闽菜馆

位于原汉口路148号(今汉口路618号附近)

上海开埠前,福建商人就在沪地经商,并开有闽菜馆。辛亥革命后,各省士绅避乱上海,闽菜馆开始兴盛。闽菜馆中,有小有天、别有天、中有天、受有天和福禄馆等各家。《新闻报》主笔严独鹤曾评论道:"闽菜馆中,若论资格,自以小有天为最老,声誉也最广。"[①]

---

① 严独鹤,《沪上酒食肆之比较》。

李梅庵题字:"天天小有天"

"小有天"位于原英租界汉口路148号,大舞台戏馆东,约在今汉口路618号中福大酒店后门处(原建筑已不存)。民国初年,清朝遗老如樊樊山、易实甫、沈子培、李梅庵等均集聚于"小有天"等闽菜馆,闽菜之名因此大噪,"士大夫商贾之请客者,意非此种菜馆不足以表盛馔。每筵之价,需十金以外"①。

李梅庵是"小有天"的常客。李梅庵(1867—1920),名瑞清,字仲麟,晚号清道人,江西临川(今属抚州)人。清末著名翰林,曾任江宁提学使,兼两江师范学堂监督。他是著名的教育家、书画家,也是张大千的书法老师。清朝被推翻后,李梅庵隐居上海,"节义孤标",身穿道士装,自号"清道人",以鬻书画自活。

据说李梅庵躯干奇伟,皤腹健啖,饮酒吃肉,食量过人,尤其嗜好食蟹,"性嗜蟹,一日能罄其百,故当时有人戏赐以'李百蟹'之号。"②一般来说,食蟹多者会中毒,但他却相安无事。有人认为,所谓食百蟹,一定是"小有天"的炒作,但李梅庵友人徐珂曾亲见他食蟹的饕餮之状:"李梅庵之食蟹也,豪。……乙卯中华民国四年秋,予与之会餐,见其食五十二蟹。自谓最多时曾啖七十六辈而口痛三日。"③对此,郑逸梅在《清道人以画易蟹》一文中写道:

---

① 陈伯熙,《老上海》。
② 孙家振,《退醒庐笔记·清道人轶事》。
③ 徐珂,《可言》卷十二。

"……时道人踽处海上,秋风劲,紫蟹初肥,欲快朵颐,苦于囊涩。无已,乃绘蟹百小幅,聊以解馋。蟹均染墨为之,不加色泽,然韵味酣足,神来之笔也,且加跋语,颇隽趣。被其友冯秋白所睹,大为赏识,乃特赴苏购阳澄湖金毛团脐蟹三大筐贻之,用以换画。清道人得蟹欣然,竟割爱与以百幅。秋白遂榜其书室曰'百蟹斋'以示珍异。"

有一次,李梅庵到"小有天"进餐,馆役请他点菜,他默不作声,取了一白纸,把所要的菜肴一一画了出来,嘱馆役照单配制。"后来菜馆就把这幅画加以装裱,作为壁间的点缀品。"①

因为每天去"小有天",有人曾题赠李梅庵一副对联:"道道非常道,天天小有天。"据张大千后来回忆:

我们李老师日后穷了,但胃口又奇佳,上海文人雅集中有个组织叫"一元会",每个人每次出一块钱份金聚餐。我们李老师时常这一块钱都付不出来,开玩笑的朋友,当时还有打油诗取笑他。我还记得几句:"白吃一元会,黑抹两鼻烟,道道非常道,天天小有天……"

"小有天"是当时最有名的馆子,后两句是捧场"小有天"的菜,道道非常道,最缺的是还有后面两句:"敲门一道人,此处不结缘。"

我们李老师常作道士装,别号清道人。上海的习惯,访友若

---

① 郑逸梅、徐卓呆,《上海旧话》。

系熟人，多走后门。一次李老师去访一个朋友，敲了后门，新换的娘姨不认识他，误会为化缘的道士，一看他就要关门，说："此处不结缘！"①

这副"道道非常道，天天小有天"的对联，后来就挂在了"小有天"的门楣上。有人说，这对联的题字，还是李梅庵写的。

郑孝胥也是清末遗老，作为福建人，他也经常出入"小有天"。1913至1919年间，"小有天"是他活动的重要场所。例如，1913年5月24日，"邀邹怀西等饭于小有天"；1913年1月3日，"至印书馆，梦旦邀至小有天饭，为高翰卿钱行"；1913年6月23日，"夜，偕中照（指郑孝胥妻——引者注）宴戚属于小有天"；1915年5月10日，"至小有天同年会"；1916年1月6日"至小有天作一元会"；等等。② 直到1931年，他还为"小有天"写过招牌。

梅兰芳"触电"：始于"小有天"

那时，几乎所有的文人墨客，都喜欢在"小有天"宴客或活动。主持商务印书馆的张元济也经常去"小有天"。当时商务印书馆有个不成文的规定，如果以公司名义召集的较大宴席就到外面餐

---

① 张大千，《我的老师曾农髯和李瑞清》。
②《郑孝胥日记》。

小有天："声誉最广"的闽菜馆

梅兰芳的早期艺术照

馆。如1908年6月29日,公司当局招待时与商务合资的日本金港堂书局老板原亮三郎一行日本客人,安排在外滩礼查饭店;国内高层次的社会名流,则选择"小有天"等中餐馆,费用由公司支出。仅1917年初,《张元济日记》里就有他到"小有天""应酬"的多处记录,如:2月26日,"昨晚俞寿丞、曾农髯、张子武、李梅庵公宴熊秉三于小有天,约予往陪"。2月27日,"约熊秉三、曾农髯、张子武、李梅庵、俞寿丞、夏地山、高子益在小有天晚饭"。3月9日,"晚约朱鼎青、简照南、王秋湄、谭海秋、刘石荪、欧灵仙、卢信公、黄泽生、郑昭斌、郭八铭、黄焕南、黄朝章在小有天晚饭。梁望秋、张平吉、易次乾"。3月15日,"晚约张仲仁、桂东原、姬觉弥、鞠思敏、沈冕士、韫石、徐振飞在小有天晚饭。徐荣先、谭大武、俞寿丞、应季申未到"。

1920年春末,梅兰芳到上海天蟾舞台演出。有一天,商务印书馆协理李拔可约他到"小有天"吃饭。席间,李拔可对梅兰芳说:"商务印书馆电影部新近从美国买来了电影器材。如果你有兴趣,可以拍两部戏玩玩。"梅兰芳听后,大感兴趣:"拍电影我没有经验,但是我想试试看!"在座的朋友也都怂恿他尝试一下,并商量拍什么戏好,"有一位朋友主张拍《天女散花》,我自己提出拍《春香闹学》。因为这两出戏身段表情比较多,大家都认为拍电影很相宜,就这样说定了"。

几天后,李拔可就介绍了商务馆电影部的人与梅兰芳见面,双方敲定,先拍昆曲《春香闹学》。《春香闹学》是汤显祖《牡丹亭》传奇中的一折,里面一共有三个角色,李寿山扮陈最良(老师),姚

小有天:"声誉最广"的闽菜馆

1916年,梅兰芳在《春香闹学》中饰杜丽娘

玉芙扮杜丽娘（小姐），梅兰芳扮春香（丫环）。拍电影的服装、化妆和舞台上一样，书房内景用的是舞台布景，道具如书桌、椅子等都是红木制的实物，拍起来很容易上手。从此，梅兰芳就开始"触电"，白天拍电影，晚上演戏。据他晚年回忆，开拍的时间是1920年5月中旬，拍摄地点在闸北宝山路商务印书馆印刷所的大玻璃棚内，面积不小，设备也还算完善。"拍的是无声片，并没有正式导演，由摄影师指定演员在镜头前面的活动范围，至于表演部分，则由我们自己安排。"[①]应该说，梅兰芳首次"触电"登上银幕，始于"小有天"的饭局。

作家聚会："鸳鸯蝴蝶派"

1921年3月，日本作家芥川龙之介以《大阪每日新闻》特派员的身份来到上海。芥川是当年日本文坛首屈一指的代表性作家，一直爱好中国文化。但他一到上海，中国给他的观感并不佳。"小有天"是他观察上海的窗口之一，但他似乎对"小有天"颇有微词："上海的饭馆并非惬意的去处。包房之间的隔墙就连小有天也是极伤风雅的板壁。"不过，他对"小有天"的菜式评价不错，"倘与东京的中餐馆相比，便是小有天也要远为美味。而价钱之便宜，只是日本的五分之一"。那天，他是应《神州日报》社长余洵的邀约

[①]《梅兰芳全集》第七卷，中国戏剧出版社2016年版，第146—148页。

来到"小有天"的,他感叹道:"那小有天原来竟坐落于在夜上海也算闹猛非常的三马路上,栏杆外车水马龙,闹声片刻不绝,而楼上自然也是笑语、歌声、伴奏的琴声沸反盈天。我置身于这喧嚣之中,一面啜饮着玫瑰茶,一面望着余君在局票上笔走龙蛇,仿佛自己不是来到了菜馆,而是坐在邮局的凳子上等候,顿生匆忙之感。"

"小有天"也是中国作家文人聚会的地方。1927年底,画家司徒乔到上海,就去景云里探望鲁迅先生,"有时和他一同到'小有天'吃饭,有时同到附近小剧院看戏"[①]。曹聚仁、周信芳、汪仲贤等,也喜欢到"小有天"聚会聊天,据唐大郎称,汪仲贤来"小有天"时,"翩然戾止,衣绸袷,风度极佳"[②]。

另外,"鸳鸯蝴蝶派"作家在谈到"鸳鸯蝴蝶派"一词起源时,都认为它与"小有天"的一席酒桌戏语有些关系。1920年1月,刘半农携妻女赴欧途中抵上海,出席中华书局老同事为他举办的欢送宴会。这天,《礼拜六》《游戏杂志》《紫罗兰》等刊物的编辑和主要撰稿人姚鹓雏、朱鸳雏、闻野鹤、许瘦蝶、杨了公等人,携四马路名妓,正在"小有天"聚餐——他们的欢声笑语,引来了隔壁的赴宴刘半农。据平襟亚回忆:

记得在1920年("五四"运动后一年)某日,松江杨了公作东,请友好在上海汉口路小有天酒店叙餐。……正欢笑间,忽来一少

[①] 司徒乔,《忆鲁迅先生》,《回忆鲁迅在上海》,上海书店出版社2017年版,第159页。
[②] 唐大郎,《汪仲贤去世》,《东方日报》1937年6月22日。

汉口路上

年闯席,即刘半农也。

……刘入席后,朱鸳雏道:"他们如今'的、了、吗、呢',改行了,与我们道不同不相为谋了。我们还是鸳鸯蝴蝶下去吧。"杨了公因此提议飞觞行令,各人背诵旧诗一句,要含有鸳鸯蝴蝶等字。逢此四字,满饮一杯……合座皆醉。

刘半农认为骈文小说《玉梨魂》就犯了空泛、肉麻、无病呻吟的毛病,该列入"鸳鸯蝴蝶小说"。朱鸳雏反对道:"'鸳鸯蝴蝶',本是美丽的,不该辱没它。《玉梨魂》使人看了哭哭啼啼,我们应当叫它眼泪鼻涕小说。"一座又笑。刘半农又说:"我不懂何以民初以来,小说家爱以鸳蝶等字作笔名?自陈蝶仙开了头,有许瘦蝶、姚鹓雏、朱鸳雏、闻野鹤、周瘦鹃等继之,总在禽鸟昆虫中打滚,也是一时风尚所趋吧。"……

这一席话隔墙有耳,随后传开,便称徐枕亚为"鸳鸯蝴蝶派",从而波及他人……

后来某一次,姚鹓雏再遇刘半农时说:"都是小有天一席酒引起来的,你是始作俑者啊!"刘顿足道:"真冤枉呢,我只提出了徐枕亚,如今把我也编派在里面了。"……又说:"左不过一句笑话,总不至于名登青史,遗臭千秋,放心就是。"姚说:"未可逆料,说不定将来编文学史的把'鸳蝴'与桐城、公安一视同仁呢。"但后来的事实,竟不幸而言中。[①]

[①] 平襟亚,《"鸳鸯蝴蝶派"命名的故事》,魏绍昌编《鸳鸯蝴蝶派研究资料史料部分》(上卷),上海文艺出版社1984年版,第180、181页。

对于"鸳鸯蝴蝶派"的命名,严独鹤似乎也持同一说法。据其子严祖佑回忆,他曾请教过"鸳鸯蝴蝶派"的出典,严独鹤说,因为一次聚会,"座中有人开玩笑说,现在一些人的小说,写来写去离不开哥哥妹妹、鸳鸯蝴蝶,可以称作鸳鸯蝴蝶派了。当时就有人制止道,不要信口乱说,什么派不派的,当心传出去,让小报记者听到,又要大做文章了。果然,第二天一些小报即大肆渲染,与会诸人均成了鸳鸯蝴蝶派的发起人。"①

不过,据最新研究,若论"鸳鸯蝴蝶派"的真正出处,应该是新文学家提出的。早在1918年4月19日,周作人在北京大学文科研究所做题为《日本近三十年小说之发达》的讲演时,就提道:"此外还有《玉梨魂》派的鸳鸯蝴蝶体,《聊斋》派的某生者体,那可更古旧得厉害,好像跳出在现代空气之外的,且可不必论他。"1918年8月8日,钱玄同给刘半农的信中也提到"鸳鸯蝴蝶派"的说法。因此,"鸳鸯蝴蝶派"一词应该得名于新文学派。但是,"鸳蝴派"作家的"小有天"聚会,却为"鸳鸯蝴蝶派"一词作了一个有趣的注脚,这也是一个不争的事实。

20世纪30年代起,因川菜兴起,闽菜逐渐淡出。至1939年,"小有天"终于易主,改名为"天乐园"。

---

① 严祖佑,《父亲严独鹤散记》,《档案春秋》2006年第5期。

汉口路上

今汉口路 618 号中福大酒店门口。当年的小有天，应该就在此处（读史老张摄）

陶乐春:"资格亦老"的川菜馆

位于汉口路小花园(靠近浙江路)

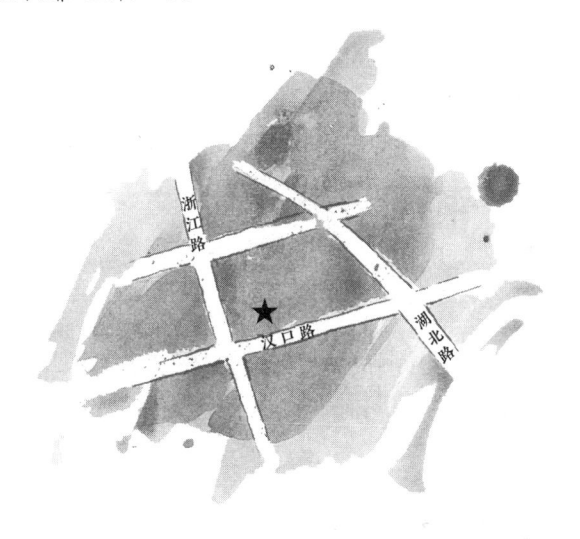

上海开埠百多年来,在上海餐饮业占第一把交椅的,当属川菜。上海的川菜盛行,有两次高潮:第一次在北伐战争胜利后,北伐军中有不少四川军人,他们到上海后,喜欢的川菜也随之而来;第二次是抗日战争胜利后,大量机关、企业和学校等从四川复员返沪,也带来了新颖的川菜。

汉口路上

"惊其制庖之妙"

在20世纪20年代,上海最出名的川菜馆是"陶乐春"。陶乐春是早期海派川菜的龙头,在上海称霸了几十年。陶乐春开在汉口路小花园,"小有天"对门。严独鹤评价称:"陶乐春在川菜中资格亦老,颇宜于小吃。"[①]据1920年5月4日的《梅兰芳日记》记载:"三马路小有天对门,有川菜馆曰陶乐春……偶一往餐,便惊其制庖之妙,见人即津津道与云。"

陶乐春的川菜酒席,分12元、14元、16元三档。最高档的16元席,以鱼翅、燕窝、烤鸭三道菜做主打,为四冷盆、四热炒、四大件,再加两甜品。热炒代表作为宫保鸡丁、回锅肉、酸辣鱿鱼再加清炒虾仁,甜品为八宝饭、清蒸燕窝或核桃酪。

陶乐春的鱼翅特别讲究,被称为"吕宋王",据说正宗从菲律宾运来,50大洋一板。另外还有一道菜,叫"贵妃鸡",由名厨颜承麟等借京剧《贵妃醉酒》而创制。据历史传说,唐明皇自从有了杨贵妃之后,便整日与她寻欢作乐、不理朝政。有一次,两人饮酒对歌,杨贵妃醉意朦胧中道:"我要飞上天!"唐明皇却因醉听成了她要吃"飞上天",遂命御膳房速烧出"飞上天"这道菜来。一位厨师即用童子鸡与香菇、淡菜、笋片、青椒一起焖烧,总算制成了"飞上天"。这个"飞上天",后来就被命名为"贵妃鸡"。

---

① 严独鹤,《沪上酒食肆之比较》。

陶乐春:"资格亦老"的川菜馆

"持酒一瓶而归"

20世纪二三十年代,到陶乐春请客聚餐,是很有面子的事情,各地达官、各派文人都以到陶乐春宴客为荣。例如,叶圣陶曾多次到陶乐春宴客或赴宴,出席者多人均为当年文坛豪杰。

郁达夫也是陶乐春的常客。查有关史料和日记记载,他于1927、1928年间曾多次在陶乐春宴饮:

1927年7月31日,郁达夫午饭后去访日本友人佐藤夫人,"四点多钟,和她们去城隍庙玩,回到'陶乐春'吃夜饭"[①]。

1928年1月25日,他夜访鲁迅,同日《鲁迅日记》记云:"夜达夫来约饮。"26日,鲁迅、许广平夫妇应邀出席郁达夫、王映霞夫妇在陶乐春举行的午宴,同席有日本小说家前田河广一郎、画家秋田义一、诗人金子光晴和森三千代夫妇以及林语堂夫妇。

3月17日,郁达夫夫妇应邀出席李小峰夫妇在陶乐春举行的晚宴,同席还有鲁迅、许广平、林语堂、柔石、石民、杨骚、汪馥泉、王方仁和周建人等。

4月1日,郁达夫"午后出去上三马路陶乐春定菜"。2日,"中午在陶乐春请客,到了鲁迅及景宋女士,与日本的本间久雄氏、金子光晴氏、国木田虎雄氏与宇留河氏。午膳毕后,又请他们

[①]《郁达夫日记》。

汉口路上

1930年，鲁迅和友人们在功德林参加漫谈会后合影。左二为郁达夫

陶乐春："资格亦老"的川菜馆

去逛了一趟半淞园"①。关于这次陶乐春聚会，本间久雄后来写过一段回忆：

> 那是昭和三年（一九二八）三月初，我因渡欧路过上海时候的事情。事先熟悉上海的内山书店主人，为了我，约集鲁迅和其他代表新兴文坛的三四个文人，在三马路的一个叫作陶乐春菜馆的酒楼上作一餐的宴会。鲁迅生于一八八一年，所以他那时候是四十七八岁光景，但看上去似乎比实际年龄要老一些，因此我们常想象他是如同南画（日本画家的一派）上人物一般的高士或隐士那样的人。
>
> 不幸的是，我那时候关于鲁迅的事情什么也不知道，因此不能和他谈什么问题。那时他用流利的日本话说，在中国，没有日本那样的国家观念，儒教在现在的中国，也没有何等的感化力，而且代替儒教的何种宗教也没有，中国的民众，在这种意味上，思想的何种依据都没有的。这样一句一句地说着，丝毫不加藻饰。他说完之后，低垂着头，不再言语，忧郁的脸上只有虚无的情调浓厚地出现着。②

鲁迅自己在当天的日记里这样写道："达夫招饮于陶乐春，与广平同往，同席国木田君及其夫人、金子、宇留川、内山君，持酒一

---

① 《郁达夫日记》。
② [日]本间久雄，《鲁迅的事情》，北平《世界日报》1932年5月13日。

瓶而归。"这"持酒一瓶而归"颇有意思：是当时喝剩的酒，还是在陶乐春特地另购的呢？

仅仅过了两个月（6月3日），鲁迅日记又载："下午达夫来,赠以陈酒一瓶。"郁达夫自己也记述道："午后打了四圈牌,想睡睡不着,出去看鲁迅,谈了一小时的天。临走他送我一瓶陈酒,据说是从绍兴带出来者,已有八九年陈色了,当是难得的美酒,想拣一个日子,弄几碟好菜来吃。"这后一种"赠以陈酒一瓶"，分明是鲁迅对4月2日"持酒一瓶而归"的答礼——两个爱酒的浙江人，分别"持酒而归"，体现了彼此真挚的友谊。

"春酒秋莼，别饶风味"

1928年9月28日中秋之夜，陶乐春菜馆二楼喜气洋洋，这里正在举行一场婚礼。婚礼的主角，是中共地下党员熊瑾玎和朱端绶。

这年春天，中共湖北省委遭到破坏，熊瑾玎辗转从武汉来到上海。中共中央分配他担任中央机关会计，并责成他在上海建立中央政治局开会办公的秘密机关和联络点。

不久，熊瑾玎就在四马路（今福州路）云南路口找到一所两层楼房。此楼坐西朝东，是街面房屋，三开间门面，进出要经过一条不为人注目的小弄堂。楼下是二房东周来生开设的"生黎医院"，每天有许多人来求医问药；楼上可通到隔壁热闹的天蟾舞台后

陶乐春："资格亦老"的川菜馆

熊瑾玎与朱端绶

台。天蟾舞台每天都有人演戏看戏，人流络绎不绝，熙熙攘攘。就这样，熊瑾玎便在这房子内挂起"福兴商号"的招牌，经营起湖南纱布生意来。"福兴商号"既是为中央筹措经费的经济实体，又是中央政治局开会办公的秘密地点，周恩来、李立三、李维汉和邓小平等经常在此开会，商量工作。

熊瑾玎对外是福兴商号的"熊老板"，因没有"老板娘"，时间一长怕被人怀疑。6月中旬，组织上又派来一位女同志，协助熊瑾玎工作。这位女同志，就是刚满20岁的朱端绶。朱端绶和熊瑾玎都是长沙人，她比熊瑾玎小22岁，但党龄却比他还早两年。她从汉口来到上海后，就住进了福兴商号，当上了"老板娘"，其职责是看守机关，为来开会的同志放哨、做饭。这一对"老夫少妻"，白天工作、晚上各自睡觉，一起"生活"了三个月。后来，两人彼此感情加深，周恩来就极力促成他们"假戏真做"。于是，便有了中秋之夜的陶乐春婚礼。

那天晚上，陶乐春二楼张灯结彩，半圆形雕龙刻凤的门上悬挂着四盏八角玻璃宫灯，映照着门两边的楹联："春酒秋莼，别饶风味；陆珍海错，备报馨香。"楹联下摆着秋菊盆景。一桌酒席摆在临街窗口内侧，可以看见对面的商店和街上的行人。周恩来、李立三、李维汉和邓小平等领导同志纷纷向新郎新娘贺喜，祝他们同心同德，白头偕老。席间，周恩来风趣地说："端绶是我们的老板娘了，今后我们不再称她小妹子啦。"于是，一桌人纷纷举起酒杯，热情地喊道："为我们的老板娘干杯！"

多年以后，周恩来总理一直热情地称呼熊瑾玎为"熊老板"。

1966年1月,正值熊瑾玎八十大寿,周恩来亲自登门拜访熊瑾玎朱端绶寓所,开口就喊:"熊老板!"他还给寿星一家带来了他亲笔手书的"贺礼":"在内战时期,熊瑾玎、朱端绶两同志担任党中央最机密的机关工作,出生入死,贡献巨大,最可信赖。"

……

20世纪30年代后期以后,陶乐春等川菜馆"因其味过浓,麻辣又重",生意开始冷清。当年风靡一时的经典川菜馆,后来逐渐被以董竹君"锦江川菜馆"(锦江饭店前身)开创的新海派川菜馆所替代。

大壶春：上海滩的"肉心帮"

位于汉口路四川路口

  1932年，大壶春馒头店开设于汉口路四川路口，是一家专营蟹壳黄、生煎馒头和牛肉粉丝汤等小吃的点心店。大壶春制作的生煎馒头，被誉为上海滩生煎馒头的鼻祖。

"外卖"与"堂吃"

上海开埠以后,相继吸取了各地风味小吃精华,在点心制作上日益完善,应时适令的各类米面类小吃品种尤其丰富,生煎馒头就是其中之一。据说生煎馒头最早来自丹阳,被称为扬帮。其特色是,底黄面白、葱绿肉多,开锅时热气腾腾,鲜香扑鼻。

说起制作生煎馒头,大壶春倒不能算第一家。最早的生煎馒头,应该出现在萝春阁。萝春阁开办于20世纪20年代,原是一家茶馆,馆址在浙江路天津路口,是由商业大亨、号称"百业经理"的黄楚九创办的。用曹聚仁的话来说,这是大世界老板黄楚九的"发迹之地"。那时,"在茶室闲坐,吃点心,真可说是以消长日。有的茶馆,附设书场,大书小书,也就是今日的评弹,那就更热闹些了"[①]。不过,最早的茶馆,自己并不制作点心。茶客有需要,可以差堂倌到外面去买(这大概就是最早的"外卖")。最初在萝春阁吃生煎馒头,就来自"外卖"。

萝春阁怎么会自制生煎馒头的呢?一直有多种说法:一说黄楚九每天到萝春阁视事,必经四马路,"那里有一个生意不错的弄堂小吃摊,专做生煎馒头。他也放下身段尝过几回,馅足汁满,底板焦黄,味道相当不错。有一天他经过那里,却发现生煎馒头摊打烊了,老吃客很有意见,久聚不散,议论纷纷。那个做馒头的师

---

① 曹聚仁,《上海春秋》,上海人民出版社1996年版,第234页。

傅抱怨店主只晓得赚钱，偷工减料，他不肯干缺德事，店主就炒了他的鱿鱼。黄楚九一听，立刻将这位爱岗敬业的师傅请到'萝春阁'去做生煎"。[①] 一说是这路边生煎馒头摊，本来就开在萝春阁隔壁，茶客时常买一些带进茶馆，一边喝茶，一边吃生煎馒头。久而久之，黄楚九就把这路边摊"收编"了，生煎馒头成了萝春阁经营的小吃。

萝春阁生煎馒头因为汤汁足，吃口好，很快就成了旧上海生煎馒头的头牌，茶客们蜂拥而至。曹聚仁赞道："萝春阁的生煎馒头，那是上海最好的一家，有口皆碑，有人坐汽车来吃他们的馒头的。"[②]

1931年，黄楚九去世，萝春阁易主，但生煎馒头这个特色却被保留了下来。后来，萝春阁干脆成了一家专做生煎的点心店了。

"汤心帮"与"肉心帮"

大壶春生煎馒头的创始人是唐妙权，据说他的叔叔唐妙泉正是萝春阁生煎的创立者。但也有一说称，唐妙权和唐妙泉应为同一人。

1932年，大壶春馒头店创办，唐妙权主其事。他认为，萝春阁的生煎皮薄馅大、汤汁浓郁(被称作"汤心帮")。倘若完全复制萝

[①] 沈嘉禄，《上海老味道》，上海文化出版社2017年版，第41页。
[②] 曹聚仁，《上海春秋》，上海人民出版社1996年版，第234页。

春阁的做法,就无法形成错位竞争。于是,他决定把大壶春的生煎定位于"肉心帮":无汤汁、肉馅足,略带一丝甜味,以有别于"汤心帮"。

在唐妙权的监制下,大壶春生煎制作标准严格:每个生煎最少要有12个褶子,皮采用半发酵面。所谓半发酵面,是独家秘籍,全部掌握在师傅的手感里。发酵过度,面就酸了;发酵不够,面又"死"了。生煎馒头包好以后,要醒发30分钟,然后再把生煎放进平底锅用大火煎,待底部呈金黄色,撒上芝麻和葱,一锅生煎就出炉了。

大壶春生煎馒头上市以后,因皮厚而松软,口感近似包子,吸了汤的面皮特别好吃,一下子就赢得了好评,享誉沪上。那些年,附近钱庄、洋行的职员都是大壶春的常客。中午时分,周边中国银行、中南银行和大陆银行那些西装革履的职员们,常在大壶春店里用餐。当年,一客生煎馒头,再加一碗牛肉粉丝汤,算是一顿很丰盛的午餐了。据说有的老食客还发明了一种最实惠的生煎馒头吃法:先在店里蘸了醋,把生煎馒头的皮吃掉,然后把内芯饱满的肉馅收好,放进饭盒里带回家,晚上还可喝点老酒,再把这些肉馅吃掉,这叫"一客两吃"。

"大壺春"与"大壶春"

汉口路四川路口的大壶春开张后,生意兴隆。据作家沈嘉禄

汉口路上

介绍,一位曾在大壶春工作过的老店员告诉他:"1949年挤兑黄金风潮时,与中央银行一街之隔的'大壶春'生意奇好,因为轧金子需要打'持久战'和'消耗战',饿着肚子就轧不动,就近吃点生煎算了。店里的小伙计头子活络,眼看混乱的局面里有发财机会,也溜出去做成几笔黄金生意,居然小小地发了一笔。"①

大壶春的店堂原来很小,仅能摆三张桌子,做生煎馒头的炉子只能搁在马路上。1956年公私合营后,上级公司决定将大壶春隔壁关门歇业的钱庄所在地租下,扩大了店堂,并改名为"大壶春点心店"。1970年后,又将隔壁关门歇业的新风照相馆等合并进来,几经翻修,大壶春店面扩大到了130平方米,具有两开间门面、二层楼。即便如此,店门口还时常排起长龙,有时顾客为了吃上一客大壶春生煎馒头和一碗牛肉汤,需要等上一个小时左右。1997年,大壶春因原地块改造,迁址金陵中路营业,后又相继迁至四川南路和西藏南路等处,其中还停业过多年,后在云南南路开张。现在,大壶春已在上海多处地方开出分店,生意依然火爆。

最后要指出的是,有位前辈曾声称,"他年轻时曾在大陆银行学生意,与我们称的'大壶春'近在咫尺,他说,那家生煎馒头铺应当叫'大壸春',与我们叫的'大壶春'差了一笔"。可惜,"那位老人早已驾鹤西去,没有留给我们认错的机会"。② 再仔细看看当年留存下来的一张老照片,汉口路四川路口的那个店铺,果然挂着

---

① 沈嘉禄,《上海老味道》,上海文化出版社2017年版,第41页。
② 张晓栋,《洋泾浜:上海往事》,上海大学出版社2010年版,第64、65页。

大壶春：上海滩的"肉心帮"

汉口路四川路口的大壶春馒头店，从店招上看，"壼"应为"壺"

"大壸春馒头"的招牌!"壸"的简体字是"壸",念 kǔn(音:捆),比"壶"字中间多了一横。按照《辞海》的释义,"壸"指"古时宫中巷舍间道",引申为"内宫"的代称。这"大壸春"的"壸"字,与"萝春阁"的"阁"字,倒是有点般配。难道,人们念了几十年的"大壶春",应该叫"大壸春"才对?究竟是当年有人写错了,还是今天人们念错了?这是一个有趣的问题。

然而,在我看来,即使今天探究出应读"大壸春",似也毫无意义了。因为,大壶春早已口口相传,成了上海的老字号名牌。在一代又一代人的心中,"壸"早已被"壶"取代了。

07 戏院

春桂茶园:"俨然为海上各园之冠"
大舞台:专演京剧的"维新戏园"

春桂茶园:"俨然为海上各园之冠"

位于汉口路湖北路口,今汉口路515号

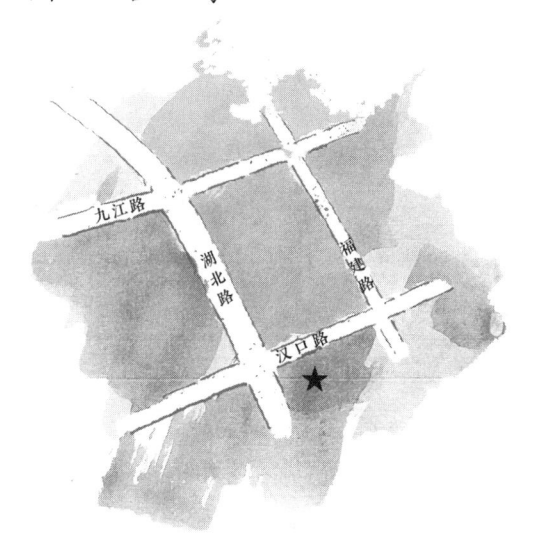

春桂茶园开张于1905年,位于"三马路大新街口",是最早以西方剧院形式改造旧式茶园结构的戏院。

"南派武生鼻祖"李春来

1905年11月19日,《申报》上刊有如下声明:

汉口路上

启者,今李春来、王步蟾二人合本开春桂茶园合记,所有王步蟾前开鹤仙戏馆按目、押信及手巾、柜台、后台、角色包银并外面进出各款,统由鹤仙园主王步蟾清理,与春桂园主李春来无涉。特此登报详明。

该声明中的"李春来"为著名武生演员。李春来(1855—1925),河北高碑店人(一说新城人),字起山。11岁时,入北京丰台喜春台梆子科班学艺,初习武丑,后改武生。17岁出科后,在天津、北京等地演出京剧。21岁时抵上海,首演于丹桂茶园,继而又入升平轩、留春等戏园,与孙菊仙、黄月山等合演。1884年回京奉母,1887年后到上海定居。

李春来是"南派武生鼻祖",武功精纯,动作敏捷,演戏非常认真。他的一招一式,极其讲究,从不"偷工减料"。有人称他是京剧"行头改革家","今之行头,极绚烂能事,均春来开其端者也"。对于演出细节,李春来也很重视,"后台每日拖地板,箱上折领、小袖、彩绸、绦子、鸾带、白髯,须常洗,靴底须常拭白,水袖须常拆换……箱官、场面、检场、龙套、宫女,须勤于沐身整容,尤须衣冠楚楚,如毛发蓬松,衣衫褴褛,必遭申詈"。此外,他还"每夕七时辄莅园,匿坐暗处观开路戏,如台上有不以公事为公事等情,立至后台与本人交涉,轻则申斥,重则黜退"[①]。直到年近古稀,李春来

---

① 朱瘦竹,《李春来遗闻》,《雅歌》1928年2月、3月。

登台演出依然一丝不苟。终于有一天,因体力不胜,摔倒在地,遂息影舞台,后抑郁病逝。

李春来早年与人合办过桂仙茶园,1903年又开办过春仙茶园。春桂茶园是上海最早改变旧式茶园结构的改良茶园。"春桂"之名,据说源于一个花边传说:相传吴门女子朱桂珍对李春来情有独钟,几乎每天都要到戏园看戏,而且有固定的座位。一日,朱桂珍座位为他人所占,争之不得,便与李春来商量,决定另开一家戏园。于是,就有了"三马路大新街口"的春桂茶园。据《清代野史》说,春桂茶园者,"名曰'春桂',即嵌二人之名以名园也"。

春桂茶园装修华丽,门面高敞,陈设精美,一改旧式茶园敞于露天的形制。中国旧式戏院(茶园),观众喝茶猜拳、嬉笑打骂,并不专注于看戏。一位进过旧式戏院的英国人曾这样回忆:

一进到戏院里面,我就被看到的一切吓了一跳。我从没见过这样的景象。在宽敞的大厅尽头,有一个小小的舞台,只是用几块有点图画的画布做背景,表演者正在卖力表演。让我诧异的原因在于,下面的观众似乎根本不关心台上的表演,所有人都在大声聊天、说笑。而更令我惊奇的是,台上的表演者似乎也完全不在乎台下的情形,他们的表演似乎完全是为了自娱自乐。

我们找了个座位坐下。座位都是那种高背的木椅,椅子前面还有木质的茶桌,上面摆着茶碗,不时有中国仆人来给我们倒茶。我还注意到一种奇怪的噪音,是细微的吸吮和爆裂的声音。环顾四周发现是中国人喝茶、嗑瓜子发出的声音。中国人像西方人喜

汉口路上

欢吃巧克力一样喜欢嗑瓜子。瓜子都是用纸包着放在桌上,中国人把瓜子放进嘴里,技术娴熟地嗑开,然后直接把瓜子皮吐到地上,整套动作一气呵成。[①]

春桂茶园在纠正这些混乱不堪处下了不少功夫。座位由茶馆式改为剧院式,"自馆门至园内落雨不走湿鞋子",场内安装电风扇,冬有暖气,空气畅通,左右安置六处太平门,进出方便。这些改动,为后来的京剧改良(如减少震耳欲聋的锣鼓声等)创造了条件。一时间,春桂茶园生意兴隆,近悦远来,"俨然为海上各园之冠"。

清末小说家陆士谔的小说《十尾龟》,以金华富商费春泉到上海后的所见所闻,揭示了上海开埠后的社会现象。小说一开始,写费春泉带着仆人阿根到上海讨账。他们到客栈住下后不久,就被介绍去了春桂茶园:

吃过夜饭,春泉询问茶房:"上海戏馆,哪一家最好?"茶房道:"眼前要算着春桂茶园。李春来今晚齐巧唱挑华车,是他的拿手好戏。"春泉问:"春桂在哪里?"茶房道:"在大新街三马路口,老爷要去,我替你喊车子去。"春泉点头,茶房喊了两部东洋车,春泉带着阿根到春桂看了一本戏,回栈时已经十二点钟了。

[①] [英]E. W. 彼得斯著,李开龙译,《英国巡捕眼中的上海滩》,中国社会科学出版社2015年版,第135、136页。

春桂茶园:"俨然为海上各园之冠"

显然,在陆士谔眼里,春桂茶园是一个"繁华地"。他用"费春泉初临繁华地"这一细节,来证明小说开头的议论:"上海真是世界上第一个好地方,一切希奇①古怪东西,都在上海出产……"

春桂茶园后来多次易主。1908年,由美商鑫记公司购入,称为春贵茶园,后又改名大富贵茶园、新桂茶园、共和中舞台和共舞台等。1912年,改名为中华大戏院。1917年,改名为亦舞台。1924年,由于亦舞台建筑陈旧,有倒塌危险,被通知停业。不多久,亦舞台被转让拆除,原址建起了惠中饭店。现惠中饭店已拆除,建起了汇金大厦。

红遍上海,"无隙可容"

春桂茶园虽然多次易名,但戏院格局变化不大。

1906年,周信芳到沪,拜李春来为师。2月至8月,他在春桂茶园为李春来等作配角或演垫戏。1907年以后,在近代革命风潮推动下,中国早期话剧运动蓬勃发展,新剧目成批涌现。春桂茶园除演出传统京剧外,也有新的剧社团体(如上海演剧联合会等)在此演出过新剧。

1912年10月,春桂茶园改名为中华大戏院。大戏院开幕不久(14至16日),孙中山就应中国社会党江亢虎之请,在这里发表

---

① 希奇:同稀奇。

汉口路上

汉口路湖北路口的春桂茶园。此照可能摄于 **1911** 年

关于社会主义学说和铁路国有化的演讲。这次演讲,连续三天,事先由《民立报》《天铎报》刊登广告,吸引了大量听众:第一天有1 000多人,第二天有2 000多人,第三天有3 000多人,整个戏院"无隙可容"。

1914年,中华大戏院演出新剧,一度被称作民鸣社。据陈存仁回忆:"那时节有一种所谓新剧,上海人叫作'文明戏'。三马路大新街民鸣社是其中最有名的一家,演员号称都是革命分子……"据民鸣社戏单显示:月楼五角,特别包厢、特别正厅四角,头等包厢三角,头等正厅二角,二等正厅一角。幼儿只收半票。"所以那时节身边有一块钱,日子是好过得很。"①

1917年,中华大戏院改名为亦舞台。1919年五四运动爆发,在亦舞台演出的演员冯子和配合五四运动,提出罢演号召,组织"伶界救国十人团",并在此召开伶界大会,在戏剧界和整个社会造成很大影响。

1920年12月,亦舞台邀请荀慧生到场演出。荀慧生与王又宸合作,在此演出了头本《诸葛亮招亲》,长达24个月。《诸葛亮招亲》一剧极具南派风格,演出时长近5小时,其中荀慧生、王又宸和杨瑞亭等所唱的唱段,脍炙人口,广泛流行,加上新制布景机关,可"自行""自转",该剧遂成为当时票房之最,连演连满。到1922年2月,已陆续演出60场。

这一期间,亦舞台还两次邀请马连良来沪演出,前后达200

---

① 陈存仁,《银元时代生活史》,上海人民出版社2000年版,第85页。

场。其中《宝莲灯》一剧,为吸取南派京剧表现方法的成功之作。荀慧生前饰王桂英,后饰三圣母;马连良饰刘彦昌;盖叫天饰沉香。《宝莲灯》是荀、马同台演出场次最多的一出戏,也是盖叫天的早期代表作之一。

1922年,马连良在演《打渔杀家》前,沪上剧评界已有萧恩是穿"鱼鳞洒鞋"还是穿"薄底快靴"之争。马连良在"白社"票友帮助下,演出行舟打渔时穿鞋,草堂闷坐时穿靴,顺利地解决了纷争,赢得了好评。同年秋天,程砚秋首次来沪,也受邀演出于亦舞台。三天的打炮戏,分别是《女起解》《虹霓关》和《汾河湾》,他一炮打响,红遍上海。

"春仙"与"春桂"

过去,曾有人把春桂茶园混同于春仙茶园,也有人把春仙茶园地址说成是在湖北路汉口路拐角,这应该是个错讹。

春仙茶园和春桂茶园虽然都由李春来创办,但"春仙"开于1903年,"春桂"开于1905年。而且,"春仙"的位置也不是在湖北路汉口路,而是在宝善街(今广东路中段)福仙戏馆原址。1900年11月29日《申报》刊登的《新开春仙茶园声明》称:"宝善街福仙戏馆亏闭,现归春仙茶园开演。"

关于春仙茶园,还有几句话可说。

1904年前后,汪笑侬在春仙茶园编演《党人碑》《桃花扇》《瓜种兰因》《长乐老》《缕金箱》等剧本,借古喻今,隐刺时政,影响巨大。其中,《瓜种兰因》又名《波兰亡国恨》,是时装京剧,取材于波兰亡国史。这部戏以外国故事为殷鉴,警惕国人,宣扬"非结团体,用铁血主义,不足以自存"的革命思想,被《警钟日报》誉为"演剧改良之开山""梨园所未有之杰构"。

对于汪笑侬,陈独秀曾非常欣赏:"春仙茶园里有个出名的戏子,名叫汪笑侬的,新排的《桃花扇》和《瓜种兰因》两本戏曲,看戏的人被他感动的不少。我很盼望内地各处的戏馆也排些开通民智的新戏唱起来,看戏的人都受他的感化,变成了有血性、有知识的好人,方不愧为我所说的世界上第一大教育家哩。"[1]曹聚仁也赞道:"那位京戏巨头汪笑侬就在春仙茶园,穿起西装来演侦探剧:《火里罪人》(陈冷血译本)和《波兰亡国恨》,除了夹上几句唱曲以外,已经接近话剧了。但他们演的是京戏,不是话剧。"[2]

1908年3月,王钟声和任天知以春阳社名义,在春仙茶园公演由王钟声根据同名小说改编的《迦茵小传》。该剧为爱情悲剧,其曲折动人不亚于《茶花女》。《迦茵小传》的演出,完全摆脱了时装京剧的痕迹,获得很大成功。徐半梅在《话剧创始期回忆录》中称道:"这一次《迦茵小传》,才把话剧的轮廓做像了。如果有人问:在中国第一次演话剧,是什么戏? 就应当说:是这一出《迦茵小传》。虽不能称十分美满,总可以说是划时代的成功。"

---

[1] 陈独秀,《论戏曲》,《党史资料》丛刊1980年第4辑,第138页。
[2] 曹聚仁,《上海春秋》,上海人民出版社1996年版,第262页。

汉口路上

汪笑侬演出剧照,他在京剧《献地图》中饰张松(左一)

另外,盖叫天是在春仙茶园演武生起步的,但他的盛大成功,却是在春桂茶园。据说,李春来长盖叫天 20 岁,非常欣赏后者。每次演出前,他总是拍拍盖叫天的肩膀:"好小子,胆子放大些,不用怕。"盖叫天原艺名"小小叫天",也是由李春来改为"盖叫天"的。

总而言之,春仙茶园是最早转型演出新剧的京式戏园之一;春桂茶园则是第一个旧园新造的改良茶园。两家茶园虽同为李春来创办,园名仅一字之差,但原址却不在同一个地方(一在广东路宝善街,一在汉口路大新街)。更重要的是,两者不是同一家戏园。

汉口路上

在汉口路湖北路口春桂茶园旧址上建造的汇金大厦(读史老张摄)

大舞台：专演京剧的"维新戏园"

原位于汉口路168号(今九江路663号)

大舞台是上海早期的西式剧院，原名文明大舞台（简称"大舞台"），由英租界巡捕房包探童子卿以协兴公司名义，向哈同公司租地建造（又称"协兴大舞台"）。1909年10月18日，文明大舞台建成，为三层砖木结构，坐北朝南，大门开在汉口路。

汉口路上

新思潮造就大舞台

20世纪初,随着西方文化传播的深入,近代上海的戏剧观念发生了根本性改变(由"听戏"转为"看戏"),戏剧演出场所也发生了变化(由"戏园"变为"剧院")。最早建造的西式剧场,是十六铺的"新舞台"。新舞台采用镜框式舞台格局,在规制和设备上,比传统戏园更先进,更接近西方。

文明大舞台也以镜框式舞台格局亮相。它一出现,就引起了当年观众的好奇和感叹。清末小说家陆士谔在《荒唐世界》一书中,曾写过一段对话,谈及"三马路文明大舞台",很有意思:

> 一会子,仲芬来了。仲芬道:"三马路文明大舞台今日开演了,等会子倒要去赏识赏识。梅伯高兴同去逛逛吗?"梅伯道:"这大舞台,可就是什么新舞台改名的吗?我听说上海的新舞台戏馆,照着外国戏园筑造的,戏台都是半圆式,戏子都是称什么艺员的。猛一听时,好似咨议局议员似的,这还是到了上海听着的呢。"仲芬道:"新舞台是新舞台,大舞台是大舞台。新舞台开在南市中国地界,大舞台就开在三马路那法租界(应为英租界——引者注)上。还有新剧场、歌舞台,也都是维新戏园子……这四家维新戏园子,起头的总算是新舞台。横竖我们中国人做事情,凡是开创的事做得不好,惹人家批评笑话,再没有人肯出来研究改良的。做得好了,却你也学样,我也学样,势必弄到两败俱伤,同归

于尽。即如这戏园子,新舞台没有开的时光,大舞台也不会开,新剧场也不会开。难道这开大舞台、新剧场的人,当时都睡熟了不成?"

文明大舞台建成后,主要演出京剧,采取场团合一形式,人员主要由原天仙茶园部分演员组成,如孙春恒、周春奎、宋四宝、孙瑞堂、薛瑶卿、谢云奎、李长德、孟七、沈韵秋、蔡桂喜和小金生等,每期由他们领衔演出,并邀请各地著名演员轮流到场。开幕首演,曾特邀"内庭供奉"刘永春、吕月樵等演出,获得成功。后曾利用新式转台、灯光布景,排演过全本《目莲救母》。辛亥革命后,又排演了《鄂州血》《新茶花》等新派京剧。1914年,梅兰芳和王凤卿也在此登台。1916年,李桂春(小达子)在大舞台领衔排演连台本戏《宏碧缘》《狸猫换太子》等,红极一时。

1917年,童子卿联合后台艺人入股,号称十股东联营,由赵如泉担任后台经理。赵如泉(1881—1961),江苏镇江人。出身于梨园世家,从小随父亲赵祥玉学艺,功底扎实,是武净兼擅的海派京剧演员。他在任职期间,曾邀请毛韵珂、白玉昆等加盟,并以《宏碧缘》为主要演出剧目,生意颇为红火。

1927年8月,海上闻人黄金荣见办戏院有利可图,强行入股,取得大舞台经营权,遂称荣记大舞台。1930年8月,梅兰芳游美回国。12月,他就受到邀请,到大舞台演出京剧大戏。从12月22日的荣记大舞台戏单上可知,梅兰芳被冠以"伶界大王",演出的是"大唐艳史唯一名剧"《三本杨贵妃·太真外传》。该戏是梅

汉口路上

刊于 1930 年 12 月 22 日《申报》上的梅兰芳在荣记大舞台的演出戏单

兰芳演艺生涯中的代表作,一般要连演四天。和他一起配演的,还有王凤卿、姜妙香和萧长华等名家。剧中,梅兰芳饰杨贵妃,王凤卿饰唐明皇,姜妙香饰高力士,萧长华饰杨国忠。在这张戏单左侧,预告了第二天(12月23日)的公演剧目《四本杨贵妃·太真外传》,并附有剧情介绍。

后来,大舞台一直由黄金荣及其门下掌握,先后改名为康记大舞台、鑫记大舞台。黄金荣接办后,大舞台实行男女合演,主要演员先后有林树森、李桂春、贾璧云、张文艳、李少春、张翼鹏、李瑞来、韩素秋和李仲林等。他们演出的连台本戏《狸猫换太子》《打金砖》《二十八宿上天台》《西游记》《武则天》等,均有一定影响。

1932年,大舞台拆除重建。1934年9月,一座钢混结构的大舞台在原址建成。此时的大舞台,坐南朝北,大门开向九江路(今九江路663号)。舞台台口宽约14米、高约8.5米,舞台深约12米;戏台沿口与台口齐平;观众厅宽约33米、长约28米,观众席约2800余座。开幕期间,大舞台盛邀梅兰芳、马连良偕金少山、程继仙、叶盛兰和萧长华等首演,并在《申报》上大做广告,"敦请中国剧坛二巨头为中国唯一伟大剧场揭幕"。当时的戏目有《贩马记》《借东风》《一捧雪》等,票价从大洋3元到5角不等,还特设祥生公司租车处,以方便观众前来。一时,上海滩上均呼"珠联璧合的好戏,千载难逢的机会",大舞台前人头攒动。

1941年1月13日起,大舞台曾短暂更名为"大舞台电影院",专门放映粤语电影,首映粤语片《姑缘嫂劫》,连映十三天,据说场场客满。其时，大舞台电影院雄心勃勃，原拟打造"上海独家承映首轮粤片、远东唯一伟雄浩巨影宫"，可惜只是昙花一现——当年除夕之夜来临前，大舞台电影院就被打回"本行"（京剧演出），成为中国电影史上最短命的"一片"电影院。

京剧名家往事

自建成起，大舞台就是上海著名的京剧演出场所。在这里，流传过不少京剧名家的前尘往事。其中有两件事，流传甚广。

一件是"江南武松"盖叫天演出《狮子楼》时，不慎折断右腿，仍挺立舞台，一时传为美谈。

1934年的某一天，盖叫天表演"武松打虎"，当他跃上山岗，纵身翻滚着向"老虎"扑去时，舞台上一块松动的木板让他滑倒，一个趔趄，差点摔倒在台上。一阵钻心的疼痛，让盖叫天的右腿无法站立，他意识到，自己可能骨折了！这时候，正是这出戏演到最精彩之处——"老虎"反扑，必须出拳迎击——台下观众，正等待着舞台高潮的到来。盖叫天咬紧牙关，踩着紧张的锣鼓点，面对"老虎"的一扑、一掀、一跃，一招一式地迎了上去……

"老虎"被"武松"打死了，"武松"高举手臂，挺立在舞台中央，大舞台内掌声雷动。可是，大幕一合拢，盖叫天却倒在了地上。

另一件是"金霸王"金少山给黄金荣"做规矩"，使黄金荣乖乖就范，闻者皆称大快。

大舞台：专演京剧的"维新戏园"

盖叫天饰演的"武松"形象

黄金荣虽家财百万，但常借故克扣演员"戏份"（工资）：有时卖了"满堂"，却说只卖了八成座，演员颇多不满。有一段时间，金少山在大舞台演出时，底包为每月600元，可是黄金荣总要千方百计榨取更多利润，星期日也让金少山演日场，还要安排独挑二本《连环套》。对此，金少山心中不悦。有一次，金少山照例又要演星期日日场的《连环套》，戏票早被一抢而空（俗称"关铁门"）。可是，就在那天午饭后，开场锣鼓响起，管事的却到处找不到金少山，黄金荣急得团团转。派人找了好一阵，才知道金少山到跑马厅去看跑马了，管事的只好改上其他演员。哪想到，观众都是冲着金少山来的，高叫着金少山不登台就退票。这时，管事的只得亲自赶到跑马厅，左一个"金老板"，右一个"金老板"，金少山却置之不理："今个儿我不演了！退票！"无奈之下，黄金荣只好忍痛退票。据说黄金荣气得掏出手枪往桌上一拍，破口大骂道："娘的，不要他了，不要他了。"

但是，对黄金荣来说，金少山是棵摇钱树，要是真辞退了他，还真舍不得。下个星期日，黄金荣仍派金少山演《连环套》。这一次，金少山却早早来到后台，仔细认真地勾脸扮戏。窦尔墩出场后，第一句点绛唇"膂力魁元"，他有意盖着唢呐唱，那嘹亮的嗓音真是声震屋瓦，观众疯狂地喝彩叫好。在花楼上监场的黄金荣不禁叫绝，回头对着管事的说："娘的，还得要他！"于是，黄金荣不但没有辞退金少山，反而还加了他200元包银。[1]

---

[1] 全国政协文史资料委员会编，《京剧谈往录》，北京出版社1985年版，第366页。

大舞台对过"天晓得"

另外,还有一件与大舞台有关的轶事,也值得一谈。

大舞台大门,原朝向汉口路。汉口路上,有一家文魁斋,专卖梨膏糖,也兼卖粽子糖、山楂糕、西瓜子等,生意火爆。不久,在文魁斋贴隔壁,又开出一家"文魁斋"来,也做同样生意。那时,没有商标法,也没法禁止同一地段开两家同样名称的店。原来的那家"文魁斋"老板无奈,只得在原名上,加上一个"老"字,并雕了一座魁星做标记。不到几天,他惊讶地发现,新开的那家店,也改名为"老文魁斋"了,而且也以魁星为记。他只得想了一个绝法,在自家店招下面,挂了一只乌龟,并加以标语:"乌龟眼睛太小,见人牌号,就要假冒:天晓得。"不料,过了没几天,隔壁那家也挂起了乌龟招牌。后来,顾客们索性不叫他们两家为"文魁斋"了,直呼他们为"天晓得"店。也因此,上海人还多了一句"歇后语"——"大舞台对过:天晓得"。

据文史作家陈定山回忆:"我年轻好顽,曾访问过他两家,说:'你们这两只乌龟,到底哪一只是真的?'他们都讪讪地答应不上来。"1934年,大舞台重建,大门开向了九江路,"破了风水,这两块招牌,就渐渐不为人所注意了"[①]。

---

① 陈定山,《春申旧闻·大舞台对过"天晓得"》。

汉口路上

1956年1月19日,在一片公私合营声中,这两家文魁斋"把挂了几十年的两块乌龟招牌,用榔头敲下来了"。这一事件,"轰动了整整一条三马路",当时正在香港的作家唐大郎闻讯,写了一首打油诗:

> 药梨大王文魁斋,
> 三马路头一并排。
> 七十年来天晓得,
> 乌龟今始砍招牌。

唐大郎进而评论道:"现在,私营工商业正走向社会主义改造运动高潮的时候,两位文魁斋的老板,都知道他们的乌龟招牌,是旧商人恶劣行为的标志,于是,赶快把它们砍下来了。"①

……

1950年3月,大舞台老板因亏损弃场出走。4月,由前后台职员艺人组成的临时管理委员会维持营业。1951年3月,大舞台由上海市人民政府购买,改名为人民大舞台。4月5日,人民大舞台揭幕,演出连台本戏《太平天国》。11月,实行改制,后台艺人成立人民京剧团,与前台分离。

1959年7月9日,人民大舞台举行了"京昆剧大会串",周信芳、盖叫天、俞振飞和言慧珠等名伶参演。1962年8月1日,又举

---

① 唐大郎,《乌龟从此砍招牌》,1956年2月2日香港《大公报》。

大舞台：专演京剧的"维新戏园"

今日人民大舞台，大门开在九江路上（读史老张摄）

办"梅兰芳逝世一周年纪念演出",受到欢迎。这一时期,人民大舞台经多次大修,除京剧演出外,也兼演昆、越、沪、淮、川、甬等地方剧种,还演出过歌剧和舞剧,是上海对外文化交流的窗口之一。

1966年,人民大舞台改名为人民剧场,兼映电影。1979年,经翻修后恢复原名。翻修后的人民大舞台,建筑为五层钢筋混凝土结构,有观众座位2063个,后又附设招待所、餐厅和舞厅等。1985年起,归上海市演出公司管理。1995年1月起,拆除旧房,重建人民大舞台。2010年9月16日,经再次改造重建后的人民大舞台试运行。2011年5月2日,正式开业。

08　书局

点石斋：开创"吴友如时代"
来青阁：让文人墨客流连忘返
蟫隐庐：身处洋场，心在世外
富晋书社："北方势力南渐之先声"

点石斋:开创"吴友如时代"

位于汉口路江西路口

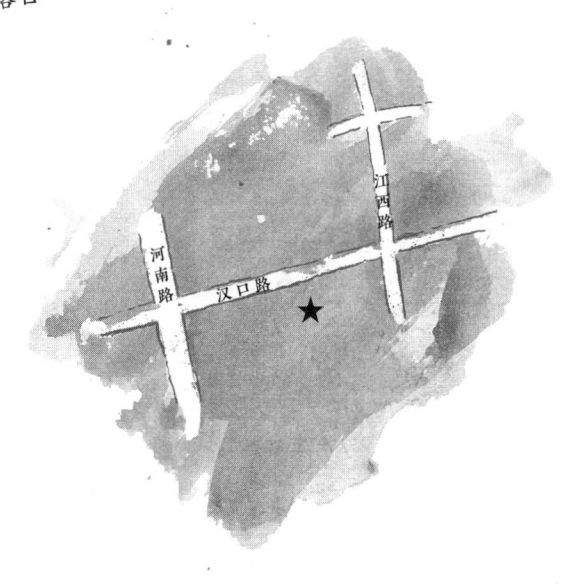

　　点石斋石印书局是中国最早用石印印书的出版机构之一。1876年,英国商人、申报馆老板安纳斯脱·美查(Ernest Major)在上海开设点石斋书画室。1879年,改称点石斋石印书局。先设址于偷鸡桥畔(今北京路浙江路口),印刷所设于南京路泥城桥堍(今西藏北路),门市部设于抛球场(今南京东路河南中路口)。后书局迁入汉口路江西路口的申报馆(后为工部局大楼旧址)。

汉口路上

《点石斋画报》刊登的点石斋石印书局图，形象地勾勒了石印工场的繁忙景象

石印技术，开风气之先

19世纪初年，石印技术由欧洲传入上海。石印是以天然多微孔的石印石作版材，利用石材吸墨与水油不相溶原理，用油脂性转写墨直接把图文排印于石面上，经过处理，即成印版。印刷时，先用水润湿版面，只有图文部分能附着油墨。如此印法，相比于清代主流的雕版印刷，不但成本低，印制效率高，印制效果也很好。从此，经历千年的雕版印刷术被淘汰。

据美国传教士办的《中国文库（Chinese Repository）》杂志记载，1832年，一位来自英国伦敦会的传教士麦都思（W. H. Medhurst）首先在广州设立石印所，引进石版技术，印刷布道小册子，开了风气之先。1943年上海开埠后，麦都思又在上海开设中国近代印刷史上著名的墨海书馆，以石印印刷《耶稣降世传》《马太传福音注》等书籍。此后几十年间，上海的石印书局如雨后春笋般涌现，最终达到近百家。其中有教会办的美华书馆、土山湾印书馆、益智书会、格致书室和广学会等印书馆，也有民办的点石斋书局、扫叶山房、同文书局、蜚英馆、商务印书馆和文明书局等。这些书馆购置新式石印设备，带动了印刷业的革新。

1876年，点石斋书画室首先引进手摇石印机。手摇石印机以十几人相互协作配合，每小时能印数百张印刷件。1878年，又从欧洲引进新式石印机，开始印制书画楹联等出售。当年12月30

汉口路上

日,《申报》刊出广告称:"本馆近从外洋购取照印字画新式机器一付,于点石斋中延请名师监印,凡字之波折、画之皴染,皆与原本不爽毫厘,兹先取古今名家法书楹联用电气照于石上,然后以墨水印入各笺,视之与濡毫染翰者无二……诸君欲广眼界者,请向本馆账房或向送《申报》人购取均可。"

位于汉口路江西路口申报馆的点石斋门市部图,上题为:"发兑申报馆点石斋书籍或石印碑帖楹联画幅地图等件,请至三马路大礼堂南首便是。"

1879年,美查聘土山湾印书馆的邱子昂为石印技师,正式设立点石斋石印书局。开张之初,"点石斋主人"即发布启事称:"本斋于去年在泰西购得新式石印机器一付,照印各种书画,皆能与元本不爽锱铢,且神采更觉焕发。至照成缩本,尤极精工,舟车携带者无累坠之虞,且行列井然,不费目力,诚天地间有数之奇事也。"

最初,点石斋印刷的是《圣谕详解》等经史子集和八股范文,销路不错。随后,就把业务投向中西结合的流行书市,如古今纪实、笔记小说、中外舆图以及翻译类的西学出版物。例如,点石斋重印的英国人马礼逊的英华字典《五车韵府》,就是19世纪中后期首批由中国人参与印刷的西文字典。西文字典的印制,满足了日益增长的学生学习英语的需要,一出版就不同凡响,"购者接踵而来,见者夸不绝口"。

1884年,点石斋又采用照相石印工艺,照武英殿本缩印了《康熙字典》。第一批印4万部,不出数月售罄;第二批印6万部,适逢北京举行会试,应试举子道经上海,见书美价廉,每人购置五六部,以作自用或赠人,经数月又告售罄。一部书售至10万册,这在当年国内印刷史上创了纪录,美查因此获利甚多,深为书业中人羡慕。此后,点石斋又石印了《十三经》《佩文韵府》《渊鉴类函》《骈字类编》等书籍及碑帖画谱等,均大获其利。

《点石斋画报》,清末风情画卷

《点石斋画报》封面

点石斋不但印书,而且印图,所印的《点石斋画报》堪称范例。《点石斋画报》是近代中国最早出版的一份新闻画报,也是影响最大的画报,在当年享有盛誉。

1884年5月8日,《点石斋画报》创刊。16开本,高约23.1厘米,宽约14.2厘米,连史纸石印,由申报馆编辑、点石斋印制。画报为旬刊,逢初六、十六、廿六出版,每册八页九图,由申报馆发售或随《申报》附送。画报初刊本的封面、同底采用红色、绿色、黄色三种薄纸,封面正中黑色印刷题签。画报新闻画的版式,既有长方形构图,也有方形图;既有单页,也有跨页。当时尚无专业版面设计师,排版多由主编与绘画者兼任。主编负责内容与文字,绘画者画好画稿,再交由专事誊抄者抄写文字。

《点石斋画报》的内容,主要为新闻事件,也介绍各国风俗景物、火车轮船、著名建筑及声光化电等新事物。创办之初,"尊闻阁主人"即阐述了缘由:"近以法越构衅,中朝决意用兵,敌忾之忱,薄海同具。好事者绘为战捷之图,市井购观,恣为谈助。"可见,《点石斋画报》之产生,与当年中法战争密切相关。画报上曾刊载过不少战争题材画面,形象地报道了两军作战新闻,也鼓舞了群众反侵略的勇气。

在报道新闻事件的同时,《点石斋画报》还着重描摹清末社会的各种趣事、新鲜事。例如,它曾画过一幅钱塘江岸"牛车渡"的情景,画面上是一辆运货牛车,轮子陷入江滩动弹不得,众人扛来草捆垫在车前,牛车得以解困。这与传教士莱昂在1870年1月22日日记里的记述非常吻合:"我们走路来到钱塘江边,乘免费的渡船来到对岸,再换成用水牛在泥浆地里拉的牛车……"傍晚回程时他和同伴错过了牛车,"急忙赶到码头之后,发现已经没有牛车带我们越过那段泥沼地。我们花了一块银元,雇四个人将我们背过泥沼地"。它还画过"张园灯舫"一景,"谓'味莼园主人从苏州搬来画舫,点缀池台,大为生色。舫中榜人女,年仅二八,面映红莲,歌吟金缕',也曾轰动一时"①。1884年,《点石斋画报》又刊

---

① 曹聚仁,《上海春秋》,上海人民出版社1996年版,第222页。

登了《西妇善御》一文,介绍上海交通情况:"以小车、东洋车、马车为多,间有华人乘西人所创之两轮脚踏车者。"并罗列了一批上海滩上最早拥有自行车的人员名单,他们分别是颜福庆(圣约翰书院教员)、颜惠庆(圣约翰书院学生)和唐露园(曾任复旦公学校长)等人。

上述新闻事件和新鲜事物,主要依靠各地访员以文字记录寄至报馆,再由报馆主编根据内容安排画家绘成单线白描画样。《点石斋画报》曾刊有《点石斋》一图,描绘了点石斋的工作流程。画报所反映的清末政治、经济、文化等社会风貌和世间风情,既开了画报出版先声,又影响了当时的画风,为后人研究中国近代史提供了形象的史料。包天笑曾回忆说,他十二三岁时,《点石斋画报》"最喜欢看了":

……本来儿童最喜欢看画,而这个画报,即是成人也喜欢看的。每逢出版,寄到苏州来时,我宁可省下了点心钱,必须去购买一册,这是每十天出一册,积十册便可以线装成一本,我当时就有装订成好几本,虽然那些画师也没有什么博识,可是在画上也可以得着一点常识。因为上海那个地方是开风气之先的,外国的什么新发明、新事物,都是先传到上海。譬如像轮船、火车,内地人当时都没有见过的,有它一编在手,可以领略了。风土、习俗,各处有什么不同的,也有了一个印象。其时,外国已经有了汽(气)球了,画报上也画了出来……后来在上海办杂志,忽发思古之幽情,也想仿效《点石斋画报》那样办一种,搞来搞去搞不好,无他,时代不同,颇难勉强也。①

吴友如,中国第一插图大家

《点石斋画报》的成功,离不开主笔吴友如的杰出贡献。

吴友如(?—约1893),原名猷,又作嘉猷,字友如,以字行。约生于清道光二十一年(1841),江苏元和(今苏州)人。清咸丰十年(1860),太平军攻陷苏州时,他避居上海,始学绘画。所绘人物、仕女、花卉、翎毛惟妙惟肖,时有"圣手"之誉。清咸丰十二年(1862)夏,应两江总督曾国荃之召,携画友五六人绘制《克复金陵功臣战绩图》,描绘清军大胜太平军的战绩,逾年全图告成。战绩图起自克复岳州,迄于擒获太平天国幼天王,共计十六幅。其中,所绘曾国藩、胡林翼等中兴名臣和塔齐布、李续宾等湘军悍将共计四十八人画像,或对写真容,或追慕遗像,人物形象逼真,栩栩如生。由此,吴友如"上闻于朝,遂声名日起"。1884年,慈禧50岁寿辰,吴友如又绘《普天同庆》,技艺成熟,颇受关注,其个人社会地位也与日俱增。

1884年《点石斋画报》创办后,美查慧眼识才,聘吴友如为主笔。在点石斋,吴友如聚集了一大批绘画同好,如金蟾香、张志瀛、田子琳、何元俊、符艮心、周慕桥和王毅卿等,他们都是"吴友

---

① 包天笑,《钏影楼回忆录》,中国大百科全书出版社2009年版,第114页。

如画室"的成员。在吴友如写实主义画法的影响下,他们先后创作了大量时事新闻画,内容包罗万象。既反映列强对华侵略、人民的反抗斗争,又描绘晚清社会风貌、揭露旧制度的腐朽;既介绍外国"奇技淫巧",也传播先进科学技术……这些新闻图画,构图繁丽,线条舒畅,细节逼真,突破了中国传统绘画的风格和题材,非常符合时事新闻的传播要求,具有开创性意义,"所创石印画图,其用笔惨淡,经营布置缜密,洵称独步一时,故能风行中外"。因此,吴友如被徐悲鸿誉为世界古今大画家和中国美术史上的伟人。

1890年,吴友如离开《点石斋画报》,自创《飞影阁画报》旬刊。该画报沿袭《点石斋画报》形式,每册十页,除七幅时事新闻画,另附百兽图说、闺艳汇编和沪装仕女等册页三种。1893年,吴友如又新办《飞影阁画册》,每册十二页,逢朔、望月出两期。1894年1月17日,吴友如突发疾病去世。生平创作作品数以千计,结集成册的有《吴友如画宝》《吴友如真迹》《西游记插图》《百兽画集》《花草画集》《吴友如人物仕女画集》《百鸟画集》等。

吴友如的画风对于后世影响巨大,他本人也在近现代文人、画家和学者中占有一席地位。鲁迅曾多次提到过吴友如,称他的画"最细巧,也最能引动人"。在《上海文艺之一瞥》一文中,鲁迅对吴友如有过入木三分的评价:

> 在这之前,早已出现了一种画报,名目就叫《点石斋画报》,是吴友如主笔的,神仙人物,内外新闻,无所不画,但对于外国事情,

点石斋：开创"吴友如时代"

吴友如绘制的《法人求和》

他很不明白,例如画战舰罢,是一只商船,而舱面上摆着野战炮;画决斗则两个穿礼服的军人在客厅里拔长刀相击,至于将花瓶也打落跌碎。然而他画"老鸨虐妓""流氓拆梢"之类,却实在画得很好的,我想,这是因为他看得太多了的缘故;就是在现在,我们在上海也常常看到和他所画一般的脸孔。

周作人在《吴友如的画》一文中,则明确地表示了对吴友如画风的欣赏:

有些别人的画是单个绣像似的,或者有点景致也是山水画那么样的东西,不像吴友如的是市街背景,大概是那时上海的模样,从好几方面看都有意思。譬如画一辆黄包车翻倒,车上女客滚下地来,题目照例要题黄色的四字元宝翻身之类,别人只好画了洋车与车夫与女客,此外勾上几笔什么乱麻皴的后景,那么这画面便没有一顾的价值,吴友如的则于上下四方还要画些什么,实在比中心人物还要多些。车旁边立些闲人,有的挑着什么担,上面一家酒店,青龙牌上写着太白遗风四字,店伙从柜台上伸出半身来望着,远处有戴大帽的巡捕拿着木棍跑来。这是一小幅风俗画,看的人的眼光离开了题目,看见了马路风景的一角,在多少年过去之后,景味便因而更觉浓厚了。

郑振铎在《中国古代绘画概述》中,对吴友如评价更高:

点石斋：开创"吴友如时代"

吴猷是在中国画的传统基础上吸收了西洋画技法的画家，他的成就在人物画和社会生活画方面。从来没有一个画家有像他那么努力于绘写社会生活的形形式式的。他是一个新闻画家，且住在上海，故其生活画里也经常地出现着凶狠狠的帝国主义者们及其帮凶们的丑恶面目。他的《吴友如画宝》和他在《点石斋画报》和《飞影阁画报》里绘画的许多生活画，乃是中国近百年很好的"画史"；也就是说，中国近百年来半封建、半殖民地社会前期的历史，从他的新闻画里可以看得很清楚。

......

1894年，随着吴友如突然去世，"吴友如时代"也宣告结束。1896年底，《点石斋画报》停刊。它一共出版了12年半，计528册。

1909年，点石斋石印书局与图书集成铅印局、申昌书局、开明书店合并为集成图书公司，为上海当时铅、石印全备的最大出版印刷机构。

来青阁：让文人墨客流连忘返

位于汉口路706号（近广西路）

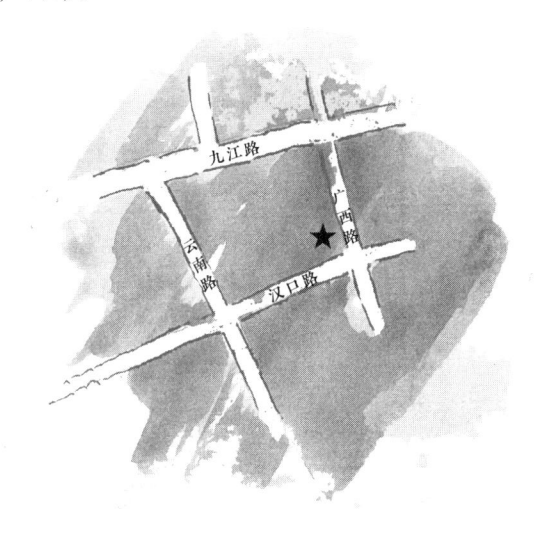

来青阁书庄是上海著名的旧书店，1913年3月开设于福州路133号青莲阁楼下，1931年6月迁至汉口路。这是汉口路上第一家以经营古旧图书为主的书店。

一座"文艺沙龙"

来青阁原主人是杨云溪。杨云溪，苏州东山人。1886年，他在苏州阊门创办来青阁书庄，主要经营古旧图书。1904年，来青阁迁至苏州护龙街。1913年3月，杨云溪在上海福州路开设来青阁书庄上海分店。上海分店是福州路上颇具规模的古旧书店，此前福州路经营古旧书的仅有一家鼎新书局，门面很小。

1916年初，杨云溪去世，其孙杨寿祺开始主持来青阁。杨寿祺(1892—1962)，著名版本鉴定专家。1909年起，他就在祖父的店里当学徒，通晓古旧图书收购流程，对古籍目录版本十分精通。据他回忆："我们旧书店是一面向藏家直接购进，一面向小型的旧书店收购，只拣价格合理的，或者合销的购进。旧书收进，随即定价上架。""在1909年至1911年间，为苏州旧书店的营业发展时期，此时上海还只是书籍出版发行的地方，对旧书尚无专营之店。"[①]1918年，杨寿祺一家搬来上海，全力支撑上海分店。

来青阁在上海开设以后，苏州来青阁主要成为吸纳古旧书的货源之地，而上海来青阁则成为销售场所，在上海的许多知名人士多来此品书、购书，如缪荃孙、傅增湘、陶湘、刘承干、张元济、孙星如和叶揆初等。据名医陈存仁回忆，有一次章太炎到来青阁购书，居然忘了自己住在哪里。那天，他去的时候叫了一辆人力车

---

① 杨寿祺，《五十年前苏州书店之状况》。

拉去,看了半天一本也没买。走出书店,他上了另一辆人力车,车夫问他到哪里,他只是指向西边,始终说不出自己的寓所所在。车夫拉了半天,便问:"先生你究竟想到什么地方?"章太炎说:"我是章太炎,人称章疯子,上海人个个都知道我的住处,你难道不知道吗?""车夫频频摇头,在无可奈何的情况下,仍将他拉回来青阁。"①

1931年6月,因福州路房屋拆迁,来青阁迁至汉口路。当月来青阁发布的第一期书目称:"本庄因原处房屋翻造,迁移三马路西首……照常营业。如蒙惠顾。请至该处可也。"在首叶函购简章末尾,杨寿祺又附笔告白:"本庄所定书价,务取公平,诸君如见本目所载普通书籍定价较昂于别店者,敬烦指教为幸。"

从福州路到汉口路,杨寿祺主持的来青阁一直诚实经营,与藏书家、读者为友。如果碰到善本古书,藏家或读者不懂的,或讨价过低者,他会主动说明书的优点及价值;对原主要价少者,会自动增加补足。因此,来青阁生意兴隆,深受好评,许多藏家和文化人经常在来青阁流连忘返,不忍离去。

1958年7月4日,著名藏书家郑振铎在对新华书店古书业务研究班学员所做的报告中指出:"北京和上海的旧书店,与买书的人都是朋友,到书店里喝喝茶很方便。买卖之外,还有交情。来青阁杨寿祺很有趣味,请你看,不要买,这书他是要留给某人的,这种交情不简单。"

1917年,画家颜文樑曾为来青阁画水彩画风景16幅,据他回

---

① 陈存仁,《银元时代生活史》,上海人民出版社2000年版,第65、66页。

忆:"来青阁主人杨寿祺,(系)先生读书诚正学堂同学也,通晓古今书籍版本,设来青阁书坊于上海三马路,经售古今书籍,兼印售画片、月份牌等美术制品。寿祺多礼,新正遇友于途,亦必当街跪拜,不稍苟简……"①

20世纪二三十年代的书报摊

藏书家黄裳在其《前尘梦影新录》中记载,他在来青阁所得善本有24种之多,如明嘉靖年间刻本《杨升庵诗》、清乾隆年间刻本《佛尔雅》八卷、《复古诗》十四卷、康熙刻本《畏垒笔记》四卷等,均

---

① 钱伯城,《观景楼杂著》。

是珍稀版本。他评价道:"来青阁有点像三马路上的一座文艺沙龙,买书人无事多来店里坐坐,海阔天空地聊一气,话题总离不开旧书。中国书店歇业后,经理郭石麒成了行商,他的根据地就在来青阁……"①

1936年,阿英(钱杏邨)通过《来青阁书目》查阅到有《陵汴卖书记》一种,"下署梁启超著,乃欣喜欲狂,及至去买,竟已为人购去,嗣后常以不得见此书为恨",后来到粹宝斋,才终于"得之于乱书堆中"。还有一次,他在来青阁看到一部《三袁集》,因发现缺中郎一卷,也就没买。过几天再去,发现"中郎卷虽缺,全目是有的,而版本又是那么可爱",于是当场买下。后来,他在传经堂发现了中郎卷,终于配齐。②

学者钱伯城也说,他一有空就去三马路,"跑进一家旧书店,东翻翻,西看看,偶尔在乱书堆中发现一本自己所要的书,价格又低廉,真是喜出望外。就是不买什么书,光是在书架、摊头流连一番,兜个圈子,也乐在其中了"③。

一笔意外之财

在杨寿祺的苦心经营下,来青阁事业蒸蒸日上。关于他收购

---

① 黄裳,《上海的旧书铺》,秋禾、少莉编,《旧时书坊》,生活·读书·新知三联书店2012年版,第107页。
② 阿英,《海上买书记》,《青年界》1935年第8卷第5期。
③ 钱伯城,《漫谈书刊广告》。

来青阁：让文人墨客流连忘返

旧书，曾经流传过这样一个故事：

1947年前后，湖南长沙有一位书商李某，收购到一部南宋书棚本《江湖群贤小集》，此书曾经清代曹寅（字栋亭，号荔轩，曹雪芹的祖父）收藏。李某和北京琉璃厂邃雅斋书店主人刘英豪（字子杰，河北深县人）是好朋友，收到此书后专门写信给刘英豪，并附去麻砂纸样一块。刘英豪看到来信后，认为经过八九百年的兵荒马乱，社会变革，根本不会再有这种珍本古书出现的可能了。

……李某久未接到北京邃雅斋书店的回信，就委托便人，携带了《江湖群贤小集》的样书，乘火车来到上海，送到古玩市场某人处，再由此人介绍给汉学书店主人郭石麒（上海松江人）。郭石麒原是上海中国书店的职员，精通古书版本的专家。因为刚脱离中国书店，和杨金华（浙江嘉兴人），筹办开设了"汉学书店"（汉口路693号），汉学书店本小利微，根本无力购进这部高价大书，明知这是部好书，也只得放弃，就介绍给来青阁书庄。

杨寿祺也是一位精通古书版本的老前辈，一见到是南宋书棚本，当然不会轻易放手的……经过磋商，大约以十两黄金的价格，把书买了下来……后来才知道，这部书是抗日战争爆发时，藏书者携带了逃难，在兵荒马乱之际，把书遗忘在长途汽车的顶篷上，被人拾到了，售给长沙书商李某的。杨老先生拿到书后，立刻派人请徐森玉再鉴定一下。徐森老是位学识渊博、治学严谨的古书专家，他一见这部宋版书，连声拍案叫好。不多久，郑振铎先生从徐森老处听到了消息，立即乘车来到来青阁看书。见了此书，又

汉口路上

是赞叹不绝……

继徐、郑二老之后,知道来青阁购到宋版书的人,是来薰阁书店主人——陈济川(名杭,河北南宫人)。此人是位能说会道、"无风能起三尺浪"的人物。见到这样货真价实的宋版书,便手舞足蹈,逢人就说,消息传到北京琉璃厂邃雅斋书店主人刘英豪的耳朵里。他仍然不肯相信,马上乘飞机到上海,由萃古斋书店马栋臣陪同,来到来青阁书庄。书一拿到手,刘英豪顿时面红耳赤,连一句话也没说,就走了。回到北京后,饭也不想吃,觉也睡不着,责备自己不该粗心大意,坐失良机,后悔莫及。

消息又传到了南京中央图书馆馆长蒋复璁(字慰堂)的耳朵里。蒋馆长马上乘车来到上海来青阁,一见书就立即决定购下。徐、郑两公虽有购藏此书之意,无奈钱财权势都无法和蒋馆长竞争,眼看着这稀世之宝被蒋复璁以大量黄金购去。南京解放前夕,此书运往台湾,现藏于台湾"中央"图书馆。[①]

来青阁得到这笔意外之财后,经营状况大为改善。

一场"马路赛跑"

杨寿祺主持来青阁期间,与藏书家郑振铎、徐森玉、赵万里和

[①] 高震川,《上海书肆回忆录》,秋禾、少莉编,《旧时书坊》,生活·读书·新知三联书店2012年版,第52—54页。

黄裳等结下了深厚友谊,其中,最值得一记的是郑振铎。郑振铎收藏的不少珍贵中国古代小说、词曲、文集和戏曲版画古书,大多得自来青阁。郑振铎曾多次表示:"杨寿祺先生为人诚笃,我与之交,二十多年,向来不虚讨价……余于来青阁收得明刊戏曲最多;战后半载间,寿祺凡有所得必归之余。戊寅秋日,寿棋电告余,收得明刊白绵纸本蓝桥玉杵记,末并附杂剧二种。余立即驱车至来青阁,细阅一过,爱不忍释……诚是明刻传奇中之白眉,亦余曲藏中最可珍秘之一种矣。"①

对于郑振铎所称的"凡有所得必归之余",黄裳和施蛰存也有同感。黄裳曾说:"他(指杨寿祺——引者注)和西谛(即郑振铎——引者注)是熟人,每收曲本附图者,必归西谛。"②施蛰存则在《旧书店》一文中回忆:"我在古旧书店里经常遇到的是郑西谛。有一天,我在来青阁的书架上找出一部《秋风三三叠》,恰巧西谛先生进来,把我手中的书略一翻阅,就说:'这部书你让我买吧。'我看他很有欲得之心,就把书递给他。郑先生虽然自己常说没钱买书,但在我眼里,他已经是财力雄厚了。当时伙计在旁,听说郑先生要,势必开个高价。我即使不让给郑先生买,自己也未必买得起。"

在郑振铎日记及藏书题记中,在来青阁购书的记录比比皆是。例如,"晨起,精神不振,恐怕又要伤风了。连忙喝热茶数盅。

---

① 郑振铎,《新镌全像蓝桥玉杵记》跋。
② 黄裳,《上海的旧书铺》,秋禾、少莉编,《旧时书坊》,生活·读书·新知三联书店 2012 年版,第 106 页。

汉口路上

郑振铎肖像

下午,至中国书店,无一书可取。又至他肆,也没有什么新到的东西。在来青阁偶见明黄嘉惠刊本《山谷题跋》四卷,姑购得之。我对于宋人题跋,很喜观看。汲古阁本《津逮秘书》里收得不少。但单行明刊本却不多见。这些题跋,在小品里是上乘之作,其高者常有'魏晋风度',着墨不多,而意趣自远。灯下,读《田谷题跋》,不觉尽之"①。

抗日战争期间,上海沦陷。郑振铎因不愿让珍贵古书流入日伪之手,一直坚守上海。他化名"陈思训",以文具商身份蛰居居尔典路(今高邮路)一小楼内,还改换装容,从西装换回马褂,深居简出。但是,来青阁依然是他走得最勤的地方。他曾耗费巨资,购藏了极其珍贵的《脉望馆抄校本古今杂剧》。据他记载:"我发狂似地追逐于这些剧本之后……无意中却于来青阁书庄杨寿祺君那里,知道这些剧本已于苏州地摊上发现。我极力托他购致。虽然那时,我绝对地没有购书的能力,但相信总会有办法的。隔了几天,杨君告诉我说,这部书凡订三十余册,首半部为唐某所得,后半部为孙伯渊所得,都可以由他设法得到。我再三地重托他。我喜欢得几夜不能好好的睡眠。这恐怕是近百年来关于古剧的最大最重要的一个发现罢。"②

其时,汪伪政权为了利用郑振铎的名气来装点门面,曾到处寻找他,让他担任汪伪某文化委员会的委员,以此拖他下水。文

---

① 郑振铎,《西谛书话·求书日录》。
② 郑振铎,《西谛书话·求书日录》。

汉口路上

化汉奸樊仲云曾任伪中央大学校长,是郑振铎在商务印书馆时的同事。他曾多次到福州路、汉口路一带的中国书店、来青阁等处,寻找郑振铎。但郑振铎早已关照过店铺伙计,不能透露自己的行踪。有一次,樊仲云终于在棋盘街看到了身材高大、正在书店翻书的郑振铎。樊仲云走上前去,拍拍郑振铎的肩膀。郑振铎一回头,发现是樊仲云,反应极快,二话不说,撒腿狂奔。"樊逆亦不与语,只是跟踪追赶,像在四马路举行远距离赛跑似的。郑氏终于逸去,樊逆大呼懊丧不止。"[①]此事传出,轰动了山城重庆,人们由衷地钦佩这位中国文化界的"长跑健将"。

太平洋战争爆发后,郑振铎仍冒着生命危险,到来青阁等书店寻找珍版古书。据他后来回忆,他曾在汉口路上亲历过日伪宪兵搜查的场景:

> 有一天,我到三马路的一家古书铺去。已可望见铺门了,突然的叫笛乱吹,一队敌人的宪兵和警察署的汉奸们,把住了路的两头,不许街上的任何一个人走动。古书铺里的人向我招手,我想冲过街去,但被命令站住了。汉奸们令街上的人排成了两排,男的一边,女的一边;各把市民证执在手上。敌兵荷枪站在那里监视着。汉奸们把一个个的人检查,盘问着。挟着包袱或什么的,都一一的被检查过。发现了几个没有带市民证的,把他们另外提到一边去,开始严厉的盘诘。

[①]《郑振铎在四马路赛跑》,1943年第1卷第3期《中外春秋》。

"市民证忘记了带出来。"拍,拍,拍的一连串的挨了嘴巴,或用脚来乱踢一顿。

一个人略带倔强的态度,受打得格外厉害。一下下掌颊的响声,使站在那一边的我,捏紧了拳头,涨红了脸,心腔中的血都要直喷出来。假如我执有一支枪啊!……

我永不会忘记,那个穿着黑色短衣裤的家伙或东西,喂得胖胖的,他的肥硕的手掌,打人打得最凶;那"助纣为虐"的东西,实在比敌人还要可恶可恨十倍!

好容易审诘完毕,又是一声长长的叫笛一响,那一批东西向北走,又向别的地域干着同样的把戏去了。

被封锁住的人们,吐了一口长气,如释重负。我走进那家古书铺,双手还因受刺激而发抖着。①

一位忠实顾客

鲁迅跟来青阁也有交集。不过,他在 1927 年 10 月后初到上海的那几年,并未有他与来青阁往来的记录。直到 1929 年,他才与来青阁有了交往。

从《鲁迅日记》可见,自 1932 年起,鲁迅就成了来青阁的忠实顾客,曾多次亲自前往汉口路来青阁购书:

---

① 郑振铎,《蛰居散记》。

汉口路上

1932年4月3日,"往来青阁买陶氏涉园所印图象书三种四本,《吹网录》、《鸥陂渔话》合刻一部四本,《疑年录汇编》一部八本";

1933年2月2日,"往来青阁买《李太白集》一部四本,《烟屿楼读书志》一部八本";12月3日,"下午同三弟往来青阁买阮氏本《古列女传》二本,又黄嘉育本八本,石印《历代名人画谱》四本,石印《圆明园图咏》二本";12月8日,"往商务印书馆邀三弟同往来青阁买原刻《晚笑堂竹庄画传》一部四本……又《三十三剑客图》及《列仙酒牌》共四本";

1934年1月1日,"往来青阁,购得景宋本《方言》一本,《方言疏证》一部四本,《元遗山集》一部十六本";3月22日,"往来青阁买南海冯氏刻《三唐人集》一部六本";4月20日,"往来青阁买《范声山杂著》四本,又《芥子园画传》初集五本";6月2日,"午后往来青阁买《补图承华事略》一部一本,石印《耕织图》一部二本,《金石萃编补略》一部四本,《八琼室金石补证》一部六十四本";6月16日,"往来青阁自买石印《圆明园图咏》二部二本";12月27日,"午后往来青阁买《贵池二妙集》一部十二本";

1935年11月21日,"往来青阁买《荆南萃古编》一部二本……《密韵楼丛书》一部二十本";11月25日,"下午往来青阁买刘刻百衲本《史记》一部十六本,严复评点《老子》一本";12月30日;"往来青阁买《论语解经》一部二本,《昭明太子集》一部三本,《杜樊川集》一部四本";

1936年1月21日,"往来青阁买书五种十本";

……

鲁迅不是藏书家,他在来青阁所购书籍,有自己的偏好,大致可分为两类:一类是图谱画传,另一类是传统经典。那时,他正在推广现代版画,所以他似乎对图谱画传类书籍情有独钟。上述日记中所记的《历代名人画谱》《圆明园图咏》《晚笑堂竹庄画传》《三十三剑客图》《列仙酒牌》《芥子园画传》等,就属于图谱画传类。其中《芥子园画传》也称《芥子园画谱》,此书系传统中国画基本技法的图谱,流传甚广。该书共有四集,鲁迅在来青阁所购为第一集。也就在当天,鲁迅购得第一集后,又赶到有正书局买到了该画谱的第二集。后来,鲁迅配齐了《芥子园画谱》全部四集。1934年12月9日,他在《芥子园画谱》第三集的首册扉页上,亲笔为许广平题辞:"十年携手共艰危,以沫相濡亦可哀;聊借画图怡倦眼,此中甘苦两心知。"另外,鲁迅在与郑振铎共同编纂那本著名的《北平笺谱》时,还曾专门到来青阁挑选过印笺谱的纸张。

……

上海解放后,来青阁生意仍有发展。1954年,顾颉刚曾于来青阁得同乡顾禄所著《桐桥倚棹录》一书。曾任复旦大学历史系教授的中西关系史、古代交通史专家章巽,也在来青阁淘到过古代航海史方面的图书。

1956年,来青阁变更为公私合营,后并入上海图书发行公司。从此,来青阁走完了它七十多年的辉煌历史。

汉口路上

1957年初夏的一天,黄裳冒雨来到汉口路来青阁,见到了杨寿祺,他这样描述这位"老书贾":"年已六十五,头摇摇甚频,绝不可止。以小刀切药片,云将以治高血压。"[①]后来,黄裳又在《上海的旧书铺》一文中写道,杨寿祺"年纪大了,长住苏州,偶来上海。好吸鼻烟,鼻子下方总是黄黄的。好像有什么病,一直摇头不已"……

---

① 黄裳,《振绮堂书目》。

蟫隐庐：身处洋场，心在世外

原位于汉口路398号（后为汉口路283号）

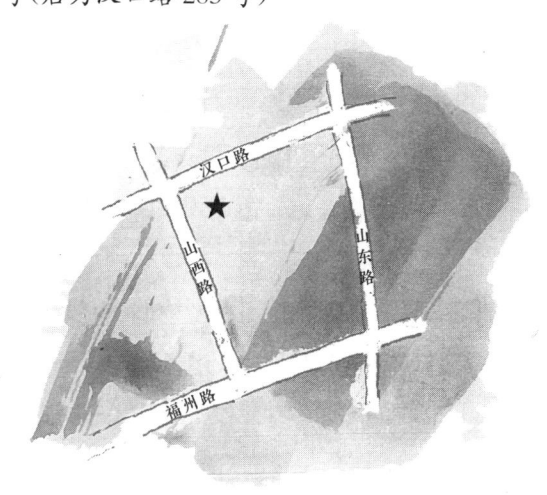

　　蟫隐庐书庄位于汉口路山西路口。根据《申报》1915年刊登的"新设蟫隐庐旧书铺广告"称，蟫隐庐位于"三马路新闻报馆斜对面"，地址为"三马路398号"，这一地址，一直延续到1934年2月。是年5月5日起，其广告地址改为"三马路283号"。

　　蟫隐庐由近代藏书家罗振常开设于1914年，主要经营木版和石印线装古籍，收售古旧图书，并自行刊印历代典籍。1944年罗振常逝世后不久停业。

汉口路上

"鬻书糊口终其身"

罗振常(1875—1942),字子经,又字子敬,号心井、邈园。浙江上虞人,居江苏淮安,为近代著名学者、甲骨文专家罗振玉季弟。罗振常少艰苦力学,工诗古文辞,著有《暹罗载记》《南唐二主词汇校》《洹洛访古记》《新唐诗议》《养荼篇》《古凋堂诗文集》及《徵声词》等。

罗振常早年随罗振玉宦游南北。1911年冬,随兄举家避居日本京都。期间,其兄罗振玉潜心整理典籍文献资料,著述甚多。因日本印刷便利,这些著作大多得以印刷成书。罗振常耳濡目染,对于整理旧书、印制典籍心领神会。后来,他即挈眷回国,按罗振玉的嘱托,曾去河南安阳、洛阳一带,收购并运回12500块甲骨,为罗振玉的甲骨研究奠定了基础。1914年初,罗振常与藏书家金颂清在上海合股开设食旧廛书肆,不久即停闭。随后,他又与刘鹗之子刘大绅在汉口路合作开设蟫隐庐书庄,主要经营古旧书业。

"蟫隐庐",意为身处十里洋场,心在世外,反映了蟫隐庐主人罗振常高雅、清幽的志趣。蟫隐庐"屋凡一楹,北向,不能得日,对宇有高楼,阴森逼人而处之泰然"。蟫隐庐开业后,收售旧书、整理典籍就成了罗振常一生的事业。他的侄孙(罗振玉嫡孙)罗继祖以"穷老丧子,偃蹇一生"八个字来形容罗振常:"叔祖设蟫隐庐书肆于上海汉口路,以鬻书糊口终其身,性故濡缓,不能与同业竞锥刀,货书目岁出一册,必部次秩然然后出之,同业多笑其迂……"①另据罗振常女婿周子美回忆:"先生居肆凡三十年,遇有宋元精刊,名家钞校,辄摩挲竟日不去手,爱书如其性命;每心领神会,必郑重加以题跋。于文辞之良窳,校勘之精细,板本之流传,收藏之递遭,皆详为稽考,所论断咸曲中肯綮。"当年同在上海的旧书从业者袁西江也说:"罗振常精于古本鉴别,收到善本即写题跋。"罗振常一生留下大量题跋,后由周子美整理刊布的有《善本书所见录》(四卷)和《天一阁藏书经见录》(三卷)等。

罗振常经营蟫隐庐,除收售一般古旧书外,还自行刊印一些历代典籍销售。其中有《韩柳文》(据宋廖氏世采堂本影印)、《明周宪王乐府三种》(1926年据明宣德本影印)、《蛾术堂集》(1931年据清道光刻本影印)、《经进东坡文集事略》(1920年铅印)等,另有《丛书》15种和《邈园丛书》26种印行。此外,罗振常也喜藏书,藏书印曰"邈园""罗振常读书记""蟫隐庐秘籍印"等。藏书中有明写本《乐府群玉》,另有明初刊本《新笺决科古今源流至论》等。因此,蟫隐庐是民国时期刊印古旧典籍较多的一家书店。

知识界的一往情深

蟫隐庐对于中国典籍收藏和研究有着重要意义,在文人中享

---

① 罗继祖,《两启斋笔麈》。

有崇高地位。近现代学者和藏书家几乎都是蟫隐庐的常客,并与罗振常往来密切。

王国维居上海时,就常去蟫隐庐。王国维(1877—1927),字静安,晚号观堂,浙江海宁人,近代具有国际声誉的著名学者。王国维比罗振常大两岁,两人曾同在东文学社学日文。1916年王国维归国,经常出入蟫隐庐访书购书,或与罗振常"闲谈"。据《丙辰日记》所记:正月初八日,"出至蟫隐庐书铺";初九日,"坐电车至三马路蟫隐庐,与敬公(罗振常)闲谈至晚十时归";十二日,"午后出至蟫隐庐";十四日,"至蟫隐庐";十八日,"午后二时出,过蟫隐"。从中可见,两人过从甚密,交谊非同一般。

1927年6月2日,王国维投颐和园昆明湖自尽,一时学界震动。王国维曾以大量的词曲书籍,交罗振常收存。王国维殁后,罗振常开始整理这些词曲书籍,并为之撰写识语,或加浮签,公开出售。据有人考证,这批词曲书籍,后来大部分流往东瀛,为日本学者与学术机构购藏。例如,京都大谷大学就收藏有明末朱墨套印本《西厢记》一种,上有"王国维"印,其第四册有内藤湖南识语:"丁卯六月,王忠悫公自沉殉节,沪上蟫隐庐主人售其旧藏以充恤孩孤之资。予因购获此书,永为纪念。九月由沪上到。炳卿。"不过,这些词曲书籍为什么会流入东瀛,尚待考证。

孙诒让的甲骨文著作也曾由蟫隐庐影印出版。孙诒让(1848—1908),字仲容,号籀庼居士,浙江瑞安人。他是清末著名经学家、文字学家和校勘考据家,最早研究甲骨文并写有专著。

1904年,他就写出了全国第一部甲骨文研究专著《契文举例》。然而,《契文举例》未及问世,孙诒让就于1908年去世了。据说孙诒让生前曾将手稿寄给罗振玉、刘铁云和端方等人看过,但不知何故,此书虽未刊布,稿本却流落于书坊。1916年底,王国维在蝉隐庐购得此书稿本,寄给当时居住在日本的罗振玉,次年罗氏就将此稿编入《吉石庵丛书》石印出版。1927年8月,蝉隐庐将其翻印为两册出版。

现代藏书家和学者们对蝉隐庐也一往情深。在蝉隐庐发现好书,他们常常喜不自胜;若发现已为他人订购,则遍寻他处补上。

郑振铎曾在《劫中得书记》中写道:"萧尺木《离骚图》,余藏有二本,惟《太平山水图画》则久访未得。十余年前,曾于蝉隐庐案上见一本,正在装订,询其价,不过三十金。思得之,而肆中人云:已为日人某所购。留连数刻,不得不舍去。后见《支那古版画图录》中收《太平山水图画》一幅,正是蝉隐庐售去之本,印本甚模糊,尚可相识。秋间,偶与石麒谈及此书,深憾未能获得。石麒云:张尧伦先生尝于劫中得一本,甚初印。我闻之,心跃跃动,力恳石麟向尧伦借阅,时余犹未识尧伦也。不数日,尧伦果慨然以此图相假。余感之甚!"

施蛰存则回忆称:"在蝉隐庐书庄看到了廖柴舟的《二十七松公堂集》,才知此书早已有了铅印本,遂以银六元买了回来。此书一向只知道有廖柴舟自刻本及日本文久二年(1862)刻本,两者俱不易得,今无意中忽获此本,觉得非常高兴。此本表纸题有'廖景黎家藏'字样。想是柴舟后人的家印本了……其价值之为'千钧一发',一定是'绝无仅有'的了。"①

1922年10月,书法家沙孟海到上海谋生。临行前,他的老师张让三就将写给罗振常的信作为送行的礼物。张让三对沙孟海说:"罗振常是上海三马路蟫隐庐书店老板罗振玉的哥哥,你要买罗振玉的书,别处没有,他有办法。你年纪还轻,正是长知识的好时光。多向高手请教,对你的成长当有裨益。"这足以证明,在当年知识界,蟫隐庐和罗振常具有很大的影响力。

鲁迅与蟫隐庐

蟫隐庐也是鲁迅常去的书店。

1915年7月27日,在北京教育部任职的鲁迅收到二弟周作人寄自绍兴的一个邮包,里面除了《再续寰宇访碑录》《读碑小笺》《唐风楼金石文字跋尾》《风雨楼臧石》等书册外,还有一本《蟫隐庐书目》。不久,鲁迅就汇钱到蟫隐庐,购买在书目中看中的书籍。8月31日,鲁迅在日记中写道:"寄蟫隐庐[信]并银二十二元,买书。"这应该是鲁迅第一次与蟫隐庐建立联系。

此后,鲁迅与蟫隐庐一直保持着联系,或索阅书目,或写信汇款购书,或亲往蟫隐庐,或嘱夫人许广平往购……这些活动,

---

① 施蛰存,《八股文》,《文饭小品》第6期,1935年7月。

在《鲁迅日记》中多有记载。例如,1917年1月5日,"拂晓乘车,午后抵上海……往蟫隐庐买乙卯年《国学丛刊》十二册,价六元"。1921年4月5日,"下午蟫隐庐寄来《毛诗草木鸟兽虫鱼疏》、《永嘉郡记》辑本、《汉书艺文志举例》各一本,共泉一元四角"。6日,"上午寄蟫隐庐信"。22日,"上午蟫隐庐寄来《楚州金石录》一本,《五馀读书廛随笔》一本,共泉一元五角"。鲁迅定居上海后,更是常常造访蟫隐庐。1928年2月12日,"往蟫隐庐买《敦煌石室碎金》、《敦煌零拾》各一本,《簠斋藏镜》一部二本,共泉六元"。1932年2月10日,"又至蟫隐庐买陈老莲《博古酒牌》一本,价七角"。19日,"下午往蟫隐庐买《樊谏议集七家注》一部,一元六角"。1935年11月20日,"上午托广平往蟫隐庐买《大历诗略》一部四本,《元人选元诗五种》一部六本,共泉八元八角"。21日,"午后往蟫隐庐买《明越中三不朽图赞》一本,一元三角"。

在鲁迅的读书生活中,蟫隐庐占重要的一席之地。但是,鲁迅购书要求高,眼界宽,对古旧书有自己的判断标准。1915年10月17日,他在日记中抱怨:"晚蟫隐庐寄来《云窗丛刻》一部拾册,《碑别字补》一册,又《严州图经》《景定严州续志》《严陵集》各一部,部二册,用外国劣纸印之,并成恶书。"这表明,鲁迅对古旧书的版本、印制、装帧和版式等格外挑剔,假如品位低、质量差,在他的眼里,即为"恶书"。1934年,鲁迅和郑振铎合编版画丛刊,决定影印《博古叶子》。《博古叶子》是明朝书画家陈洪绶(陈老莲)画的插图,所绘历史人物共48幅,但真迹难寻。鲁迅

汉口路上

为此致信许寿裳称："有周子竞先生名仁，兄识其人否？因我们拟印陈老莲插画集，而《博古叶子》无佳本，蟫隐庐有石印本，然其底本甚劣。郑君振铎言曾见周先生藏有此画原刻，极想设法借照，郑重处理，负责归还。兄如识周先生，能为一商洽否？"①因周子竞是蔡元培的亲戚，许寿裳遂委托蔡元培商借，终于借得原本。在这封信中，鲁迅对蟫隐庐《博古叶子》的石印本再次表达了不满。

不过，在大部分时间里，鲁迅对蟫隐庐一直非常尊重。周作人曾说过鲁迅一件小事：

……祭祀一事，大约最不容易改革，而且赞否也最成问题，所以很是明显。鲁迅有一回，还是民初的事情，他路过上海，到蟫隐庐书店去买些旧书，看见主人在祭祖先，仍照旧式"四跪四拜"的。这本来没有什么可笑，但那时已是民国三四年光景，主人不但袍子马褂，而且还是拖着辫子，在主人本是所谓遗老，这也不足为怪，但在洋场上有此怪相，所以时时引作谈柄罢了。②

可见，对于蟫隐庐"四跪四拜"的"祭礼"，鲁迅是"入乡随俗"的，并没有"横眉冷对"。即使在生命的最后一刻，鲁迅仍与蟫隐庐有往来。1936年9月，鲁迅咳嗽不止，病情危重。9月2日，他

---

① 许寿裳，《鲁迅传》，江西教育出版社2018年版，第71页。
② 周作人，《华侨与绍兴人》。

在日记里记道:"下午须藤先生来注射……晚蕴如来。三弟来并为取得蟫隐庐书目。"5日,鲁迅将从蟫隐庐购得的清代方时轩撰园艺书《树蕙编》赠予三弟周建人——这是《鲁迅日记》中有关蟫隐庐的最后记录。

汉口路上

汉口路山西路口，原蟫隐庐书庄应该就位于此处（读史老张摄）

富晋书社:"北方势力南渐之先声"

位于汉口路722号

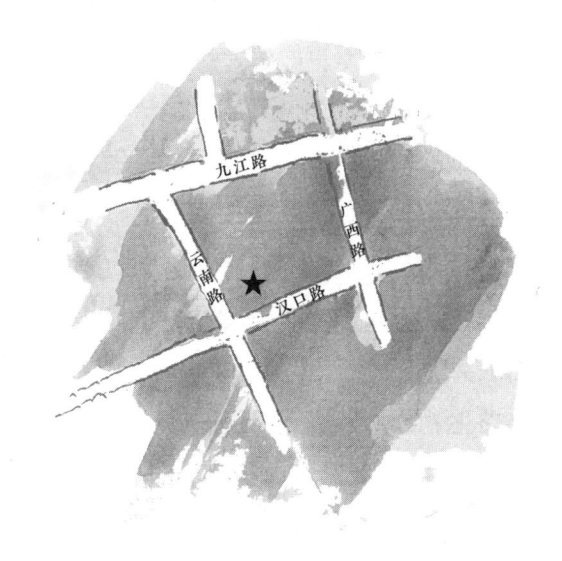

上海富晋书社开设于1931年。店名以北方旧书巨贾王富晋的名字命名,店主为王富晋三弟王富山。富晋书社以古籍丛书、地方志书和旧期刊配套为主,资本实力雄厚。

北方著名书铺

晚清以降,上海成为知识分子聚居地,精英荟萃,名流云集,各类图书需求增大,江浙一带诸多旧家藏书开始散向上海,北方书肆也纷纷南下开店。一时间,上海成为学者名流、遗老遗少、文人学者和藏书家访书的乐园。上海的古旧书业,多集中在福州路、汉口路一带。如杨寿祺的来青阁、黄廷斌的忠厚书庄、步恒猷的文海书店、郭石祺的汉学书店、孙助廉的温知书店、孔里千的艺林书店和罗振常的蝉隐庐等,都是较为知名的古旧书店。此外,还有扫叶山房、尚古山房、千顷堂、会文堂、仓海山房和宝善书局等书坊书铺。其中,富晋书社是20世纪30年代后一家重要的旧书店。

富晋书社原是北京富晋书社的分店。北京的富晋书社总店,由王富晋创办。王富晋(1888—1966),字浩亭,河北冀县人。早年受业于北京琉璃厂文明斋书局姜士存。1912年,设富晋书社于北京杨梅竹斜街青云阁,1935年迁至琉璃厂。其经营的书籍,多为珍藏本丛书及各省地方志,并经售罗振玉所刊印之金石甲骨考古类书籍及上海各书局印行珂罗版书帖、画册等。王富晋经营有方,决策果断,善于积配大部头书,如《四部丛刊》《四部备要》《万有文库》《丛书集成》《四库珍本》等,为北方收售珍版图书大家。

1939年初,古籍鉴定专家马栋臣曾到北平富晋书社当过学徒。据他回忆,"富晋书社是一家有一定规模的古书店。三开间门面,还有楼","那一天,我由李老板领着去富晋书社,王老板坐在门市部后面的柜房屋里,我向他磕了头","那时富晋有十五六位职工,两桌人吃饭"……三开间门面、十五六位职工,这个规模,

富晋书社:"北方势力南渐之先声"

在当年的旧书店已很大。更重要的是,富晋书社旧书品种多、门类齐,店员业务能力也很强。马栋臣记道:

> 富晋书社门市的书很多,都按经、史、子、集、丛书等分类排列着,丛书在最上端一格,写着较大的书名签条。我的工作是在书架旁边站着,看到人进来就沏茶、掸土。北方风沙大,外出的人身上常沾满了灰土,得用布条扎成的小帚掸土;要是身上土特多,就请到院子里掸。书架的尽头也安放了一个小凳,在没有客人来、也没有什么事的时候,可以稍坐一下。师兄把一本张之洞的《书目答问》给我,让我多看看。又说:"书架上的书要多看、多记,不要一问三不知。"①

北京的富晋书社,曾是文人雅士汇聚地。鲁迅在北京教育部任职时,常去那里。他通常从他居住的绍兴会馆出发,先到琉璃厂,再走杨梅竹斜街,进入青云阁。富晋书社就设在青云阁内,鲁迅在那里买过不少书。1917年12月30日,《鲁迅日记》有如下记载:"午前同二弟至青云阁富晋书庄买《古明器图录》一册,《齐鲁封泥集存》一册,《历代符牌后录》一册,共券十九元。"此外,他还买过罗振玉所勘《殷墟书契考释》《殷墟书契待问编》《唐三藏取经诗话》《殷文存》等金石考古类书籍。

---

① 马栋臣,《古书店从业记》,秋禾、少莉编,《旧时书坊》,生活·读书·新知三联书店2012年版,第366、367页。

汉口路上

一次意外收购

1930年初,富晋书社设分店于上海。这次入沪,源于王富晋的一次意外收购。马栋臣在《古书店从业记》一文中写道:"老板王富晋因买了吴氏测海楼的书,发了点财……后来一部分书运北京,一部分书留在上海开了富晋书社分店。"

测海楼是扬州著名的藏书楼,由吴次山创办,清末时期由其孙吴引孙主持。吴引孙(1844—1904,一说1848—1917),字福茨,原籍安徽歙县,自高祖起迁往江苏仪征。清光绪年间,吴引孙宦游浙东、广东等十几年,广收典籍。清宣统三年(1910),即编成《扬州吴氏测海楼藏书目录》十二卷,并付梓行世。其中《苏长公密语》及《大乐律吕元声》等书,今为美国国会图书馆珍藏。吴氏收藏的明弘治刊本《八闽通通志》《延安府志》、明嘉靖刊本《广西通志》等,系天一阁散出的地方志海内孤本。吴引孙家中设"有福读书堂",他利用自己的藏书,刊行了《有福读书堂丛刻》,前后续编有25种57卷,后被杜联喆收入《丛书书目续编初集》。清光绪二十一年(1895),他还影抄明嘉靖本《嘉靖惟扬志》,此抄本亦为世所珍,今存台湾。

测海楼藏书均钤有"真州吴氏有福读书堂藏书"印记,藏书浩繁,书目包含经、史、子、集、艺、丛、医等多种类。后人为此整理的书目,有如下三种:一是《有福读书堂书目》传抄本22册;二是《测海楼书目》12卷4册;三是陈乃乾另编的《测海楼旧本书目》4卷2册。

1930年初,吴家欲出售测海楼藏书,"初由当地人黄锡生介绍于北京直隶书局主人宋星五（名宋魁文——引者注），拟价未谐，忽为北京富晋书社主人王君购成。"[1]据说，宋魁文得信后，即与对方会面，双方达成初步意向，但因临近春节，此事稍有耽搁。不料，消息传到王富晋耳中，王富晋立即赶赴扬州，当场拍板，决定全部购下。于是，引出了一个阴差阳错、波澜起伏的故事。据高震川回忆：

……王富晋也想到宋魁文等人煮熟了的米饭，他一人端走独吃，宋魁文等人是不会甘休的。为此王富晋特地拜访了宋魁文的扬州代理人彭某，说明了两家合伙购买的意图，以免"鹬蚌相争，渔人得利"。可是彭某人趾高气扬，根本也没把王富晋看到眼里，只说了几句模棱两可的话。王富晋看联合购书已无法实现，又见彭某十分气愤，于是来了个"明修栈道，暗度陈仓"的手法。一方面继续与彭某协商，另一方面直接去吴家订立了合同，交付了定洋，以四万元购妥。彭某直到王富晋交款取书的时候，才得到了消息，于是急得像热锅上的蚂蚁溜溜转。只得一面往北京发急电呼吁，一面去吴家阻挠王富晋取书。宋魁文等人接到电报后，又惊又急，到处乱撞，扬言愿出四万五千元购下，甚至再多出些钱也可以。又在暗地里怂恿当地绅士出面造谣，向当地政府告状说："王富晋这批书是代日本人买的，不能外运，不准出口。"这一闹，确给王富晋在提书问题上带来了很多困难。王富晋取书受到阻

---

[1] 陈乃乾，《上海书林梦忆录》，秋禾、少莉编，《旧时书坊》，生活·读书·新知三联书店2012年版，第86页。

汉口路上

拦后,只得先回到上海,请著名教育家蔡元培(1868—1940,字鹤卿,号孑民,浙江绍兴人)、司法部长董康[1867—1948,字授经,江苏武进人(今常州)]代写呈文,向法院起诉。又请上海书业知名人士陈乃乾先生,委托当时江苏民政厅长胡朴安(1878—1947,名韫玉,号朴庵,又号朴安,安徽泾县人)办理此案。据胡道静先生所撰《片断回忆业师陈乃乾》一文中说:"扬州吴氏(引孙)测海楼藏书求售,为北帮书业富晋书社购定,而当地书商起妒,造谣说富晋实代日本所购,人们儆于世纪之初,日本岩崎爵氏挲金易去皕宋楼藏书,捆载以东之事,哗然禁止运出扬州,当时在书林闹得满天星斗。富晋主人大伤脑筋,请陈老师设法斡旋,剖析真相。恰好我伯父那时任江苏民政厅长,案件系属主管,经陈老自沪去镇江(当时省会所在地)阐明内情。我伯父说:如其流出国外,自应在国境截留。如其在国内流通,哪有在省境、县境设卡阻拦之理!据理批文,一言而定。吴氏之书共五八九箱,遂在一九三〇年岁杪运抵上海。"宋魁文等人至此回天乏术,垂头丧气了好多天,一场让书、购书的竞争才告结束。①

最终,测海楼的藏书589箱(计8020余种)被判归王富晋,后来全部运抵上海。这些藏书,绝大部分是历代孤本、善本,对此,吴家子孙颇感困厄。吴引孙之长孙吴征铸曾目睹家中这一变故,

---

① 高震川,《上海书肆回忆录》,秋禾、少莉编,《旧时书坊》,生活·读书·新知三联书店2012年版,第74、75页。

写下了《鬻书》一诗，以纪其悲愤与无奈之情。他在序中说，"先伯祖福茨公毕生好书而不佞宋……二十年间共得八千余种，构有福读书堂藏之。去冬，有军官强住余家月余，盗善本数百册去。诸父惧其再来，乃以贱值悉售之于北贾王富晋"。诗云：

伯祖踪天一，勤求二十霜。
官来偷百种，贾笑捆千箱。
老树乌啼早，空楼日影长。
诸孙思卓荦，无福坐书堂。

测海楼的萧瑟，换来了富晋书社的得意春风。王富晋原是借银号高息收购藏书的，他一转手，就获利5万余元。不久，王富晋在北平琉璃厂西街盖了一座楼房，并将富晋书社总店迁往琉璃厂；又在河北冀县老家造了三幢楼房，兄弟三人每人一处，以备将来安享晚年。

据说，王富晋转手出售测海楼藏书时，为避免嫌疑，先由北平图书馆、上海涵芬楼、中华书局和大东书局等选购，其余各类书籍留在了上海。后来，王富晋就在上海开设了富晋书社分店。

北店南下，褒贬不一

上海的富晋书社分店开办后，王富晋委托其弟王富山主持店务。因王富山排行老三,被称为"三掌柜"。高震川说他"是一位忠厚的生意人。他的文化水平虽然不高,但古书业务搞得还是比较活跃的"。

富晋书社分店地址有过调整。最初开在九江路,后来转到汉口路。据1931年6月26日《申报》刊登的广告中称,富晋书社位于"西藏路二马路口平乐里"。1932年7月5日起,《申报》广告显示为"三马路云南路口"。1934年12月8日,广告上明确写着:"汉口路七二二号(扬子饭店东)。"

有关富晋书社分店的史料不多。据马栋臣回忆,1939年7月他调到上海工作后,"当时上海富晋有八九人,经理是老板的胞弟王富山,职工有崔梓桢、张馥孙、张宝华、于士增、王廷栋、严仲生等"。这家店,无疑为学者、文人和藏书家提供了又一个理想的访书之地,郑振铎、阿英(钱杏邨)和黄裳等人曾经常光顾。

不过,各人对它的评价也略有不同。出版家王伯祥在其《庋稼偶识》中写道:

> 吴氏藏书为北平书贾王富晋所得,既择其旧本善帙,取高值,分授诸同好,乃以其余存者羼入富晋书社之底货,刊为此目,仍揭测海楼之名,欲以眩世而射利,下列价目竟十倍于吴氏原标之格,甚有数十百倍者,贾人之心亦狡狠矣……其实吴氏原目,早为掩没,此仅富晋借尸还魂之计耳。吴、王授受之际,我友陈乃乾躬与其事,既别为《测海楼旧本书目》以贻予(亦二册),复将此目见赠,

盖示富晋新得之货簿而已。予受而存之,特为揭露其隐如此。①

看来,王伯祥对富晋书社的评价并不高,但黄裳似乎对它非常喜欢:

> 三马路是一条不折不扣的书店街。由西向东,这里有富晋书社,是北京迁沪的分号……王氏兄弟门庭高峻,主顾不多,但存有不少好书。曾给我看过一部明刻小说《隋史遗文》,白棉纸精图,厚厚一叠,真是惊心动魄的东西。他们好像并不以经营旧本书为重,而以收售珂罗版金石书及近代大部丛书为重点。有一次收得一部四部丛刊三编,中缺一本《三辅黄图》,懊恼得很。店中恰有一册嘉靖四明薛晨刻本《黄图》,恨恨地说,要是一册丛刊本就好了。②

不管怎样,富晋书社在上海开分店,"为北方势力南渐之先声"。此后,琉璃厂的来薰阁、隆福寺的修文堂等书肆亦接踵而来。从此以后,上海旧书店呈现了南北两派并峙之势。对此,陈乃乾曾比较过南北两派的不同:"北方人秉性勤俭,开支较省,每得一书,不急于求售,既估定售价若干,虽累年不能销,亦不轻于减削;对待主顾,殷勤恭顺,奔走伺候,不以为劳。南方人则较为

---

① 王伯祥,《庋稼偶识》,华艺出版社2014年版,第142页。
② 黄裳,《上海的旧书铺》,秋禾、少莉编,《旧时书坊》,生活・读书・新知三联书店2012年版,第105页。

高傲,视主顾之去来,任其自然,不甘奔走伺候;购进之书,志在急售,不愿搁置。故北方之多年老店,常有善本书存储,南方则绝无仅有而已。"①

王富晋本人头脑灵活,处事果断,他的富晋书社为收集、保留历代珍贵图书字画,做出了重要贡献。后来,富晋书社还影印复制了不少典籍(如《禁书总录》《太霞新奏》《殷契钩沉》《说契孳契枝谭》《新定九宫大成南北词宫曲谱》《文镜秘府论》《述均》《说文古籀补》《绘图新校注古本西厢记》《四声切韵表》等)和旧书书目,并经营地方志书、大部头丛书、旧期刊集配等业务,对于有关部门保存历代珍本、开展学术研究,帮助极大。

20 世纪 50 年代后,富晋书社分社实行公私合营,其部分业务和人员被并入上海古籍书店。

---

① 陈乃乾,《上海书林梦忆录》,秋禾、少莉编,《旧时书坊》,生活·读书·新知三联书店 2012 年版,第 100 页。

富晋书社:"北方势力南渐之先声"

汉口路云南中路口,当年的富晋书社应该就位于此处(读史老张摄)

09 旅馆

孟渊旅社：五卅运动中的一座灯塔
东方旅社："忍看朋辈成新鬼"
扬子饭店：清风、玫瑰与刀剑

孟渊旅社：五卅运动中的一座灯塔

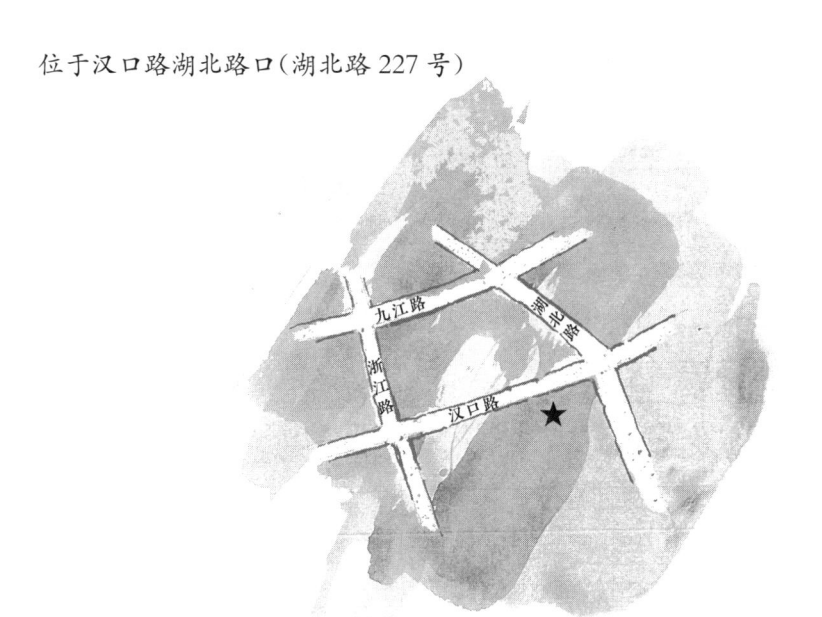

位于汉口路湖北路口（湖北路 227 号）

　　孟渊旅社开设于 1912 年，为三层小洋楼建筑（中华人民共和国成立后增建一层），占地面积 995 平方米，建筑面积 2 949 平方米，现已被拆不存。对于它的具体方位，有过不同说法：有人说它位于湖北路九江路口，有人说它在福州路湖北路。实际上，它确切的地理位置应该是汉口路湖北路口的西南角，坐西朝东，据说其原址为天仙茶园。

汉口路上

"扫榻以待"的华商旅馆

孟渊旅社由华商徐孟园(徐孟渊)等人合股创办,并以徐的名字命名。徐孟园(1871—1953),江苏无锡人。清光绪二十六年(1900)来沪,以做漆匠、鞋帮谋生,清宣统二年(1910)在福建路开设"吉升客栈"。孟渊旅社创办后,他任董事长兼经理。他还与人合伙,开设过上海新旅社(湖北路)、东方旅社(汉口路);并在苏州、无锡两地创办中国饭店和新世界饭店。抗日战争初期,他又在西藏路与人合资创办东方饭店(1949年后改为上海工人文化宫),在同业中颇有声望。他还曾被推举为上海市旅社业同业公会理事长。

当年,孟渊旅社共有大小房间150间,房间内配置了全套紫檀木家具,每层楼都有卫生设施、电话,还设有中西餐厅,备有马车、包车接送旅客。为了招徕生意,孟渊旅社曾刊发过以下广告称:

外埠旅客注意!

诸君来沪公干,投寓旅舍,地点应择安全,出入须求便利,房间必须宽静,设备最宜清洁。敝社地处全沪最繁盛区域,四通八达,交通便利,然而闹中得静,房间宽敞,一切陈设及被褥等,无不清洁异常。夏日凉爽,冬备水汀,侍役均经训练,接待有方,旅客皆为上等人士,更无品杂之弊,礼堂宽广,浴室完备，诚为诸君理想中安全可靠之旅社也。恭候驾临，谨当扫榻以待。

　　　　　　　　上海三马路大新街孟渊旅社谨启

　　　　　　　　电话：九一一九三

　　　　　　　　电报挂号：八六七三

孟渊旅社广告明确告知旅客，旅社位于"三马路大新街"（今汉口路湖北路），"地处全沪最繁盛区域"

　　可见，这是一家设施齐全、配置不低的高级中型旅社。上述广告中的"侍役均经训练，接待有方"，可以历史学家黎东方的回忆来印证。当年，黎东方第一次随哥哥等人到上海，一下火车，走出北站，"老上海"的哥哥大叫一声"芒冤旅梭"（"孟渊旅社"

的沪语发音),"便有一位手拿'孟渊旅社'大卡片,口露金牙,身挂金表,黑衣黑裤的大汉,挤了过来,拿了手提箱,领头劈开一条'狭路',我们三人于是顺利地跳上三部黄包车,免了讲价手续,浩浩荡荡,由北而南,经过北四川路,就到达三马路的孟渊旅社。"①

五卅的秘密指挥部

20世纪20年代,孟渊旅社是外地旅沪人士的地标。

1921年7月,中共"一大"在法租界望志路李书城公馆召开,会议开到一半,即遭包打听闯入,被迫中止。出席会议的包惠僧走出李公馆大门,就疑心有人跟踪。他坐上一辆黄包车,不问价钱,就说:"三马路。"他想,三马路(汉口路)是英租界,包打听总不至于跟到三马路。黄包车一路飞奔,就停在了孟渊旅社门口。他下车买了一点零食,再沿着三马路到西藏路,兜了好几个圈子,才最后回到老渔阳里2号。大家商量以后,"当夜决定:第二天到浙江嘉兴南湖,以一整天时间来结束这个会"②。

1925年5月30日,五卅运动爆发。孟渊旅社还曾是五卅运动的秘密指挥部。5月15日,上海内外棉七厂工人、共产党员顾

---

① 黎东方,《平凡的我——黎东方回忆录》,中国工人出版社2011年版,第48页。
② 包惠僧,《党的一大前后》,知识出版社1980年版,第30页。

正红被日本资本家开枪打死,激起上海人民的愤怒,成为五卅运动的导火索。5月28日,中共中央在上海召开紧急会议,总书记陈独秀主持会议。会议决定,组织群众在5月30日举行反帝示威大游行。

五卅运动主要领导人之一的恽代英,原想以环龙路44号的国民党上海执行部为示威游行的秘密指挥部,但是到了5月30日早晨,恽代英突然接到电话:复旦大学、南洋大学等几所大学的同学,未按照中午12时到达南京路会合的预定方案,而是提早在清晨8时就向南京路进发了。为了及时掌握和应付可能出现的情况,恽代英临时决定,把秘密指挥部移到了靠近南京路的孟渊旅社三楼314房间。

五卅运动时期,公共租界巡捕的警告布,用以阻吓市民

汉口路上

过了没多久，3 000多名学生和部分工人组成的队伍来到了南京路上。下午3时许，全市大中学校的学生几乎全部集中到了南京路上，加上部分工人和看热闹的群众等，足有10万人，交通为之中断。下午3时40分许，英国巡捕爱弗生突然向空中开枪，接着印度巡捕向群众放枪，上海大学学生何秉彝、南洋大学学生陈虞钦、同济大学学生尹景伊等十余人当场中弹身亡，受伤数十人……这就是震惊中外的五卅流血惨案。从此，声势浩大的五卅运动在全国展开。在这期间，孟渊旅社314房间，无疑是这场运动中的一座灯塔。

1929年，茅盾写成了长篇小说《虹》。《虹》以五卅运动为背景，描写了女主人公梅行素由青年学生转变为革命者的历程。非常有意思的是，在小说结尾，出现了孟渊旅社的场景。梅参加了五卅示威，被巡捕打出的消防"水炮"浇得浑身透湿。恰在此时，她在孟渊旅社门口遇见了女友的弟弟、在军阀部队里当少校连长的徐自强。徐自强热情地把梅请进他入住的孟渊旅社，取出新衣服让梅换上：

通到外边阳台的玻璃门旁有一架矮屏风，恰站在墙角前，原是特备的更衣地方。梅女士再不作声，拿了衣服就走到屏风背后。

这里徐自强用劲地吸烟，又用劲地喷出来，不转眼地看着那屏风。他的脸上有几根筋肉在那里轻轻跳动。他把架起的一条腿放下来，但随即又架起。他侧着头，似乎在听什么响声。忽然把香烟尾巴用劲掷在痰盂里,他霍地站起来,便向那座屏风走去。

但当他将到屏风前时,空中旋起一声惊人的冷笑——是那样毛骨悚然的冷笑,使他不由自主地拉住了脚步。屏风的一折突然荡开,梅女士严肃地站在那里,只穿着一件长背褡,冷冷地说:

"咳,徐自强,我看见你的神气!看透了你的心!这里不是亚洲酒店,请你小心,莫闹笑话!"

一面说着,她很大方地披上了手里的新旗袍,便走到沙发旁边,坐在一张椅子上穿袜子。旗袍从她胸前敞开着,白色薄绸的背褡裹住她的丰满的胸部,凸起处隐隐可以看出两点淡红的圆晕。

徐自强似乎悯然了,也带着几分忸怩。他回到沙发上,然后再移近到梅女士的身边,迷乱地吐出这样一番意思:

"天在头顶!请你明白我的一片真心。我请你换衣服,完全是为你好,绝对没有别的用意。但是,梅,你不知道你自己太迷人。不想来看看的,才不是人!我始终是你的忠实同志……我真是爱着你,打仗革命也是为了你!"

"那么,今天全上海都起来了,为什么你却穿得那样斯文整齐,在旅馆门前踱方步?"

"我没有受到命令呀!没有命令乱动,总司令要照军法办理。"梅女士鼻子里响了一声,没有回答。

"况且外国人有枪炮,你们这样喊喊也不中用。真正要革命还得靠军人!"

"好!等你玩厌了上海,再来革命!"

梅女士霍然站起来，跑出房门，随手用力将门碰上，便飞快地跑下楼去。徐自强到楼梯头唤时，梅女士已经跑出了旅馆大门。

雨暂时停止。怒潮一样的人声还从南京路方面传来。梅女士今天的满腔高兴，在孟渊旅社时被徐自强扫得精光，现在听得那呼噪的声音，她的热血立刻再燃起。她再跑到南京路时，满街都是水，武装的印度巡捕和万国商团在路左路右都放了步哨。南京路两旁的人行道上还是满满的人，间歇地在喊口号，鼓掌。

这里，茅盾以细腻的笔触，塑造了五卅运动中一位青年学生的成长，并通过孟渊旅社里的对话，刻画了革命者与旁观者的不同立场。

鲁迅的"客寓"

孟渊旅社还是当年作家文人们光顾的首选地。

1925年11月，唐槐秋从法国巴黎抵沪，就住在孟渊旅社。那天晚上，他外出逛街，走到四马路口，就看到了"欧阳予倩"的招牌。"再仔细地察看一下，我恍然地明白了，原来这四个大字的牌子是挂在丹桂第一台的门口。啊，对了，予倩还在这里唱戏呢！"他立刻返回旅社，写了一张条子，让茶房送去。"一会儿，予倩飘飘然莅临了。隔别十年的老朋友，忽尔重逢，彼此的高兴，不言可知。"①第二天,欧阳予倩就请唐槐秋到他家里吃饭,除了他的家属之外,只请了一位陪客——他就是田汉。从此,唐槐秋开始了戏剧家的生涯。后来,因为在孟渊旅社住久了,唐槐秋觉得无聊。在欧阳予倩夫妇的建议下,他就到霞飞路租屋定居了下来。

鲁迅先生也曾多次下榻孟渊旅社。早在1913年6月,鲁迅南下探亲,就住在孟渊旅社。据6月22日《鲁迅日记》记载:"上午七时抵上海,止孟渊旅舍,尚整洁,惜太忙耳。"午饭后,鲁迅去了中华书局,为教育部同事戴芦舲委托的物品办理邮寄。而后又去虹口日本饼饵店买饼饵两盒,再去归仁里西泠印社购《李翰林集》《渠阳诗注》《宾退录》《草莽私乘》《鸡窗丛话》等书……忙碌了一天,有些困倦。下午,鲁迅回到孟渊旅社,"在寓大睡至晚"。晚上从旅社出来散步,至汉口路买芭蕉,共计28斤。第二天一早,鲁迅就踏上了回故乡绍兴的旅程。

1926年8月,鲁迅因接受厦门大学聘请将赴厦门任教,于26日从北京南下,29日到达上海。他先寓沪宁旅馆,当天又移至孟渊旅社。30日下午,鲁迅就受到郑振铎以文学研究会名义的邀约,赴中洋茶楼品茗,晚上又到消闲别墅吃饭。消闲别墅是一家著名的川菜馆,据严独鹤称:"消闲别墅,实今日川馆中之最佳者,所做菜皆别处心裁,味亦甚美,奶油冬瓜一味,尤脍炙人口。"②据

---

① 唐槐秋,《我与南国》,张伟总主编、孙莺编,《影人文墨》,上海大学出版社2021年版,第129页。
② 严独鹤,《沪上酒食肆之比较》。

汉口路上

《鲁迅日记》记,那天在消闲别墅,"座中有刘大白、夏丏尊、陈望道、沈雁冰、郑振铎、胡愈之、朱自清、叶圣陶、王伯祥、周予同、章雪村、刘勋宇、刘叔琴及三弟",可见,当年文学研究会的骨干,几乎悉数到场。另据王伯祥的日记记载:"公宴鲁迅于消闲别墅,兼为佩弦(指朱自清——引者注)饯行。佩弦昨由白马湖来,明后日将北行也。"也就是说,这次宴请,一方面是为欢迎鲁迅南下,另一方面也有为朱自清北上饯行的意思。

据朱自清回忆,那是他第一次见到鲁迅。"我很高兴能会见这位《呐喊》的作者。那是晚上,有两桌客。自己因为不大说话,便和叶圣陶先生等坐在下一桌;上一桌除鲁迅外,有郑振铎、沈雁冰(茅盾)、胡愈之、夏丏尊诸位先生。他们谈得很起劲,我们这桌也谈得很起劲——因此却没有听到鲁迅先生的谈话。"对于鲁迅,朱自清还有一番专门描述:"那晚他穿一件白色纺绸长衫,平头,多日未剪,长而干,和常见的像片一样。脸方方的,似乎有点青,没有一些表情,大约是饱经人生的苦辛而归于冷静了吧。看了他的脸,好像重读了一遍《〈呐喊〉序》。"[①]

那天,鲁迅兴致很高,喝了不少酒。据《鲁迅日记》记,当晚聚会结束后,"夜大白、丏尊、望道、雪村来寓谈"。这里的"寓",指的就是孟渊旅社。多年之后,朱自清还记着当时夏丏尊讲的一个小插曲。到了旅社之后,鲁迅将白色的纺绸长衫脱下,随手撂在床上。夏丏尊觉得放的不是地方,便跟鲁迅说:"这儿有衣钩,你可

---

① 朱自清,《我和鲁迅》。

以把长衫挂起来。"鲁迅没有理会,过了一会,夏丏尊又对鲁迅说起,鲁迅却答道:"长衫不一定要挂起来的。"事后,夏丏尊告诉朱自清,那是鲁迅的俏皮话,并不把自己看作是"长衫阶级"。夏丏尊在《鲁迅翁杂忆》一文中,也提到这次相会与鲁迅的长衫:"(鲁迅)衣服是向不讲究的,一件廉价的羽纱——当年叫洋官纱——长衫,从端午前就着起,一直要到重阳。一年之中,足足有半年看见他着洋官纱,这洋官纱在我记忆里很深,民国十五年(1926)初秋他从北京到厦门教书去,路过上海,上海的朋友们请他吃饭,他着的依旧是洋官纱。我对了这二十年不见的老朋友,握手以后,不禁提出'洋官纱'的话来。'依旧是洋官纱吗?'我笑说。'呃,还是洋官纱!'他苦笑着回答我。"

也就在 30 日当天,鲁迅在孟渊旅社写了一篇《上海通信》,内容是南下见闻。虽是见闻,却描述了中国社会种种怪现象,揭露了"穿制服"的"税吏之流"和"背着枪"的"有枪阶级"的嘴脸。文中写道,在天津车站,一个税吏"突然将我的提篮拉住,问道'什么?'我刚回答说'零用什物'时,他已将篮摇了两摇,扬长而去了"。鲁迅指出:"幸而我的篮里并无人参汤榨菜汤或玻璃器皿,所以毫无损失。"这封信是写给李小峰的,后来刊于 1926 年 10 月 2 日的《语丝》周刊第 99 期。在该文末尾,鲁迅还提道:"现在是住在上海的客寓里了;急于想走。""客寓"即指孟渊旅社。两天后(9月 1 日夜),鲁迅即登上开往厦门的"新宁"轮船,离开了上海。

此外,当年还有不少作家文人,都和孟渊旅社打过交道。这里,我们仅以《叶圣陶年谱长编》所记的"1927 年 9 月"为例:

9月2日,郭绍虞来访,郭应燕京大学之聘,来沪候船北上。6日,因福州协和大学坚邀,郭绍虞改道赴闽。

9月4日,晨与王伯祥到孟渊旅社访郭绍虞,共饮于聚昌馆。

9月8日,散馆后与王伯祥往同芳居晤北京朴社出版经理部主任崇年,商朴社事。继又访郭绍虞于孟渊旅社。

9月27日,顾颉刚由杭州来沪,住孟渊旅社。午间,与周予同、胡愈之、王伯祥、吴致觉公宴顾颉刚于新有天。

从上述所记可以看出,当年的作家文人们曾在孟渊旅社留下过深深的足迹。

惊心动魄的一幕

孟渊旅社还是20世纪二三十年代秘密工作的理想场所。

1928年底,中共机要交通员黄慕兰到上海党中央机关担任秘书,见到了在上海的中共领导人贺昌。贺昌时任中共中央委员、共青团中央委员、湖北省委书记。"那时,他虽是中央委员,但并不在党中央机关工作,而是经常受中央的委派,去湖南、湖北等省视察各地工作,来上海出席中央召开的会议时,就住在旅馆里。"据黄慕兰回忆,"我记得他住的是孟渊旅社(后来改名为申江饭店),因为那家旅社里的工友是我们地下党的同志,住在那里比较安全……贺昌同志来上海时,我也常送文件到他所住的旅社里去,彼此就逐渐熟悉起来"。后来,通过深入接触,黄慕兰与贺昌感情日益加深,经周恩来批准,组织上同意他们两人结婚。"就这样,我们经组织上的批准,也没举行什么结婚仪式,就在旅馆里共同生活了。"1930年,黄慕兰跟随贺昌从香港回到上海,"仍住在孟渊旅社里。周恩来和邓颖超、刘少奇和何葆贞都来看过我们(少奇和贺昌过去在安源曾一起工作过,我和葆贞在武汉时也曾共事过)"①。

这里需要指出的是,中华人民共和国成立后,孟渊旅社曾经改过名,但从未以"申江饭店"命名过。一度改名为"申江饭店"的,是位于汉口路上的扬子饭店。黄慕兰在"自传"中称孟渊旅社"后来改名为申江饭店",是把两家饭店搞混了。她和贺昌住的究竟是孟渊旅社还是扬子饭店?从黄慕兰与贺昌相遇、结婚的时间上来说,应该在1928年底至1929年间,而扬子饭店开业于1933年,因此,黄、贺住的旅馆,应该就在孟渊旅社。

1935年11月1日,国民党四届六中全会闭幕。就在闭幕合影之际,晨光通讯社记者孙凤鸣突然开枪,将汪精卫击倒刺伤。这次刺杀行动的幕后策划者,是王亚樵、华克之、张玉华和余立奎等抗日热血青年。他们原是拟刺杀"媚日"的蒋介石的,但那天蒋偏偏不在场,于是,汪精卫便成了刺杀对象。

刺杀完成后,孙凤鸣被捕牺牲;王亚樵、华克之和余立奎等纷

---

① 《黄慕兰自传》,中国大百科全书出版社2016年版,第66、67页。

纷出走南下，只有张玉华和华克之的夫人等还留在上海。华夫人忽然想起，她妹妹还在南京，唯恐受累，即写信催其来沪。其实，那时她妹妹早已被特务监视，所以信一到南京，即落到特务手中。他们按照信中指定时间，将她妹妹押往上海。华夫人派了一位晨光通讯社职员前去迎接，刚到车站，就被特务逮捕。特务追问其去处，他说："只叫我把人带到孟渊旅社，开一个房间，牌上写个什么名字，她会再派人来接。"不多时，张玉华到达孟渊旅社，他一看大堂牌上有指定的名字，位置在三楼房间，遂上去敲门。门一打开，出来两个男人，把他让进房内。张见情况有异，就由窗户跳出，不料腿骨折断，随即被捕——这是孟渊旅社发生过的惊心动魄的一幕。

……

上海解放后，孟渊旅社一度改名为长征旅社（后又称长江饭店）。20世纪90年代末，旅馆建筑被拆，原址上矗立起了中福城。

今日汉口路湖北路口的商铺,孟渊旅社原址就在这里(读史老张摄)

东方旅社:"忍看朋辈成新鬼"

位于汉口路222号(后又改为613号、666号)

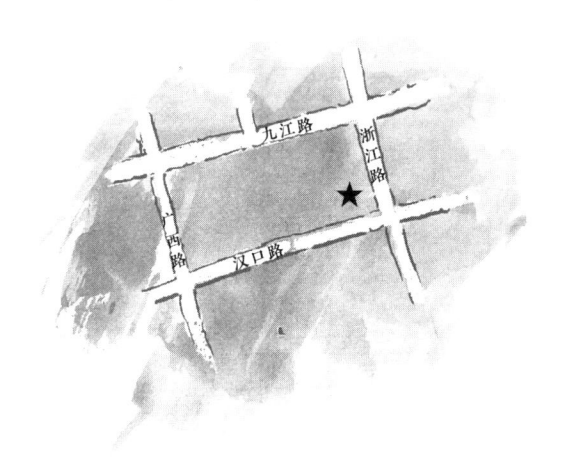

东方旅社位于汉口路浙江路口,是一幢四层西式房屋,位于汉口路浙江路口,开业于1923年4月。

营业发达,环境复杂

1923年4月27日,《申报》刊出了《东方旅社将开始营业》的

东方旅社:"忍看朋辈成新鬼"

消息:

三马路天外天原址,现由徐孟渊、陈杏春、童雨香三君组织东方旅社,各种布置均仿照欧美最新式旅社办法,参以中国习惯,装成大小房间一百余间,各种器具一律全新,并在小花园方面,备有大礼厅,花木扶疏,备极雅致,用作喜庆大事,颇为宽敞适宜,闻定于阴历三月十五日开幕云。

"徐孟渊"即徐孟园,他是华商旅馆业老大,也是孟渊旅社的老板。4月30日,东方旅社正式开张。开张三个月,生意兴隆。据8月8日《时报》报道:"浙江路三马路口之东方旅社开幕以来,营业颇称发达。近又添设中西大菜,以应旅客及社会之需要,地点既称便利,招待及布置方面又极美备,预料将来必能大有发展。"

当年,东方旅社属于华商中型旅馆,设施先进。有人曾对它有过这样一番描述:

东方旅社全部是四层的大厦,临浙江路和汉口路的转角,占地约三亩左右,屋顶高敞,登顶层(五楼平台)向下望时,见黄色瓦鳞夹着一条条的屋脊,围在四周,路上车马人物忙碌不息,但是一片寂静,听不到一点声音。大门是设在汉口路上,推门而入,为账房所在,向左侧是电梯——一架速度较慢的自动梯——直达各楼。全房间共一百二十余,分双床与单床房间两种,双床房间均

汉口路上

装置阳台,大部是伸出在浙江路上,空气新鲜,阳光充足。内更有装着私用浴室及私用电话的,供给顾客们不少便利。单床房间内,代替了阳台的便是一排短窗,尤其是后部的房间,对着朝南的窗户,冬暖夏凉。全部房间的布置,力求整洁幽雅,切于实用,毛巾、火柴、热水、茶叶等日用品无不一应臻备,旅客们真有"宾至如归"的感觉。

……楼下西部,循走廊向前为马达及炉子间,是全店水电总钥的一部分;其右侧为电话接线总室,替顾客昼夜地服务着;再由此向前为礼厅,礼厅本来是专为顾客宴会及婚礼喜庆之用,但为避免人丁的嚣扰和保持旅客的清静起见,在很久之前已把它的全部开成了房间了;在礼厅前的一棵梧桐树已有近百年的高龄,比屋低着只不满一丈,到了夏天长满像头发样密的绿叶,遮蔽了南面的数排窗户,作为清雅点缀,大有诗意。

二楼后部一个小型房间,在以前是东陆电台原址,东陆是东方附属营业之一,它虽已成为过去的事实,但是它悠久的历史和巩固的声誉,也是值得纪念。

西菜部是设在三楼,专供全店顾客西食之需。其他如理发、汗背、店使等均有专员充任,设备堪称完善……①

东方旅社地处公共租界的繁华地带。西侧有上海跑马厅,北侧有青莲阁、天蟾舞台、中央大戏院等茶园、戏楼,南侧福州路附

---

① CS,《东方旅社概述》,《帆声月刊》1944年第4期。

近还有会乐里、群玉坊等妓院和烟土行……"白相人"吃喝玩乐,可谓一应俱全。另外,东方旅社楼下,设有东方书场,常演出苏州评弹和地方戏曲,听众踊跃。因此,东方旅社开业后人气很旺,实属意料之中。

不过,限于历史条件,当年东方旅社内吸毒、赌博和绑架事件也屡有发生。据1930年4月30日《晶报》报道,东方旅社78号房间里,"忽来日妓三人",年龄均在十七八岁,专接中国顾客,"自飞笺召之,亦能翩然莅止"。她们来时,还有一名日本男性相随,语言不通,"则以铅笔写字于白纸代语,识字者未尝以为不便。冶游者偶从事揩油工作,亦不竣拒,求伴寝,为价并不居奇"①。可见,当年东方旅社设施虽好,中外旅客却鱼龙混杂,善恶难辨。

东方旅社的复杂情况,为早期中共组织的隐蔽活动提供了条件。1930年,中共中央拟议召开中华苏维埃第一次全国代表大会。苏维埃中央准备委员会(简称"苏准会")的秘密联络处之一,就设在东方旅社。

"东方旅社事件"

1931年1月7日,中国共产党六届四中全会在上海召开。会

---

① 韩寿,《东方旅社之日妓》。

汉口路上

上,共产国际代表米夫和刚从苏联回国的王明发言,指责六届三中全会继续"立三路线",宣称要从思想上、政治上、组织上全面彻底地改造党。这次会议,提拔了一些没有实际经验的教条主义者和宗派主义者到中央领导岗位,对瞿秋白、李立三等实行了"无情打击"。六届四中后,中国共产党中央领导权实际上由得到米夫支持的王明操控。

米夫和王明的独断专行,引起了党内部分同志强烈不满。何孟雄、李求实等曾在六届四中会上与王明发生过激烈争吵,王明还曾酝酿要将他们清除出党。六届四中精神传达后,也引起了争议。

据夏衍回忆,1月16日,在洛阳书店(南京路王星记木器店楼上),"左联"开会传达六届四中全会精神,会上,"胡也频突然站起来责问……我只听到潘汉年很冷静地回答:'我只负责传达,有意见将来可以讨论。'"会后,夏衍和阳翰笙、钱杏邨一起走出会场,冯铿和柔石从后面挤上来,"冯铿大声地说:'老沈,对今天的文件很多人有意见。'"柔石则建议,"我们几个人一起谈一谈"。但阳翰笙觉得,中央全会做出了决议,未经组织许可就讨论似乎不妥,就没有答应。[①] 另据冯雪峰回忆,第二天中午,他在马路上碰到胡也频,"他很气愤地对我讲了许多不满六届四中全会的话。我说我管不了"。[②]

[①] 夏衍,《懒寻旧梦录》,生活·读书·新知三联书店1985年版,第184—186页。
[②] 冯夏熊整理,《冯雪峰谈左联》,《新文学史料》1980年第1期。

东方旅社:"忍看朋辈成新鬼"

1月17日下午1点40分,柔石、殷夫、冯铿、胡也频和"苏准会"秘书长林育南等人正在东方旅社31号房间开会。会开到一半,"一个'茶房'闯进来,伪称电灯出了毛病,要检查修理。电灯一亮,外面埋伏的特务冲了进来……"①至此,在31号房间里的林育南、柔石、殷夫、冯铿、胡也频、李云卿、苏铁和彭砚耕等8人被当场逮捕。他们被押上警车后,特务继续留下"蹲坑"伏击,等候再抓来人。不久,又将来到31号房间的孙玉法、王青士抓捕。第二天上午,李求实到31号房间打听情况,也被当场逮捕。至此,在东方旅社被捕的地下党员,共有11人。与此同时,特务又包围了中山旅社、华德路沪新小学等处,逮捕了何孟雄、龙大道和欧阳立安等其他共产党员。

这次大搜捕,一共被抓的共产党员有36名,大部分是对六届四中全会不满的反对者。据说,17日中午,国民党市公安总局接到密报:17日、18日,共产党在东方旅社31号房间、中山旅社6号房间等处召开会议。于是,国民党公安局会同公共租界巡捕房,采取了联合行动。他们先将被捕的共产党员拘押在巡捕房,后引渡到国民党市政府,再转移至龙华淞沪警备司令部。

在所有被捕的共产党员中,柔石、殷夫、冯铿、胡也频和李求实是"左联"成员。据李海文在《东方旅社事件——记李求实等二十三位烈士的被捕和牺牲》②一文中记述:

---

① 冯夏熊整理,《冯雪峰谈左联》,《新文学史料》1980年第1期。
② 《鲁迅研究月刊》1997年第3期。

柔石和胡也频是"左联"的执委,上午出席了执委会,会后柔石和冯铿去东方旅社。东方旅社是1930年5月开苏维埃区域第一次代表大会时为文艺界代表租用的……在新新商店(今第一食品店)门口,他们碰到正准备去买东西的胡也频,冯铿邀请胡也频同行,胡欣然同意。胡也频于1930年11月入党,同时被文艺界选为赴中央苏区出席全国苏维埃代表大会代表。因蒋介石发动对中央苏区第一次围剿,交通断绝,未能成行。胡也频因此每隔一周,总要到东方旅社去打听行期……他们三人到31号房间,同林育南同志谈了一会儿话,便被突然冲进来的特务逮捕了。

2月7日晚,林育南、何孟雄和李求实等23名共产党员被秘密枪杀,史称"龙华二十三烈士"。其中的柔石、殷夫、冯铿、胡也频和李求实,又被称为"左联五烈士"。

林育南和"左联五烈士"就义两周年后,鲁迅先生撰写了纪念文章《为了忘却的记念》,并愤然写下悼诗:

惯于长夜过春时,挈妇将雏鬓有丝。
梦里依稀慈母泪,城头变幻大王旗。
忍看朋辈成新鬼,怒向刀丛觅小诗。
吟罢低眉无写处,月光如水照缁衣。

东方旅社:"忍看朋辈成新鬼"

惯于长夜过春时，挈妇将雏鬓有丝。梦里依稀慈母泪，城头变幻大王旗。忍看朋辈成新鬼，怒向刀丛觅小诗。吟罢低眉无写处，月光如水照缁衣

午年春作诗一首

李秉中兄教正　鲁迅

"左联"五烈士牺牲后，鲁迅写下"无题"诗（"惯于长夜过春时"），书赠友人许寿裳

汉口路上

"老东方"非"新东方"

需要指出的是,关于"东方旅社事件"的地点,曾存在过不少混淆之处。

东方旅社由徐孟园等人合伙投资,地点在汉口路,其全称为"东方旅社久记股份有限公司",资本总额80万元。投资赢利后,资方又于1929年在西藏路建造东方饭店(今上海工人文化馆)。1930年1月10日,《申报》以《东方饭店新屋即日落成》为题报道称:"六马路西端龙园书场原址,改建东方饭店,高凡八层。自去年动工以来,巍巍新屋,转眼已告落成……为一九三零年上海首先落成之第一伟大建筑。"因此,当年人们把新落成的东方饭店称为"新东方";而汉口路上的东方旅社,则被称为"老东方"。

过去,人们常常把"老东方"和"新东方"混为一谈,以致造成不少历史错讹。夏衍曾在《懒寻旧梦录》中明确指出:"东方旅社是一家中小型的西式旅馆,坐落在汉口路六六六号(这和以后扩建的东方饭店不同)……"而"东方旅社事件",就发生在"老东方"——原汉口路222号的东方旅社。

1931年1月17日下午,林育南等人在东方旅社被捕后,外界并不知情。18日一早,李求实从静安寺家中出来,到愚园路庆云里15号。庆云里15号是"苏准会"办事处,二楼是林育南、李林贞夫妇的住房,外面住着"苏准会"秘书彭砚耕。李求实一进门,

李林贞等人就告诉他,林育南昨晚一夜未归,彭砚耕今天也没来,"可能出事了"。据李海文记述:

> 李求实问他们开会的地点是新东方旅社,还是旧东方旅社,李林贞只知道是31号房间,很想去找找看。李求实拦住她说:"我去。"大家都认为危险,主张再等等看。李求实为同志们的安全担心,执意要去。
>
> ……李求实先到五马路的新东方旅社(西藏路80号),他警觉地四周望望,然后推开31号房间,见没有人,平安地退了出来。他又赶到三马路(汉口路)旧东方旅社……见马路上没有可疑的情况,旅社内依然如故,便在走廊里徘徊片刻,伸手平静地拧开31号房门,见里面仍然没有人,心中诧异,顿觉事情严重,马上退出身来,可是已经走不出去,他也被捕了。①

这里,李求实问是"新东方旅社"还是"旧东方旅社"? 实际上就是在问,是西藏路的东方饭店还是汉口路的东方旅社? 在西藏路东方饭店,李求实没找到人,他再赶到汉口路东方旅社,当打开31号房间门时,察觉情况有异,已来不及撤走,不幸被捕……

东方旅社事件是发生在汉口路上的最怵目惊心的事件。上海解放前夕,东方旅社部分房屋被卖掉。20世纪80年代初,一位研究者撰文称:"解放后的东方旅社,规模只抵原来的一半。原东

---

① 李海文,《东方旅社事件》。

汉口路上

东方旅社位于汉口路613号（又为666号），"东方旅社事件"在此处发生。原旅社已不存

方旅社三十一号房间在卖掉的范围之内,早已不属东方旅社了。我们察看了原来东方旅社三十一号房间的旧址,它现在属于浙江中路二二九弄二号的风化无线电厂。旧址早作他用,面目全非,看不出当年的痕迹规模了。"[①]

"文革"时期,东方旅社一度被改名为"南湖旅社"。"文革"后又恢复原名。20 世纪 90 年代,东方旅社被拆除,代之以一幢新楼,名曰"俪晶酒店"。

[①] 曹仲彬,《对东方旅社事件若干史实的辨析》,《史学集刊》1983 年第 4 期。

扬子饭店：清风、玫瑰与刀剑

位于汉口路740号（汉口路云南路口）

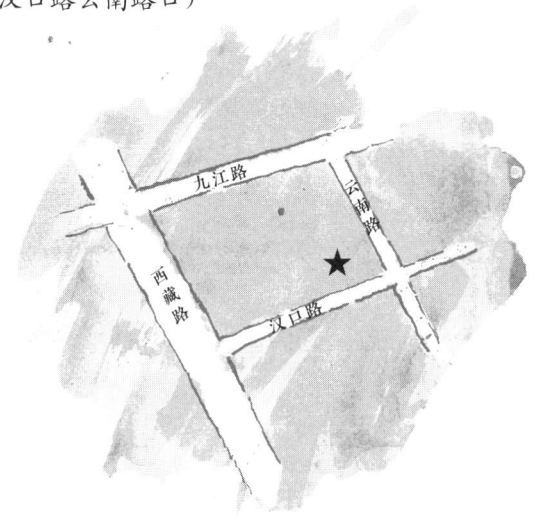

  扬子饭店开业于1933年11月。其所处地块，位于汉口路云南路交界处，占地面积约2.5亩，原为美国基督教监理公会管辖。1931年10月，由扬子饭店股份有限公司承租建造扬子饭店，租期20年。原合同规定，租期满后，土地及地上房屋应交还给监理公会。

海上旅馆，"清风徐来"

1931年起，广东实业家唐海安、张翰材等人开始投资经营扬子饭店。

唐海安早年留学英国，曾任国民政府财政部秘书、上海海关监督等职，后脱离政界，致力于农业和商务，在香港经营农场，成果巨大。张翰材从做蛋炒饭生意起家，在英国开过中国餐馆，在海外颇有影响。有人将张翰材介绍给唐海安，熟悉英伦风情的唐海安遂与张翰材携手，共同经营扬子饭店。扬子饭店董事会，均由富有商场经验的人才加盟，除唐海安担任董事长外，张翰材任总经理，董事有刘爱吾、唐季珊、关玉亭、何惕若和黄志坚等多人。

扬子饭店建筑为钢筋混凝土结构，高八层，由留欧建筑师李蟠设计。底层为大堂，楼上为客房，立面简洁，线条明快，富有韵律感。两层以上挑出的小阳台，立面构图新颖，墙面和细部处理带有装饰艺术特征，建筑风格非常时尚。

1933年11月6日，扬子饭店正式开业。开业前夕，饭店高层邀请报界记者前来参观，往观者对扬子饭店设施颇多赞誉。据说后来有人登楼后，曾发出这样的赞叹："上可观天月云霞，星宿如在目前；下可视山川河岳，环邻房屋等于模型，河中船舶等于蚂蚁。此可见扬子饭店建筑之宏大也。"[①]

---

① 意秋，《扬子饭店概况》，《扬子》1935年创刊号。

汉口路上

11月5日,《申报》以《扬子饭店招待报界》为题报道称:

> 云南路汉口路转角扬子饭店,将于六日正式开幕。昨晚六时,招待海上各报记者,到张竹平、董显光、马荫良、潘公弼等凡百余人。首由董事长唐海安致辞欢迎,并介绍经理张翰材及副理张德卿二君过去办理旅馆业之经验,谓张君曾在英国伦敦经营伟大旅馆,建二十余年之久。德卿君在沪专营此业,亦著有声誉,两人相互合作,可预卜成功。据唐氏言,扬子饭店自造八层大厦,费两年之功,造价约六十万元。一切设备,极端新颖,共计需费二百万元之巨。内部陈设,中西合璧,堪与华懋饭店相伯仲。上七层为旅舍,下层为高尚舞厅,不设舞女、一若礼查饭店。餐毕,相将上楼,参观各式房间,咸称其富丽堂皇,不愧为海上旅馆之巨擘。

《申报》提到的"高尚舞厅",就是开在扬子饭店内的扬子舞厅。扬子舞厅是扬子饭店最主要的亮点。舞厅设在底楼,共分三层。底层舞池,可供100对舞者同时跳舞,"舞场之地板,不惜重资造成弹簧而光滑。在跳舞时,如舟中荡漾,或高或低,如潮之一起一落,复绕以五色之电火,足履交错而成倒影,飘忽有如腾云,迷扑销魂"[1]。第二层则摆放着一张张小圆桌,每桌可供4人喝茶。第三层为最外一层,有包房供贵宾使用。舞厅顶部均镶嵌彩色灯泡,灯光会随舞曲变化时明时暗、扑朔迷离。当年,扬子饭店

---

[1] 意秋,《扬子饭店概况》,《扬子》1935年创刊号。

扬子饭店:清风、玫瑰与刀剑

黎锦晖的明月歌舞团在表演舞蹈,左三为周璇

舞厅被称为上海滩上的"弹簧舞池",号称全中国找不出第二家。

扬子舞厅一开业,黎锦晖即组织了一支全华班爵士乐队到舞厅演出。黎锦晖(1891—1967),字均荃,湖南湘潭人。近代中国歌舞之父,中国流行音乐的奠基人。他早年醉心于新音乐运动,创作了多部器乐曲和歌曲,风靡一时。后转入流行音乐创作,大获成功。1927年,他创办的中华歌舞专修学校,成为中国第一所训练歌舞人才的专业学校。后来,他又组建了中华歌舞团和明月歌舞团,被认为是中国近现代最早的歌舞表演团体。在歌舞团里,有一位演员徐洁风,天生丽质,极有表演天才。黎锦晖为她改名为"徐来",寓意"清风徐来"。在黎锦晖培养下,徐来迅速成为歌舞团台柱。1929年底,20岁的徐来嫁给了比自己大18岁的黎锦晖。

扬子饭店创办之初,黎锦晖便住进了扬子饭店301房间,招募中国乐手,组织"清风舞乐队",并由徐来主办"清风乐艺社"。1934年3月3日,乐队在扬子舞厅正式演出。据黎锦晖晚年回忆:

> 我受杜月笙的委托,为将要开办的扬子饭店跳舞厅组织一个爵士乐队。要求全部用本国籍的乐师,要身体高大的北方人,以免与菲律宾相混。一半乐曲用普通的外国调;一半用本国曲调。同时有一部分歌曲可供歌女演唱伴舞。随后徐来得到孙科等的捐款千余元,组织了"清风乐艺社"(徐来主办),由我聘请曹锦海为队长,张簧、张弦帮我配器抄谱。我和二张住在扬子饭店三〇

扬子饭店：清风、玫瑰与刀剑

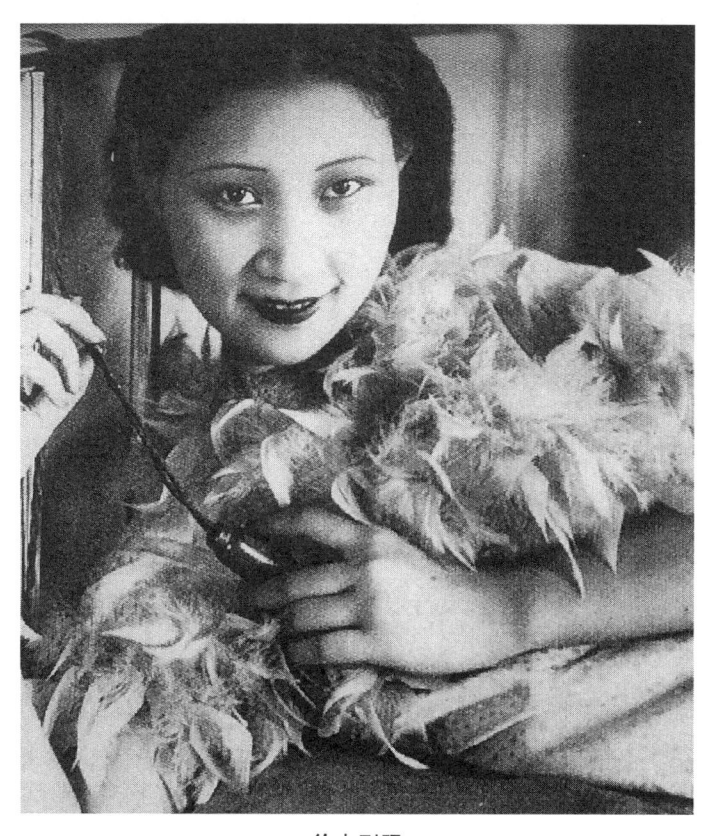

徐来剧照

汉口路上

一室开始着手,把所有的流行的民间歌曲和戏曲加以改编。在短期内乐队训练完成,舞厅开幕,营业很好……①

这支华人乐队,因价格低,音乐曲调又叫座,引起其他舞厅老板的羡慕,他们纷纷找黎锦晖帮忙,要求介绍乐师、供给乐曲,黎锦晖也乐于相助,因而受到了各家舞厅的欢迎。但总体来说,黎锦晖对扬子饭店似乎更有感情。

黎锦晖与徐来结婚后,住在愚园路蝶邨。几年后,因脾性差异,夫妻俩产生了隔阂。徐来名声大、交际广,常在寓所迎来送往,高声谈笑,"几视蝶邨为俱乐之部,偶然兴至,谑浪笑傲,喧腾一室",黎锦晖不堪忍受。有次他独自离家出走,到扬子饭店开了房间,预备"吞烟自杀"。徐来闻讯,赶快派人分头寻找,终于在扬子饭店找到了黎锦晖。据画家丁悚回忆:"那时他(指黎锦晖——引者注)已喝得酩酊大醉,说:'活不下去了,非自杀不可。'口中还连连大骂:'这些混账东西,太不把我放在眼里。'完全一股气话。我们极力的劝慰他,不要做出无意识的话把戏来,给人笑话。横劝竖劝,好容易,总算把他劝好了,我们就逼他当夜回府,一场绝大风波,就此风平浪静。"②

不过,走出扬子饭店后,黎锦晖和徐来的感情还是走到了尽头。不多久,两人办理了离婚。

---

① 黎锦晖,《我和明月社》,全国政协文史资料委员会编《文化史料》第4辑。
② 丁悚,《四十年艺坛回忆录》,上海书店出版社2022年版,第217、218页。

扬子饭店:清风、玫瑰与刀剑

"玉碎星沉,人亡影在"

扬子饭店是当年文艺界人士的聚会之处。饭店刚建成不久,电影明星赵丹就在这里见到了音乐家聂耳。

此前,赵丹从未见过聂耳,只听朋友讲起,说聂耳是一位勇敢、热情、开朗、诙谐的人,脾气性格与赵丹很像,"如果在一起,准会成为好朋友",赵丹非常渴望见到他。终于,一次偶然的机会,他们在扬子饭店意外相遇了。赵丹这样回忆:

有一天,我们在扬子饭店借一位朋友的房间,刚开完"左翼剧联"的小组会,就听得有人敲房门,我一打开门,看到一个年纪和我相仿的小伙子站在我面前,圆圆的、通红的脸蛋上流着汗,喘着气,宽宽的肩膀、短硕的身材,神采焕发。那原来熟悉的影像突然像闪电一样闯进我的脑海——

"聂子!"我不禁大声喊出来。

"阿丹!"小伙子不约而同伸过一双年轻的大手,喊着。我们一下子紧紧地抱住了。

"人家总在我面前说你……说你……"我止不住要把心里的话倾倒出来。

"知道了!别说了!"他大声打断我的话,跟着捶了我一拳,这一拳,差点没把我摔一跤。

从此,我们的友谊就开始了。[①]

[①] 赵丹,《银幕形象创造》,东方出版中心2011年版,第166页。

电影《聂耳》剧照,赵丹(前左)饰聂耳

20多年后,当赵丹要在故事片《聂耳》中扮演主角时,在扬子饭店第一次见到聂耳时的情景,一下子跳了出来,"一个新的、高大的聂子的形象在我的心中矗立起来","如果不熟悉聂子,而要我来扮演他,不知道又会是什么样子"。[①]可见,这次扬子饭店见面,为赵丹成功塑造聂耳的银幕形象,打下了坚实的基础。

阮玲玉也是扬子饭店的常客。

[①] 赵丹,《银幕形象创造》,东方出版中心2011年版,第173、175页。

扬子饭店:清风、玫瑰与刀剑

影星阮玲玉

阮玲玉（1910—1935），广东香山（今中山）人，出生于上海。她16岁进入明星影片公司，成为当时的著名影星。1925年起，她与比她大6岁的张达民同居。后张达民赴福建做事，阮玲玉在上海当演员，聚少离多。1932年，在某个社交场合，阮玲玉结识了商业大佬唐季珊。唐季珊既是华茶公司经理，也是扬子饭店董事。一来二去，两人互有好感，常出入于扬子饭店。阮玲玉喜欢跳舞，一有空就到扬子舞厅，与唐季珊翩翩起舞。张达民闻之，立刻返沪，告阮、唐通奸，要求对簿公堂。事情传开，一时沸沸扬扬。阮玲玉经不住"人言可畏"，决定一死了之，以证清白。

1935年3月7日晚，阮玲玉应邀到联华影业公司负责人黎民伟家赴宴，"那晚她到得特别早……始终坐在席上，谈笑风生"。据黎民伟回忆，"在席散之后，她临别吻了我的内人和铿锡两儿，特别是阿锡，她伏在小床上连吻了两次，出门之后，又回进房来吻了一次。这在她平时也常是如此，她常是这样热情的一个女子，那时我们以为是她太高兴了，谁也看不出半点异状"。[1]

离开黎宅后，阮玲玉又与唐季珊到扬子饭店，照样在舞厅跳舞，舞会结束已是3月8日凌晨。回到家里，她让唐季珊先睡。唐睡后，阮玲玉即取出纸笔，写下了遗书，然后，吞服大量安眠药自杀。

3月9日，《申报》以《电影明星阮玲玉自杀》为标题，报道了阮

---

[1] 黎民伟，《最后一次宴会》，《联合画报》1935年第5卷第7期。

玲玉去世的消息,其副标题为《玉碎星沉,人亡影在》:

久负盛名之中国电影明星阮玲玉,最近被其前夫张达民所控告,刺激甚深,乃于昨晨三时许,突起厌世之心。在私宅中暗服安神药三瓶自杀。嗣经乃夫唐季珊发觉,立即送四川路福民医院救治,经过六七个小时,但不见进步。至上午九时许,复请老靶子路中国疗养院陈达明、陈继尧两医师设法救治,同时又送往蒲石路中西疗养院,会同该院医生急诊数次,当时虽有数度稍见清醒,终以中毒过深,于下午六时半殒命。

……又据探悉,阮于前日(六日)深宵十一时,尚在扬子饭店偕数男客同往欢舞,当时见者颇多,殊为人所注意。人皆以为阮沉醉于灯红酒绿间,初不知伊人竟于昨日自戕,亦足见人事无常也。

阮玲玉之死,震惊了海内外。出殡时,全上海有几十万民众相送。"由于对偶像的消失极度失望。3名崇拜者也留下遗言,随她而去,'阮玲玉走了,生活就没有了意义'。《纽约时报》头版头条新闻称之为'世纪最盛大葬礼'。阮玲玉逝世成为全球的大事件。"[1]阮玲玉最后踏足的扬子饭店,成为世界各地影迷缅怀追思的悲伤之地。

---

[1] [法]贝尔纳·布里赛著,刘志远译,《上海:东方的巴黎》,上海远东出版社2014年版,第373页。

汉口路上

1935年3月,阮玲玉出殡,被《纽约时报》称之为"世纪最大葬礼"

"玫瑰"之歌,传唱千里

在扬子饭店舞厅,曾有一首著名的流行歌曲在此唱红,那就是《玫瑰玫瑰我爱你》。这首歌,脍炙人口,传唱千里。演唱这首歌的,是扬子舞厅歌手姚莉。

姚莉(1922—2019),原名姚秀云,祖籍宁波,生于上海。她自幼丧父,家境贫寒,但她从小就是广播迷,常跟随哥哥姚敏到电台唱歌。有一次,在一个慈善捐款点唱节目上,姚莉的歌声被周璇听到,周璇称赞不已,当即推荐她去灌录唱片。1937年,15岁的姚莉到百代唱片公司灌录了第一张唱片《卖相思》,一炮而红,遂成为百代公司的签约歌手。

最初,姚莉在仙乐斯舞厅任驻唱歌手,扬子饭店协理黄志坚常去仙乐斯,非常欣赏她的歌唱,便邀请姚莉到扬子舞厅驻唱。据姚莉回忆:

我的公公(指黄志坚——引者注)是扬子饭店的经理,他很喜欢听我唱歌,我在第一个场子仙乐斯的时候他每天晚上坐在旁边听我唱,他听见我的合约要满了,就跟我妈妈商量说你女儿合约满了,可不可以到我的夜总会去唱?我妈妈觉得女儿赚钱了就满口答应,我就又去了那边4年。到了扬子饭店也许是一种缘分,也许是上帝安排我们见面的。我公公非常喜欢我、宝贝我,他后

汉口路上

因演唱《玫瑰玫瑰我爱你》而走红的姚莉,曾被誉为"银嗓子"

来跟我妈妈说,你女儿跟我签4年合约,我还有一个条件,就是要让她做我的媳妇。他有三个儿子,我先生是大儿子,还有一个女儿。那我妈妈说我也不知道女儿是不是想找男朋友,因为那个时候才二十出头嘛,那他说我带我儿子给你看看呀。我那个时候真的很单纯的,从来没有谈过恋爱,一直也都在为家里打拼赚钱,也没有想过什么是爱情。后来我这个公公真的带了他大儿子过来,我那个时候都是听妈妈的,妈妈觉得这个男孩子还蛮可靠的。①

后来,姚莉就嫁给了黄志坚的儿子黄保罗。

1940年,姚莉在扬子舞厅演唱了歌仙陈歌辛创作的新歌《玫瑰玫瑰我爱你》,歌曲旋律轻快明丽,既有城市风情,又有民歌韵味,一曲歌罢,即引起轰动。这首歌曲,后被选为由周璇主演的电影《天涯歌女》插曲,姚莉一跃而为百代唱片的"销售天后"。姚莉回忆说,当时有一个很棒的乐队,"二十几个乐手在我后面,所以虽然很大压力,但是也跟自己说要唱好,不要辜负人家,big bang,现在不会再有了,这样的情况不会再有了……所以我很幸运,一直唱那么好的音乐,那么好的作曲家,陈歌辛真的很宝贝我的,很好的歌都给我唱,我凭着这个'玫瑰'红到外国,外国人也翻唱成英文,我很骄傲的。"②

1951年4月,美国歌手弗兰基·莱恩(Frank Laine)翻唱了

---

① 淳子,《上海老房子,点点胭脂红》,上海辞书出版社2007年版,第10页。
② 同上,第4,5页。

汉口路上

作曲家陈歌辛

扬子饭店:清风、玫瑰与刀剑

当年的"七大歌星"合影。左起:白虹、姚莉、周璇、李香兰、白光、吴莺音

此曲,英文版《Rose, Rose, I Love You》迅速走红,一度高居北美排行榜第三名。谁会想到,这首歌曲,竟是从扬子饭店走向世界的!

饭店内外,刀光剑影

扬子饭店地处汉口路与云南路交界处,本来,这一带为教会清静之地,行人稀少。扬子饭店建成后,这里忽然热闹起来,"崇楼大厦,已使街道增辉,旅客如云,车马如龙,一变为繁盛之市场,有十分典盛之情形矣"。沿街酒楼、菜馆、食品店和旅社纷纷涌现,如南国酒家、老裕泰菜馆、东方食品公司、济华堂药房、英法药房和同昌车行等,白天人流熙攘,入夜也生意兴隆。

在战乱年代,这一地理环境促使扬子饭店成为各派力量角力的场所。一时间,扬子饭店内外,波诡云谲,刀光剑影。

1930年代中期,国民党内部争斗激烈。为了打击党内反对派,军统预谋刺杀胡汉民的得力助手刘芦隐。那天,上海下着小雪,一军统特务头目亲自出马,率队在汉口路守候目标。突然,刘芦隐与夫人乘坐的轿车迎面疾驶过来,特务们尾随紧跟,却不见了踪影。特务们四处寻找,终于在扬子饭店附近发现了停着的轿车。他们迅即布下埋伏,准备对刘芦隐实施绑架。

一直守到半夜,刘芦隐与夫人才从扬子饭店里走出。特务们刚想动手,刘夫人的尖叫声惊动了附近的英国巡捕。巡捕一起出动,将特务们带进了附近的公共租界老闸捕房。军统特务绑架不成,反成了落网之鱼,一场政治预谋也告破产。据说,当年的特务们始终搞不明白,他们几乎没有弄出动静,为什么刘夫人会大声尖叫呢?

上海孤岛时期,扬子饭店住进了不少日本房客。据一个日本记者回忆,他曾随军到沪采访,住在扬子饭店,经常看见那里娼妓出没,"只要委托一下勤杂工,就有五六个年轻女人前来任选。如果其中有你中意的,一招手就行了;不中意,则一挥手都会默默地离去"。他感叹道:"这些女人中有许多都是在战争中失去亲人、兄弟等生活支柱,勉强捡条命从占领区逃出来的,其中也有不少是中学毕业的良家子女。租界外面的战场上,日本士兵和中国士兵在互相厮杀;而这里,日本青年和中国女人却同寝一张床。"[1]

太平洋战争爆发后,公共租界被日军占领。扬子饭店部分客房成了日本人的间谍机关,扬子舞厅则成为日本宪兵的娱乐场。据说,其中有一个日本人名叫河本,会讲上海话,奸诈凶恶,号称"上海之虎",他就住在610号房间。为了避人耳目,他的房间门口却写着一个舞女的名字"杨彩弟"。杨彩弟原是"维也纳舞厅"的明星,在河本逼迫下,被迫与其同居。河本"时常把无辜良民带到扬子饭店610号房间来秘密审问,条件讲得好,吃两记耳光付几根条子放你一条命,要是石子里榨不出油来,则送到宪兵队,说你抗日分子,先吃'生活',然后枪毙,就这样辣手辣脚给河本弄死的中国人,不计其数"[2]。抗日战争胜利后,河本被捕,被国民政府

---

[1] [日]小俣行男,《日本随军记者见闻录》,世界知识出版社1985年版,第118页。
[2] 《上海之虎,将处绞刑》,1946年4月7日《海涛》周报。

汉口路上

处以死刑。

红颜特工,"真绝代也"

抗日战争期间,上海滩发生过一桩舞女被害案,事件蹊跷,骇人听闻。

被害者任黛黛,是沪西愚园路惠尔登舞厅的舞女。任黛黛原籍广东,出生年月不详,有人说她是某大画家的孙女,以前曾在香港当舞女,后到上海讨生活。1939年4月,唐大郎曾在"惠尔登"见到过"艳光四射"的任黛黛,他这样记道:

> 昨夜又在惠尔登博"苹果",客座中睹一女郎,红衣如火,肌白如脂,真绝代也。傍叶逸芳君坐,二人似相识,因询逸芳,逸芳谓是本厅舞女任黛黛,粤人,而昔曾伴舞于璇宫者。吾友玄郎,慕其色,迫其入场,遂相与起伴,既而且偕之赴大华。①

1940年1月初,惠尔登舞厅忽然发现她失踪,遍寻不着。不久,传出一条新闻,称在一高级场所,发现一具女尸。这一"高级场所",有人说是静安别墅,也有人说就在扬子饭店。对此,与任黛黛有过多次交集的作家陈定山肯定地指出,女尸就出现在扬子

---

① 唐僧,《任黛黛》,《东方日报》1939年4月22日。

饭店。他写道,当年扬子饭店一度传出过"闹鬼"风波:

……过了不久,又来一对苏州夫妇。刚坐定,就见一个女鬼披头散发地进来,直入床下而没。这对夫妇当下大叫一声,双双晕厥。茶房上来,把夫妇救醒,如此这般一说,房间里已挤满了看热闹的人。便有人主张把床底下搜一搜,看有什么东西。宁波茶房长着脸道:"柴话(宁波话"怎么讲"的意思——引者注),大大房间,也会出鬼?床底下阿拉日日扫过明白,啥地方有过赤老?"苏州夫妇忽又惊叫起来:"勿好哉,棕棚下面黑魆魆格一段是啥格末事?"几十对眼光立时注射床下,果见贴棕棚绑着一段东西。七手八脚翻过棕棚来一看,竟是个女尸,下体赤裸,还插着一口日本倭刀。[①]

这个死者,正是任黛黛。任黛黛为什么被杀?当年颇多猜测,绝大多数报纸都认为,可能死于情杀。《申报》的报道称:"在前一时期,有位某'武装人员',对她追求得非常热烈,而她的态度只是很落寞的,颇似不以为然。但在黄金买笑的欢娱场中,这也是一种通常情形。是否就为因爱成仇,动了杀机,或尚另有其他复杂原因,这就未便从旁臆测,只能说它还是一个疑问。"[②]

后来,有人告诉陈定山,任黛黛是一位重庆的"红颜特工",她

---

① 陈定山,《春申旧闻续·任黛黛之死》,海豚出版社 2015 年版,第 105 页。
② 冰冰,《惨遭暗杀之任黛黛》,《申报》1940 年 1 月 12 日。

到扬子饭店来,是为了刺杀日本宪兵大队长杉原,不知怎么身份暴露,反被杀害。陈定山猛然想起,不久前他被日本宪兵队抓去,关了七天七夜,出狱后应朋友之约到米高梅舞厅坐坐,"一进门就见任黛黛和一个日本大队长很热烈地跳舞",而那个日本大队长,正是抓捕他的杉原,"我心里一个作恶,坐不住了",刚走出大门,任黛黛就跟上来与他寒暄。后来,朋友又拉他去舞场,"任黛黛越发光艳了,一件银丝织锦旗袍,披上一对红狐围巾",见到陈定山,任黛黛意味深长地叮嘱他:"陈伯伯,你答应我的文章,将来不能不写。"[1]

抗战胜利后,陈定山向有关机构报告任黛黛的义举,称"她要刺杀的大队长杉原,也就是凌辱虐待我的杉原",但对方认为证据不足,缺乏"番号"和"尺籍",最终不了了之。从此,任黛黛的传奇故事就被湮没了……

这里,我要特别指出的是,作家白先勇在短篇小说《金大班的最后一夜》中,写到过一个名叫"任黛黛"的舞女,说她是当年百乐门舞厅的"丁香美人",嫁给了棉纱大王潘金荣,后来到台北开了富春楼绸缎庄,"风风光光,赫然是老板娘的模样"。在白先勇笔下,她早年风头不及金大班,却是个偏狭的"刁妇"——应该说,这个"任黛黛",是白先勇虚构的文学角色,与现实中的任黛黛并非同一个人。

现在看来,任黛黛事件究竟发生在扬子饭店还是静安别墅,

---

[1] 陈定山,《春申旧闻续·任黛黛之死》,海豚出版社2015年版,第107页。

扬子饭店：清风、玫瑰与刀剑

今日扬子饭店（读史老张摄）

似乎已不重要。关键在于,假如真实的任黛黛是一位爱国抗日义士,那么,她和企图刺杀汉奸丁默邨的郑苹如一样,理应受到后人铭记。

……

中华人民共和国成立后,扬子饭店曾一度易名为申江饭店。1989年,恢复原店名。如今,扬子饭店已成为汉口路上一家特色鲜明的老字号,八方宾客,近悦远来。

10 人物

黄奕住：参访申报馆的印尼"糖王"
史量才：一段传说已久的"对话"
严独鹤：在汉口路报馆遇刺
毛彦文：慕尔堂内的传奇婚礼

黄奕住：参访申报馆的印尼"糖王"

华侨实业家，中南银行董事长

复旦大学校园内，有一幢最古老的建筑，名为"奕住堂"。它是以著名爱国华侨实业家黄奕住的名字命名的。

"剃头住"，曾经一贫如洗

黄奕住(1868—1945)，福建南安人。1868年12月7日出生，祖上世代务农，父亲一辈子耕作，母亲替人纺纱，家里一贫如洗。

汉口路上

黄奕住肖像

黄奕住：参访申报馆的印尼"糖王"

黄奕住是家中长子，五六岁时就被父亲送去私塾读书，后因付不起学费，被迫失学回家，帮父亲种田。为了贴补家用，黄奕住12岁起跟伯父学剃头。三年后，他自己挑着担子走村串乡为人剃头，受尽歧视和欺凌。

1885年春，黄奕住随亲友赴南洋。关于他赴南洋的原因，有多种说法。有一种说法是：某日，黄奕住为一豪绅剃头，在修容时，该豪绅突然咳嗽，黄奕住冷不防，手中剃刀落下，割伤其额角，豪绅顿时大发雷霆、呵斥痛骂，扬言日后再找他算账。黄奕住惹不起他，又怕父母受累，决定赴南洋避祸。家里没钱为他买船票，父母卖了祖传的一丘田，得价36枚银元，助他漂洋出海。他乘的船，是长他两岁的黄仲涵的木帆船，船票费可以欠付——30年后，黄奕住和黄仲涵都成为印尼"糖王"。

经过颠簸和漂泊，黄奕住经新加坡、棉兰等地，落脚于荷属殖民地爪哇岛的三宝垄市。起初，他人地生疏，言语不通，生活非常艰辛。白天，他挑着剃头担子，到码头上找华工剃头；夜晚，只能宿在妈祖庙内。到了第二年春，他攒下的一年工钱，只够偿还欠付的船票费。

两年后，黄奕住已粗通方言，和当地华侨、华工熟络起来，大家都叫他"剃头住"。有一天，老华侨魏嘉寿对他说："像你这样做'剃头匠'，贫苦的日子恐怕永远不会到头，何不做点小生意呢？"他一听，立刻表示愿意改行。魏嘉寿告诉他，可以改做小贩试试，并借给他5盾（荷币）作为本钱。黄奕住接过钱后，即把剃头工具用破布一裹，扔进了大海。

从此,黄奕住作别"剃头匠"生涯,成了挑担小贩。最先,他深入乡村和土著部落,贩卖杂货、咖啡和糕点。1891年,他开了个"日兴杂货店"。不久,杂货店又变成了批零兼营的"日兴商行",生意做得非常顺手。1897年,黄奕住已拥资近百万盾,先后在中、西、东部爪哇设立了"日兴商行分行",并成立了"日兴股份有限公司"。后来,黄奕住利用当地盛产蔗糖的条件,开始经营蔗糖贸易。到1913年,他的资产已达到300至500万盾之间,跻身于印尼"四大糖王"之列(另三位是黄仲涵、郭春秧和张永福)。

"要想富,就学黄奕住"

1914年,第一次世界大战爆发。这一时期,黄奕住的蔗糖生意曾几落几起,历尽风险。有一次,他大量买进蔗糖,却遭遇糖价大跌,一度濒临破产。直到后来糖价上涨,他才得以峰回路转,起死回生。

最有戏剧性的一次,发生在第一次世界大战结束前夕。有一天,三宝垄火车站附近某蔗糖货仓着火,黄奕住携长子黄钦书前去察看。黄钦书好动,喜登高,一见被烤焦的成堆糖包,就攀登了上去。到达堆顶,他无意中发现,着火的其实是外围,内层糖包完好无损。他跳下糖包,就把这一情况告知父亲。黄奕住当即找来货仓老板,说要买下这里的所有糖包。老板闻言,当即以每包2盾的价格,将货仓里数万吨糖包悉数出售。双方银货两讫,各自得意……哪里想到,不久,一战结束,糖价涨势迅猛。到了1920年,糖价已猛涨了50多倍。黄奕住以每包2盾买来的数万吨蔗糖,获利甚丰。

至此,黄奕住已成千万富翁。他一跃致富的故事,迅速在他的家乡福建流传,闽南当地有一句流行语:"要想富,就学黄奕住。"多年以后,他的传奇经历,还被上海的小报编成了"世说新语式"的文字,让人"拍案称奇":

黄君……少贫,习理发业于爪哇,落落无所遇,会其地有某大糖商,籍闽之泉州,一见深器之,谓其品性醇厚、资质聪慧,而状貌亦似非长贫贱者。一日,又值理发,相与闲话,某问黄君何不为商?以缺乏资本对。某笑曰,是不难,吾货栈中弃糖满地,子可往拾之,籤其尘秽,贱值斥售亦可得白金,用之设小肆,则绰乎有余矣。黄君称谢而去,即责令往告货栈之司事。既得弃糖,顾不即售,亡何?糖价飞涨,始货之。竟得五百余金。此五百金者,实为黄君发轫之第一批资本。由此操奇计赢,机缘奔凑,驯(迅)至三千万之富云。①

"申报馆之晤",开创中南银行

1919年,51岁的黄奕住决定回归祖国。动身前,有人曾劝

---
① 梅瘦,《中南银行与黄弈(奕)住》,《上海报》1937年7月13日。

汉口路上

他："你坐拥金山，哪里不是好地方？"他一笑应之："我身为中国人，怎么能受人盘剥、寄人篱下、隶人国籍呢？"

4月起，黄奕住在厦门鼓浪屿定居。他到底带回国内有多少钱？没人知道。有人推测，最低数字应该在2 300万美元（时约合中国白银1 600至1 700余万两）。这些钱，不少被黄奕住用来捐助福建的公共事业。例如，他曾力挺陈嘉庚创办厦门大学，慷慨捐赠图书和设备。至今，厦大仍保留着"黄君奕住，慷慨捐助，有益图书，其谊可著"的纪念碑刻。

回国后不久，黄奕住就把投资目光瞄准了上海。上海是工商大埠，到底该投资什么项目呢？他决定亲自投石问路。黄奕住在厦门每日必看《申报》，觉得主持《申报》的史量才一定见多识广，于是打定主意，登门造访，"我以华侨资格，去拜会社长，他总会见我的"[①]。他们一行人轻车简从，来到了汉口路上的申报馆。

据说，史量才起初以为对方是一般访客，并没把他放在眼里。后来有一则报道，曾描述过这次"申报馆之晤"：

……（黄奕住）首至申报馆拜访史氏。惟侨胞素性质朴，故服装均极朴素。维时，史氏于接见黄弈柱（即黄奕住，原文为错写——引者注）时，见其类似乡愚，殊不知为赫赫有名华侨富商，故晋接之倾亦不甚重视。嗣黄氏询史氏云：本人欲在祖国经营一最大事业，应从何方入手？史即漫应之云：以开银行为最好耳。

---

① 章淑淳，《我与中南银行》。

旋黄复称:若开银行,究需多少资本? 史称五十万亦一银行、一百万亦一银行,听君自择。黄氏聆言,即夷然示不屑状云:祖国设一银行,岂只此浅浅者即可举办耶? 史氏天资颖慧,闻言之下,即知黄为非常人物,乃即转其口风云:顷余所言者,为一般起码小银行耳,如果酌乎其中,则一二千万成立一银行,始可有为也。①

不过,关于黄奕住与史量才之交,黄炎培似乎另有说法:

一九一八年四月再游南洋,我从巴达维亚(今雅加达)上岸,引起了荷兰殖民主义者的注意,荷官竟把我捆起来,胸前挂一很大的"6"字,照了相,驱令回船。我问:为什么? 这"6"字为什么? 荷官说:你们是革命党,孙文第一号,你是第六号。我说:哪有工夫革你们荷兰的命! 荷官说:你到好辩,快快! 去! 在轮船上遇到前年在泗水听我作报告的黄奕住,他告诉我:有一笔钱想回国办一个银行,苦于找不到内行,请我帮忙。我说:我是办学校的,我为你介绍一位朋友吧,就介绍史量才。史量才一面自己投资,一面介绍胡笔江给他,这就是中南银行成立的缘起。②

不管怎样,黄奕住与史量才交往后,一拍即合,决定成立中南银行。"中南之者,示南洋侨民不忘中国也"。在史量才引荐下,黄

---

① 虎吼,《史量才与中南银行》,《时代日报》1934年11月18日。
② 黄炎培,《八十年来》。

奕住结识了前交通银行北京分行的胡笔江,晤谈甚欢。他本拟出资一千万元,独资经营银行,胡笔江告诉他,国内商业银行"皆在五百万元以内,且以股份公司责任有限为宜",遂定第一期缴足资本500万元,黄奕住认股350万元,占70%。1921年7月5日,中南银行在上海隆重开幕。

与李登辉校长交集,与复旦结缘

黄奕住在上海创办中南银行之际,正是复旦校长李登辉在江湾大兴土木之时。1918年1月,为筹建复旦新校园,李登辉赴南洋募捐。6月,他筹得华侨资助的15万元款项返沪后,即在江湾购地70亩。7月,他向毕业学生表示,江湾校园"近由美国来华之工程师穆飞氏(即墨菲——引者注)估计建筑费"[①]。1920年,奠定复旦永久校基的蓝图,就在江湾徐徐展开。

墨菲设计的江湾校园,原本规模宏大、气势雄伟。由于资金所限,1922年校舍落成时,只造了三幢楼:办公楼、教学楼和第一学生宿舍。复旦老校友于右任曾说过,当母校迁至江湾时,仅此"三座屋宇"也。这"三座屋宇",呈品字型排列,雕梁画栋,飞檐翘角,被称为"簧宫"。其中,办公楼坐南朝北,由黄奕住捐资一万余元建造,建成后被命名为"奕住堂"(1929年添建两翼)。它与坐西

---

① 《复旦大学中学毕业纪》,《申报》1918年7月3日。

复旦大学奕住堂,由黄奕住捐款建造,并以其名字命名(读史老张摄)

朝东的教学楼"简公堂"(南洋兄弟烟草公司简照南、简玉阶兄弟捐建)、坐北朝南的第一宿舍一起,构成了江湾校舍的最初形态。

提到捐建奕住堂,我一直有一个疑问:黄奕住为什么会捐资给复旦?他又是什么时候认识李登辉的?有人说,李登辉之认识黄奕住,是源于1919年复旦校董唐绍仪(唐少川)的介绍。此说的依据,是校长秘书季英伯的回忆文章《李校长与其建设复旦之略历》[1],但我查了这篇文章的原文,"……嗣由唐少川先生介绍,获得简氏(指简照南、简玉阶兄弟——引者注)大宗捐款",文中并没有提及黄奕住。

实际上,有关黄、李相识的史料很少,两人生前也没有留下片言只语。现在,我只能通过李登辉的活动轨迹,来拼接一下他俩的历史交集。

第一,李登辉祖籍福建同安,1873年生于印尼爪哇岛西部的巴达维亚(今雅加达)。他与黄奕住既是同龄人(两人相差5岁),又同籍福建。1890年,李登辉赴美留学,后毕业于耶鲁大学。1901年上半年,他回到巴达维亚,任当地耶鲁学院(又译雅鲁学校)校长。耶鲁学院后因经费不足,交由当地中华商会接办。而黄奕住曾任印尼中华总商会财政董事,管理中华商会所办学校的经费,两人有时空相交的可能。

第二,1904年冬,李登辉回国。1905年来到上海,创办寰球中国学生会,并到复旦公学任教。1918年上半年,李登辉赴南洋

---

[1]《复旦同学会会刊》1933年第2卷第7期。

募捐,得到了印尼福建会馆等华人社团的帮助。此时的黄奕住,事业正如日中天,李登辉极有可能与他会过面。

第三,对于寰球中国学生会,李登辉向来倾注心力。查1920年代初期的《寰球中国学生会年鉴》,李登辉几乎每期都荣登"本会创办人""董事"之榜,而恰在同时,黄奕住被列名为"赞助本会最力者"。

第四,1921年中南银行筹备时,在《中南银行招股宣言》中,除了"创办人"由黄奕住、史量才署名外,还有一百多名来自各地的"名誉赞成员"署名,李登辉就是上海的"名誉赞成员"之一。

综上所述,黄奕住与李登辉,很可能在爪哇就已相识;他们的联谊,最迟也不会晚于黄奕住回国之时的1919年。而且,从黄奕住捐建复旦(后成为复旦校董)、赞助寰球中国学生会等行为来看,黄、李二人的私交应该也不错。

1937年,八一三事变爆发。复旦"三座屋宇"中,第一宿舍被日军炮火夷为平地;简公堂则被掀掉屋顶,后虽经修缮,已不复当年雄姿。唯有奕住堂,在抗战中保存完好。

也正在抗日战争全面爆发后,黄奕住从厦门迁居香港。1938年5月,厦门沦陷。日方派人赴港见他,劝他出任伪职,他坚决表示:"宁可破产,决不事敌!"结果,他在厦门的企业悉数被日本人侵占。1938年冬,他避居上海租界。1945年6月5日,他在上海病逝,享年77岁。

史量才：一段传说已久的"对话"

近代报业巨子、申报馆总经理（又称"总理"）

史量才（1880—1934），名家修，江苏江宁（今南京）人。1901年考入杭州蚕学馆（今浙江理工大学）。1904年，在上海创办女子蚕桑学校（后迁苏州浒墅关）。同时，先后在南洋中学、育才学堂、江南制造局兵工学堂、务本女校任教。1908年，任《时报》主笔。1912年，与张謇等人合资，以12万元购得《申报》。1916年，他收购合资人股权，独家经营《申报》，并任总经理（又称"总理"）。1927年，购得《时事新报》全部产权。1929年，又从美商福开森手中收买了《新闻报》的部分股权。在史量才的主持下，《申报》蒸蒸日上,一跃为中国新闻界最大的报业集团,他本人也成为名副其实的"报业巨子"。

1934年11月13日,史量才在沪杭公路上遭国民党特务暗杀。一个时期以来,关于史量才死于非命,史学界一致认为是源于史量才与国民党当局的矛盾,这当然没错。但是,过去用来举证这一矛盾的,往往称是史量才与蒋介石的个人过节,流传较广的,便是史与蒋的一段对话:

位于汉口路江西路口的老申报馆

> 蒋介石:我有几百万军队,是不好惹的!
> 史量才:我有几十万读者,也是不能欺骗的!①

这段关于枪杆子与笔杆子的对话,惊心动魄,既是蒋介石对史量才下毒手前的磨刀霍霍,也反映了史量才不惧强权的凛然正气。

---

① 庞荣棣,《申报魂——中国报业泰斗史量才图文珍集》,上海远东出版社2008年版,第117页。

汉口路上

但是,这段对话也给后人留下了诸多想象空间:一、这段对话是否真实存在? 二、如果存在,说话者的语境是什么? 用了怎样的口气?

"史蒋对话"的多个版本

关于"史蒋对话",我现在能找到的原话有多种版本,出处也不一致。

曾任《申报》设计部主任的社会活动家黄炎培似乎亲历过史蒋面晤:"有一天,蒋召史量才和我去南京,谈话甚洽。临别,史握蒋手慷慨地说:'你手握几十万大军,我有申、新两报几十万读者,你我合作还有什么问题!'蒋立即变了脸色。此后蒋就叫陈果夫、陈立夫与申报馆多方为难,一度报纸被停邮,逼报馆撤几个人的职务,一是陶行知,另一人就是我。"[1]

史量才生前友人冯亚雄回忆,有一次,史量才在南京受国民党要人盛宴款待,席间有人故意宣传当道的威力,说有雄兵千万,足以安内攘外。史不以为然,嘲弄说:"我只能在报言报,约略估计,有数千万读报者拥护。"合座为之默然。[2]

老报人徐铸成在《报海旧闻》中写道:"我曾听说,蒋对《申报》

---

[1] 黄炎培,《八十年来——黄炎培自述》,文汇出版社 2000 年版,第 136 页。
[2] 冯亚雄,《〈申报〉与史量才》,《文史资料选辑》第 17 辑,第 161—162 页,《文史资料选辑》合订本第五册,中国文史出版社 1989 年版。

史量才:一段传说已久的"对话"

史量才肖像

和史不满,已非一日。当时也在上海地方协会挂名的杜月笙曾拉史到南京见蒋,企图调和他们的'矛盾',谈话并不融洽,蒋最后说:'把我搞火了,我手下有一百万兵!'史冷然回答说:'我手下也有一百万读者。'听说,不久就发生了沪杭公路这一血案。"①

还有一个版本没有注明出处,但更加绘声绘色:"蒋介石特地召见史量才,要求《申报》发表言论时要注意影响,并不无威胁地说:'我手下几百万军队,激怒他们是不好办的。'史量才非常反感,回答:'《申报》发行十几万,读者总有数十万!我也不敢得罪他们。'蒋介石盯着史量才,说:'史先生,我有什么缺点,你报上尽管发表。'史量才不卑不亢地回答:'委员长!你如有不对的地方,我照登,绝不会客气。'二人不欢而散。"②

从以上几个版本来看,叙述的原话和口吻不完全相同。黄炎培描述的是史量才与蒋介石晤面告别时的"将心比心",不是出言不逊的"犯上",其中还有与蒋介石合作的意思;冯亚雄的叙述中,史量才是针对自己报纸发出的感慨,所谓"在报言报",从上下文看,蒋介石似也不在座,并不是与蒋针锋相对的对话;最能体现史量才刚正不阿斗争精神的,是徐铸成的"听说"和张建安绘声绘色的转述。然而,从史家的角度来说,"听说"是不能成为信史的。因此,上述版本中,黄炎培作为史蒋面晤的亲历者,其记述应该有可研究的一面。

---

① 徐铸成,《报海旧闻》,三联书店2010年版,第14页。
② 张建安,《史量才:"人有人格、报有报格"》,《纵横》2008年第11期。

是"谈话"还是"对话"

黄炎培叙述的"有一天"的确切时间,当在1932年《申报》停邮事件以前。1932年7月,《申报》因刊发抗日时评等,遭到国民党当局忌恨,蒋介石大笔一挥:"《申报》禁止邮递。"这就是著名的《申报》禁邮案。黄炎培称,史蒋面晤是在停邮案前,根据记载,黄炎培和史量才等同到南京见蒋介石长谈只有一次,谈话应该就发生在1931年11月。

1931年九一八事变后,国内抗日情绪高涨。11月8日,蒋介石将多位上海报界、银行界、实业界、出版界、教育界的领袖召到南京,《申报》的报道称:"蒋主席为征询民众对和平、外交、建设各项问题意见,特派黄仁霖来沪邀各界领袖赴京。"黄炎培当天的日记中说:"上海被邀到者连余凡十七人……"[1]而《申报》当天刊出被邀者名字达20人,之所以有20人与17人的人数误差,我估计是原邀请人数与实到人数的差别。从当天的合影来看,蒋是与17人合影的,合影时,站在前排中间的赫然就是史量才,与蒋并列。几天后,黄炎培11月11日的日记还记着:"夜,自宁回沪诸人会餐于量才家,商大局。到者洽卿、晓籁、康侯、新之、公权、光甫、鸿生、藕初等。"[2]

---

[1] 《黄炎培日记》第4卷,华文出版社2008年版,第37页。
[2] 同上。

如果"史蒋对话"存在的话,最有可能在这次晤面中发生!"史蒋对话"有无可能被记录下来？目前没有发现这样的档案资料。而黄炎培与蒋介石都有记日记的习惯,且他们的日记与鲁迅日记不同,鲁迅日记简略,很少记大事,而黄炎培和蒋介石的日记事无巨细,非常详尽,且常常有对当天事件的议论和对自己心情的点评。"史蒋对话"既然如此剑拔弩张,理应有被记下的可能。但是,从现在公开的《黄炎培日记》和《蒋介石日记》来看,没有此对话的内容。黄炎培的日记比较简单:"十时蒋到,谈至十二时半。……夜,蒋邀餐于其家,餐毕长谈……"[①]至今未找到其他与会者关于"史蒋对话"的回忆。

让我好奇的是,在黄炎培晚年的《八十年来——黄炎培自述》中,他叙述的有些历史事件早被记录在他当年的日记中（如九一八事变当晚他在史量才家大闹麻将桌一事）,但他说的史蒋晤面却没有在当年被记入日记,这多少令人有点沮丧。因为记忆这个东西,时间越长越容易失真。

即便黄炎培追忆的史蒋晤面确实存在,从其表述来看,一、史蒋晤面,"谈话甚恰",不存在剑拔弩张之势；二、史量才说的那段话是在晤面结束后礼节性的建议,虽有唐突造次之处,但也并非故意"犯上"；三、最主要的是,史量才脱口而出后,"蒋立即变了脸色",这表明蒋闻言后不悦,但黄炎培未说蒋说了什么,所以也就无所谓"史蒋对话"。

[①]《黄炎培日记》第4卷,华文出版社2008年版,第37页。

至于徐铸成提到的杜月笙,似没有参加这次晤面,是否另有史料记载杜确实调停了史蒋矛盾呢?目前也找不到这个材料,徐铸成本人写的《杜月笙正传》,也是用了"听说"一词来叙述这个过程的:"听说,在此事(指史量才被暗杀事件——引者注)发生前,钱、杜(指钱新之和杜月笙——引者注)曾屡次在蒋前代史说项,也曾带过口信给史。最后一次,杜自告奋勇,陪史去南京面见蒋委员长,结果却谈得并不投机。"[1]这"谈得并不投机"的"最后一次",究竟是在何时何地,说了什么,缺乏必要的档案材料支持。

史量才没有顶撞动机

那么,史量才是否可能有当面冒犯蒋介石的动机?这是我最关心的。史量才对蒋介石"攘外必先安内"的不抵抗政策确实不满,曾在《申报》时评改革中倡言抗日民主。《申报》禁邮案发生后,国民党当局要求《申报》:一、改变时评态度;二、撤换陶行知、黄炎培和陈彬龢等人;三、国民党派员指导。史量才上下疏通关系,最终接受了前两条。最后一条,史量才称《申报》从未拿过政府津贴,不宜官方派员指导,当局后来也做了让步。从这一点来分析,

---

[1] 徐铸成,《杜月笙正传·哈同外传》,生活·读书·新知三联书店2009年版,第60页。

史量才首先是一个视报纸如生命的实业家。有一个回忆可以佐证史量才的实业理念——据钱梅先回忆:"(俞)颂华进《申报》后,有一天回家来悄悄地向我感慨地谈起史量才先生,今天在报务会议,我问他:'史先生,你每天拿到《申报》后,首先看的是什么?'他不假思索地回答说:'我首先看报纸上有多少广告。'可见他重视报馆的财务,我则对他说:'我首先要看的是社论,因为社论是代表报社的发言和态度。其次看新闻报道。'"①

史量才顺应民心,倡导报纸时评改革和版面创新,并不能证明他是一个义无反顾的革命家。史蒋矛盾,由来已久。在实业受到威胁时,史量才采取的方针是疏通与转圜,"《申报》禁邮案"的落幕,就是他疏通的结果。有人回忆称,直到被暗杀前,史量才仍在做疏通的努力。② 正因为如此,史量才决不可能当面顶撞权倾一时的蒋介石。当年,救国会成立后,蒋介石曾先后多次会见过救国会领导人邹韬奋、沈钧儒、李公朴和章乃器等人,据章乃器回忆,"我们事前已经约定,决不同蒋正面冲突"③。这大概是当时进步知识分子的普遍想法,与蒋介石的"正面冲突",未必是斗争的合理选择。

综上所述,我认为,从现有档案材料来看,没有找到针锋相对的"史蒋对话",它也许只是一个"传说";如果黄炎培晚年的回忆

---

① 钱梅先,《纪念颂华》,《俞颂华文集》,商务印书馆1991年版,第10页。
② 《龚德柏回忆录——铁笔论政书生色》上册,台湾龙文出版社2001年版,第228页。
③ 章乃器,《我和救国会》,章立凡,《君子之交如水》,作家出版社2007年版,第261页。

属实,从史量才说话的语气中,也无任何挑战与冒犯的口吻,而是一种将心比心的肺腑之言。如果在客观上得罪了蒋介石,不能说史有主观故意;从史量才本人的个性和他的事业心来看,直接"犯上"也无必要。如果真要"威武不屈",那他就不会费心费力去上下疏通、请人说项了。因此,一些正史引用这段传说中的"对话",来印证导致史量才暗杀的原因,是缺乏史实依据的。

严独鹤：在汉口路报馆遇刺

作家、教育家、报人，《新闻报》原副总编辑

1937年4月25日中午，《新闻报》副总编辑严独鹤像往常一样，吃过午饭，乘坐人力车去汉口路新闻报馆上班。

12点半左右，严独鹤走入报馆大门，正想跨进电梯间，突然听见身后一声断喝："严独鹤，哪里走？"一名男子突然蹿出，一把抓住他的衣领。严独鹤刚一回头，那人即从袖中抽出一把锉刀，朝他猛刺过来。他本能地伸出双手阻挡，并连连向后退避，大喊："有刺客！"那人挥刀乱刺，一刀刺中他的颈部，锉刀竟被折成两半，半截残留在严独鹤颈部，顿时鲜血喷涌而出……

主编"快活林",每日写"谈话"

严独鹤(1889—1968),名桢,字子材,别号知我,或署槟芳馆主。浙江桐乡人。少时肄业于上海制造局兵工学校附小,后入广方言馆,毕业后从事文学、新闻工作。初在上海中华书局任职,后到《新闻报》,历任编辑、副刊主编、副总编辑,前后长达30年之久,其报业生涯几乎贯穿整个民国时代。

1914年8月,严独鹤经中华书局同事、汪汉溪之子汪伯奇介绍,到《新闻报》任职。《新闻报》原"文艺栏"(副刊)名为"庄谐丛录",因内容老套,充满酸腐气,不为汪汉溪所喜,严独鹤是他改造"文艺栏"的合适人选。8月15日,严独鹤赴《新闻报》走马上任第一天,新的文艺副刊"快活林"即创刊。"快活林"创刊后,不再像"庄谐丛录"那样酸腐、守旧,而是"颇取通俗,求适于群众",以生动活泼形式,将内容融入市民社会。在选稿标准上,"快活林"以"趣味浓厚、笔意新颖"为依据,关注社会、针砭时事,并每天配以漫画,作者为马星驰、丁悚等画家,"记得1917年,军阀张勋拥溥仪复辟,旋即失败,张勋逃往荷兰使馆,托庇外人,马星驰便画了一个汽水瓶(其时汽水俗称荷兰水),那翎顶辉煌的张勋,躲在瓶中,一根大辫子翘出在瓶外(张勋留着大辫,时称辫帅),丑态引人发笑"[①]。这样的"快活林",完全突破了"庄谐丛录"的局限,为《新闻报》赢

---

① 郑逸梅,《记严独鹤》,香港《大成》杂志第129期,1984年8月。

汉口路上

丁悚收藏的严独鹤、陆蕴玉夫妇照片

严独鹤：在汉口路报馆遇刺

张恨水应严独鹤邀约而写的《啼笑因缘》在《新闻报》"快活林"刊出后，轰动一时

得不少读者。

1919年五四运动时期,"快活林"又推出"谈话"专栏,由严独鹤每日撰文一篇,以尖锐辛辣的笔锋揭露社会时弊,宣泄市民情绪、反映市民呼声。6月3日,上海爆发罢工、罢市行动,严独鹤连续发表《同胞听者》《留心假冒》《这不是起哄的事》《莫把抵制二字冷落了》《莫减了救国热度》等"谈话"文章,支持爱国运动。此后,凡遇社会事件,"谈话"必发声评论,无论是1923年的曹锟贿选总统闹剧,还是1926年段祺瑞制造的"三一八惨案","谈话"均予以犀利揭露与谴责。1932年一·二八事变后,国难当头,已无"快活"可言,为了"祛除种种压迫和苦痛""激励志气,奋发精神",严独鹤将"快活林"改名为"新园林"。从此,"谈话"专栏不再曲达民意,而是直接进行言论监督,批判意识明显增强。"新园林"创刊后第四天,严独鹤就发表一篇《问问上海人》,希望上海人"有血性、有志气",切莫放松"长期抵抗"。此后,"抗日救亡"便成为"新园林"的"谈话"主题。

严独鹤的"谈话",影响深远。曾在《新闻报》任职的陆诒在《忆严独鹤先生》一文中赞道:"他从来不板起面孔训人,而是像一个知心朋友那样,谈得非常知心。天天谈,彼此都熟悉了,便会产生潜移默化的宣传效益。"严独鹤每天坚持写作"谈话",执着而认真,据其子严祖祺回忆:"许多人认为他既能每日写一篇,一定很轻松,其实不然。他每天清晨起床,便点燃一支烟,先把当天报纸各版要闻浏览一遍,从中寻找素材。从盥洗到吃早点,他一直在构思之中。在这一段时间内,他不许家人同他讲话,以免打乱思路,大家也深知他的脾气,不在这时打扰他。他到了报馆,虽然一挥而就,但往往还要修改好几遍,直至满意,才交到排字房。"①因为坚持"谈话","外界几乎把独鹤作为《新闻报》的代表人物,不知该报尚有总经理汪汉溪、总主笔李浩然了。"②

"谈话"读者,竟是刺客

严独鹤的"谈话",虽广受欢迎,却遭遇意外变故。他本人的突然遇刺,就与"谈话"有关——原来,那个刺客名叫金甦,苏州人,在江苏法院充当录事,他长期阅读《新闻报》"快活林"副刊,竟是"谈话"专栏的忠实读者。

大约六七年前,金甦陆续写明信片给严独鹤,指责严独鹤深谙妖法,或者擅长印度人发明的魔术,能控制他人灵魂,使其精神和身体均受到莫大痛苦。字里行间,充满怨毒语气。那时,严独鹤每天会收到大量读者来信,但如此的奇谈怪论,还从未见过。他猜测写信者患有精神病,并未将它放在心上。

过了一段时间,金甦又写信来,要求严独鹤答复用"妖术"害人的理由。这一次,为了化除对方迷惘,严独鹤亲笔书写一封回信:"对于足下,素不相识,无仇无怨,又何致施弄法术,为恶意之

---

① 严祖祺,《严独鹤和〈新闻报〉副刊》,王知伊等编,《编辑记者一百人》,学林出版社1985年版。
② 郑逸梅,《记严独鹤》。

侵害?"他请金甡不要臆测别人,也不要相信世上有所谓"妖术"的存在。

金甡收信后马上回函,斥责严独鹤"自画供状",等于承认确实施行了妖术:侵害即为"恶意",哪有"善意"侵害之理? 严独鹤接信后,认为对方不可理喻。于是,写信给苏州好友程小青,请其登门造访,看看金氏究竟是怎样一个人,并设法劝导一番。很快,严独鹤就接到了程小青回信,说已见到了金甡。据程小青观察,金甡举止并不粗鲁,言语对答也有条理,但一讲到"妖术害人",却始终坚执严独鹤加害于他。严独鹤得到报告,觉得此人似已病入膏肓,对之无可奈何。哪想到,有一天金甡忽然来到汉口路新闻报馆,指名要见严独鹤。严独鹤怕引起麻烦,不愿与之见面,只委托同事出面接待。经同事好言规劝,金甡胡闹一阵后打道回府。

1936年秋天,金甡再次写信给严独鹤,要求见面。隔不多时,他就来了。严独鹤感到,这事情总得有个了断,遂在报馆会客室与金甡见了面,不过未向对方通报姓名。这一次,严独鹤反复解释,现在科学昌明,哪会有"妖术"害人之说? 但金甡根本不听,诉称自己近来受到侵害尤甚,既有内症也有外症。严独鹤问何为内症? 金甡答:"小便见血。"又问何为外症? 答:"生癣。"严独鹤听了,忍不住要笑将出来。金甡突然问道:"你到底是不是严先生?"严独鹤见其满面怒容,便谎称自己姓张,是代严先生见客。金甡听后,勃然作色,厉声道:"必要时,我必排除他,藉以除害。"临出报馆大门时,金向馆中杂役求证,得知刚才会面的人就是严独鹤本人。

此后,金甦又来过报馆,要求再见严独鹤。因未见到严本人,纠缠了好久才走。再后来,就发生了本文开头的一幕……

伤愈复出,庭上求情

严独鹤遇刺后,大声呼救,报馆里的人们迅速围拢过来,有人赶紧打电话向巡捕房报警,电梯司乘员孟家培不顾危险,大步冲上前,想夺走金甦手中锉刀。金甦威胁他站住,两人怒目相向。不久,在邻近街区巡逻的华捕赶来,与孟家培合力将金甦抓住,押送至巡捕房。

严独鹤受伤后,被送往山东路仁济医院救治,因未伤及要害处,遂转危为安。在家养伤期间,严独鹤收到大量文艺界、新闻界同仁和广大读者的慰问函电,这让他非常感动。

4月26日,法院开庭审理此案。严独鹤因伤未到,委托律师代理。被告金甦在庭上侃侃而谈,称自己大约在10年前,突然患一种莫名其妙的病,有时神志不清,经常办错事情。开头不知原因,后来在梦中发现是严独鹤使用法术所致。"平素喜读独鹤的'谈话',天天阅读,成为常课,日子久了,觉得独鹤的'谈话',具有特殊的魅力,不读也就罢了,读了精神上就受到他的控制,什么都不由自主,可知独鹤是有'妖法'的",于是与严独鹤交涉,但对方拒不承认"施害","我为了安定自己的精神,不得不向他行刺",①准备让其身体也受到病苦,以此发泄心中愤懑。

一周后,法院再次开庭审理此案。严独鹤因伤尚未痊愈,再次缺席,仍全权委托律师代办。捕房律师首先发言,说在延期审理此案期间,被告供述那把行凶的锉刀购自汉口路161号瑞昌五金店,价款4角5分。法庭命被告陈述意见,金甦答道:因受严独鹤法术加害,所以准备报复,但此事自知太无根据,别人很难相信。庭长宣称,经法医检验,被告果真患有精神疾病,但症状轻微。说完,命法警将法医报告书递给被告代理律师查阅。金甦立即起立,否认自己患有精神病,对法医鉴定结论不服。庭长认为,本案受害人严独鹤的伤势还须经法医鉴定,所以谕令案件再延期一周重审。

5月10日上午,法院第三次开庭审理。此时,严独鹤伤已痊愈,因此偕同律师一起出庭。法庭认为,经法医再次检验,确认金甦患有思维不健全的精神病,得此病者,往往仇恨心理较重,对社会和个人均有危险,且为不治之症,须用隔离或看守方法,预防其行为失当。严独鹤在庭上表示,本人此次受伤不重,请求法庭对被告从轻处罚,但考虑到个人、公众及被告将来的人身安全,请再给予保安处分,交付地方监护。随后,金甦起立发言,仍坚持己见,称刺严的锉刀系日用产品,质量可靠,非常坚固,极不易折断。但此案发生时,他与严并未十分抗争,锉刀却被折成两半,由此证明,严独鹤确有"妖术"。

---

① 郑逸梅,《记严独鹤》。

双方经过激烈辩论，各执一词。最终，法庭判被告金甦有期徒刑六个月。金甦提起上诉，二审法院维持原判。

事后，有人问严独鹤对此案判决有何感想，他真诚地说："金氏既然患有精神衰弱症，我希望法院对其从轻处罚。但为保证其将来安全和及时治疗，又请求给予保安处分。我之所以提出这样的请求，完全出于公众安全的考虑，并非只图个人得免后患。"[1]

后来，金甦被送往精神病院治疗，因他家庭困难，由严独鹤资助了他的医疗费用。

---

[1] 严建平，《严独鹤传》，华文出版社2020年版，第129页。

汉口路上

20世纪40年代,严独鹤在家中读报

严独鹤：在汉口路报馆遇刺

汉口路 274 号的新闻报馆，后成为解放日报社所属大楼

毛彦文：慕尔堂内的传奇婚礼

教育家，曾任复旦大学教授、女生宿舍总管

汉口路西藏路口的慕尔堂(今沐恩堂)，既是基督教徒举行礼拜的圣地，也是达官贵人或贵族之家举行婚典的礼堂。

当年在慕尔堂举行婚礼，是非常引人注目的隆重仪式。1927年12月，蒋介石、宋美龄在上海结婚。宋母倪桂珍原指望蒋宋婚礼能在慕尔堂举行。一方面，宋父宋耀如曾在慕尔堂主持过传教事务；另一方面，长女蔼龄与孔祥熙在日本结婚、次女庆龄与孙中山私奔东瀛成婚，皆错过了在慕尔堂举行婚礼，心里总觉遗憾，故希望美龄能适其所愿。但是，因蒋介石离过婚，监理会禁止牧师主持离婚者的再婚仪式,倪桂珍最终未能达成愿望。

白发红颜,携手成婚

慕尔堂新堂建成后,在此举行婚礼已成常事。其中,最传奇、最浪漫的婚礼,莫过于民国前国务总理熊希龄与传奇女性毛彦文的结婚仪式。

熊希龄、毛彦文婚礼照片

熊希龄(1870—1937)，字秉三，湖南凤凰人。清光绪进士，任翰林院庶吉士。1912年任吴淞中国公学校长，后任北洋政府财政总长。1913年当选为民国第一任民选总理。晚年从事慈善和教育事业，曾创办香山慈幼院，并任中华教育改进社董事长。

毛彦文(1898—1999)，浙江江山人，生于乡绅家庭。1914年入杭州女子师范学校学习，1916年在吴兴湖郡女校读书，1920年考入北京女子高等师范外文科，两年后，她转学至南京金陵女子大学。1925年毕业后在南京江苏第一中学任教，后成为吴宓追慕一生而不得的"海伦"。1929年秋，毛彦文赴美国密西根大学教育系深造。1931年夏学成归国，到复旦大学任英语教授兼女生指导。

熊希龄与毛彦文，两人年纪相差28岁（其时熊66岁，毛37岁），实属"白发红颜"。1935年2月，忽然传出两人结婚，世人皆惊。2月8日，他们两人在慕尔堂举行婚礼，引起万众瞩目，"社会人士无不称为佳话韵事"。

浪漫韵事，始于复旦

熊希龄与毛彦文的"韵事"，始于复旦校园。而最后决定权，则由毛彦文掌握。

1931年，毛彦文留学回国。回国前，毛彦文致函她在北京女高师的老师、时任上海暨南大学文学院院长的陈钟凡教授，"恳他代找一教职"。不久,陈钟凡回复毛彦文称,已为她在暨南教育系谋到一个教授职位。8月底的一天,由陈钟凡陪同,毛彦文见到了暨南大学郑洪年校长。郑洪年对她说:"毛先生,你是专任教授,月薪二百元,每星期教六小时课,校中需要女生指导,所以请你担任此职,住在女生宿舍,你必须严厉管理女生,有什么问题和我磋商。"①

这个决定,让毛彦文很满意,因为她在上海没有住处,做女生指导可住在校内女生宿舍。可是没过几天,陈钟凡就传话给毛彦文:"郑校长说,你年纪太轻,女生指导恐不能胜任,已另聘他人……你可以加六小时课,每周十二小时,仍为专任教授。"不做女生指导,就意味着不能住校,毛彦文感到"又气又失望"。郭美德是毛彦文留学时的同学,其时正在复旦任教,她告诉毛彦文:"复旦正在物色女生指导,我陪你去见李登辉校长,也许他会请你。"

第一次见到李登辉校长,毛彦文记忆深刻:"……华侨出身,毫无官僚气派,爽真诚恳,系一恂恂儒者。"李登辉当场答应,让毛彦文做复旦女生指导,"可是他说只做女生指导,怕女生轻视,还须教几点钟课,于是马上找来教育系主管安排科目与钟点,每周教五小时。李校长用英语对我说:'Don't push the girls too hard. You work slowly but steadily.(不要把女生们逼得太紧,你做事要慢而稳)'"。从此,毛彦文在两所大学任职,复旦在江湾,暨南在真如,"每周一、三、五三天在暨南,余时在复旦"。②

---

① 毛彦文,《往事》,商务印书馆2012年版,第32页。
② 同上,第32页。

毛彦文住在复旦女生宿舍。复旦女生宿舍建于 1928 年，是 1927 年复旦实行男女同校后的建筑，粉墙黛瓦，宫殿样式，非常气派，因位于当年校园东侧（子彬院和燕园之间，面向简公堂），被男生戏称为"东宫"（1937 年八一三事变中被毁）。"东宫"门禁森严，门口立有"男宾止步"禁牌，把门的校工看守严格，外来客人一律被阻在会客室，不得入内。因为神秘，当年一位经济系男生写了一篇《东宫春秋》在壁报上连载，渲染"东宫"内幕，竟轰动全校。

在"东宫"，毛彦文遇到的最尴尬的一件事，是熊希龄前来求婚。熊希龄最早与复旦结缘，是在 1905 年复旦公学创办时期，他是 28 位发起人之一，也是复旦校董。因为毛彦文湖郡女校的同学朱曦是熊希龄的内侄女，毛彦文与熊家来往热络。1934 年 10 月，丧偶独居的熊希龄抵沪，住在朱曦家中。一天，朱曦突然出现在"东宫"，与毛彦文叙旧。不几天，朱曦又来，几番往返，最终提出代姑父求婚一事，毛彦文吓了一跳："这怎么可以？辈分不同，你的姑父我称老伯，再说年龄也相差太多。"朱曦说："你如果不答应，我只能请秉公（即熊希龄）亲自出马了。"

第二天下午，髯须飘拂的熊希龄果然出现在"东宫"会客室。毛彦文回忆，"……这使我非常的窘，因为女学生看了这样一位男客，一定会引起注意及好奇心。"熊希龄走后，毛彦文急忙打电话给朱曦，"请她转告秉公勿再来复旦"。朱曦说："姑父不去复旦可以，但你必须来我家。"不久，熊希龄的长女熊芷由北平赶到上海。毛彦文记得，她"那时已有五六个月的身孕，有一天她忽然来复旦看我，开口便说：'您可怜可怜我吧，看我这样大肚子由北平赶来

毛彦文：慕尔堂内的传奇婚礼

熊希龄毛彦文婚后小照

汉口路上

熊希龄与毛彦文

上海,多么辛苦。我是来欢迎您加入我们的家庭的。'……我脱口而出问她:'你读过 Longfellow(指诗人朗费罗——引者注)写的替人求婚的故事吗?那个女郎 Priscilla 说'Why don't you speak for yourself, John?'(约翰,你何不替自己说话呢?)'熊芷会意地说:'好!我请父亲自己来。'"①

后来,熊希龄就由朱家迁至静安寺路沧洲饭店暂住,不时以车到江湾复旦接毛彦文晤谈。如是交往约两个多月,毛彦文为熊希龄真情感动,终于应允。于是,她向李登辉校长请辞教职,准备结婚。谁知李登辉对毛彦文执教非常肯定,以"聘期未到"为由不允。因为熊希龄曾任复旦校董,经他亲自到复旦磋商,才得到谅解。

世纪婚礼,万众瞩目

1935年2月8日,熊希龄剃去髯须,在慕尔堂和毛彦文正式结婚——白发红颜,终成眷属。

关于这场慕尔堂婚礼,1935年2月9日《申报》曾以《慕尔堂中熊希龄续谱求凰曲》为题,刊出了长篇报道:

前国务总理熊希龄氏,于昨日下午三时与其新夫人毛彦文女

---

① 毛彦文,《往事》,商务印书馆2012年版,67—70页。

士在西藏路慕尔堂举行婚礼。熊氏高龄,已逾花甲(六十六),儿孙成行,四年前痛赋悼亡后,对社会事业,仍孜孜未倦,惟内助乏人之感,至近年而益深,乃因其内侄女之介绍,重谱求凰,与年仅三十许之毛女士结婚。婚前须长及尺,恐为新娘所不喜,竟自剃去,且因不谙教堂中结婚仪节,于前日午后二时半,在慕尔堂练习达一小时半之久,一时报章传载,社会人士无不称为佳话韵事。故昨日前往观礼者,除熊氏及女士之亲友外,冒雨伫立慕尔堂前,希图一观熊老及新娘丰采者,亦大有人在,各报社亦特派记者,到场采访,记述一切。

车盖云集 二时许,矗立于西藏路畔之慕尔堂前,即已车盖云集,彼峨特式建筑之教堂,虽为绵绵春雨剪剪寒风所笼罩,然因嘉宾喜气洋溢,反若张其笑口,以示欢迎,入门处左旁,为签名处,更左有柜台二,诸人正忙着收受礼物,及开发使力。

群贤毕至 签名册计二册,系旧式账簿,但此一平凡纸簿竟蒙如许名流学者闻人名媛所品题笔。走龙蛇者有之,纤细婉约者有之,或谓实上海近数年来少见之名人签名簿也,到者有黄郛、李石曾、覃振、吴铁城、潘公展、褚辅成、贺耀祖、施肇曾、刘鸿生、叶开鑫、虞洽卿、张公权、钱新之、陈光甫、王晓籁、张耀翔、赵晋卿、林康侯、章士钊、狄楚青、高鲁、董显光、薛笃弼、黄庆澜、赵叔雍、张寿镛、唐寿民、江小鹣、梅兰芳、胡笔江、杜月笙、张啸林等,及女宾约五百余人,其中尤以女宾为多,可谓群贤毕至,少长咸集矣。

花篮成阵 慕尔堂内部之壮丽,为上海各教堂之冠,讲坛作半圆形,计三级,每级缀柏叶,列以花篮,群芳吐艳,宛若花阵,总计不下百十只之多,其中有冯玉祥及梅兰芳所致送者,尤使人注目,最高处为奏乐之所,宗教意味与袭人花气交融,礼堂中乃益感甚崇高甜蜜矣。

白发红颜 三时正,来宾齐集礼堂,即由该堂朱葆元牧师证婚。结婚进行曲悠扬起奏后,熊氏及毛女士即由二少童及男女傧相朱庭祺夫妇,引导缓步入堂,及讲坛前而止,熊氏衣蓝袍黑褂,颔下濯濯,望之如五十许人,恂恂然儒者风度,新娘衣妃色礼服及地,披白色婚纱甚长,为年虽已逾卅,然眉目间青春犹在,固一及算之美丽少女也,谓为二十许人,或可相当,朱牧师即举行耶教结婚仪式,郑重迅速,未半小时,即告完成。婚礼进行中,新郎始终未示笑容,新娘亦颇矜持,惟当牧师读主文至"熊希龄先生与毛彦文硕士……"时,新娘忽赧然微笑,岂念昔年窗下,万里洋所造就者,至今已得有归宿而喜欤。结婚仪式虽已于前日练习一次,然新娘固已见娴熟,新郎则犹未能按部就班,惟随新娘亦步亦趋而已,朱牧师亦兼任指导。在场之摄影记者甚多,争相摄影,惟慕尔堂规例,礼堂中不许摄影,故堂中仆役,时加阻止,虽言者谆谆,而听者藐藐,卒被饱摄而去。

妙联拾隽 礼毕,熊氏即偕新娘及傧相等出,稍事休息,以待晚间在北四川路新亚酒楼宴客。席设新亚底层,二十余桌,壁间悬喜帐甚多,且多妙联,兹抄录其隽永幽默者数联如下:门生刘辅宣联云:"凤凰于飞,祥兆'熊'梦,琴瑟静好,乐谱'毛'诗。"郑洪年联云:"儿孙环绕迎新母,乐趣婆婆看老夫。"冯陈昭宇联云:"旧同学成新伯母,老年伯作大姐夫。"九六叟马良联云:"艳福晚年多人成佳偶,春光先日到天结良缘。"章士钊:"几峰苍洞求凰意,万里丹山引凤声。"又识云:"张雨诗,弟几峰前苍至洞,何年于此凤求凰,乙亥元月,秉老与毛彦文女士结婚上海慕尔堂,合此诗意,爰并采韩退之句,缀联申贺,离凤新声,桐花为期,海内亲朋,洗耳同听,钊亦僭为属辞云耳。"又有自署七十二不老叟崔通约者,集联尤见工允:"老夫六六新妻三三,老夫新妇九十九;白发双双,红颜对对,白发红颜眉齐眉。"

洞房一瞥 熊氏新居,在辣斐德路一三三一号花旗公寓三楼三十六号,计会客室、卧室二、厨房一、浴室一,月租二百数十元,颇富丽。当中央社记者叩门时,有一男仆出迎,屋中器具,均系房主所备,其他什物,则类皆亲友所赠,或借给者。壁上除九六叟马相伯对联,及熊之内侄朱经农等之喜词外,尚有恽寿平题吴门女史范雪仪之工笔人物"才媛著书、采笔画眉、吹箫引凤、蓝桥仙侣"等八幅,尤见名贵,并有一二西洋名画,其一犹可忆及为 J. Henner 之 Fabiola,卧室中新床系对合式,或颇适用于熊老乎。

佳话一束 熊毛结婚,传为佳话,故昨日所来贺客特众,且皆欲一觇皓首娥眉。当未行礼前,宾客相聚一堂,谈笑取乐,有谓新娘年龄不止三十三,实为三十九。其后段芝泉代表梁鸿志来,梁熊原属同僚,初晤新郎,握手为礼,继见熊于思已剃,不期伸掌摩熊下颚,引得哄堂大笑,有人劝许世英效颦剃须,将为偷闲学少年。

……

从上述报道中,我们既可以看到当年熊希龄、毛彦文婚礼的排场,也可领略慕尔堂内的盛景。

事实上,当年在慕尔堂举行婚礼者,还有很多(如王元化与张可1948年3月就在慕尔堂举行过婚礼)。然而,像熊、毛婚礼如此吸引媒体和社会关注的,应该绝无仅有。

附录

汉口路百年大事记（1843—1949）

1843 年

11月，英国领事巴富尔抵沪，上海开埠。开埠后，黄浦江边（外滩）有几条东西向的泥路，汉口路（此时尚未命名，为今汉口路山东路以东段，下同）是其中一条。

1844 年

上海公墓公司成立，在汉口路近外滩处购地。此地后与广隆公司交换，建起新的江海关衙署（俗称"新关"）。交换得来的地皮（今汉口路山东中路口），建起了山东路公墓（又称"外国坟山"）。

1845 年

新的江海关衙署正式建成，位于上海县城北门外（今中山东一路13号海关大楼原址）。新江海关北侧的泥路，被称为"海关路"

(今汉口路山东路以东段)。

11月29日，上海道台宫慕久与巴富尔签订《上海土地章程》，规定在英租界内，须保存自东向西之"通江四大路"，其中一条在"海关之北"，即指海关路。

1846年

英租界组织"道路码头公会"（即"道路码头委员会"），这是租界市政管理委员会性质的机构，也是上海公共租界工部局的前身。

1847年

4月10日，老圣三一堂在汉口路、江西路、九江路之间建成。江西路这段路因此被称为"教堂街"。

1850年

6月，老圣三一堂因暴雨导致屋顶塌陷。教堂募捐修缮经费，得5 000枚银元。

1851年

5月4日，老圣三一堂重新开放。

1853年

9月7日，刘丽川领导的小刀会起义。8日，英国人趁乱将外滩江海关衙署破坏,官员逃散,英国人趁机派兵占据江海关。

1855 年

英租界工部局重新铺筑四条东西向干道,即纤道路(今九江路山东路以东段)、海关路、教会路(今福州路山东路以东段)和北门路(今广东路河南路以东段)。海关路向西延筑到湖北路。

1857 年

江海关在原址重建,衙署为中国古庙式建筑。

罗元佑主持的"公泰照相楼"在江西路与河南路之间的汉口路开设,这是上海最早的华人照相馆。不久,"苏三兴照相楼"在公泰照相楼隔壁开张。

1861 年

英国人赫德代理江海关总税务司,两年后任江海关总税务司。

朱剑吾主持的"老妙香室粉局"在汉口路昼锦里(今汉口路山西路口)开张。这是上海第一家生产化妆品的工厂,也是中国第一家化妆品专营店。

1862 年

海关路(汉口路段)向西延至今西藏中路。

老圣三一堂再遭暴风雨袭击损毁,遂被拆除。

1865 年

12月,英租界工部局将海关路正式命名为"汉口路",俗称"三马路"。同时被命名的还有"大马路"南京路、"二马路"九江路、"四马路"福州路和"五马路"广东路等二十几条道路。

1869 年

圣三一堂新堂在老圣三一堂原址(今汉口路、江西路、九江路之间)建成开放。因墙面为清水红砖,俗称"红礼拜堂"。

1870 年

据当年人口普查,在汉口路上居住的中国居民为1 167人,其中男性786人,女性381人。

1872 年

4月30日,《申报》创刊(原名《申江新报》)。

1875 年

圣三一堂被英国维多利亚女王升格为英国圣公会主教座堂。

1882 年

9月,申报馆迁至汉口路江西路口,位于圣三一堂南侧。

1884 年

5月8日,《点石斋画报》创刊,编辑部设在汉口路江西路口的申报馆。

1887 年

美国传教士李德创立监理会堂(后改名为慕尔堂),位于汉口路云南路交会处。

1890 年

美国传教士林乐知购得汉口路西藏路转角地,建中西女塾校舍。

1892 年

3月,中西女塾开学,校名初为"墨梯学校"。

1893 年

江海关廨署改建成维多利亚风格建筑。

圣三一堂东南角增建方形塔楼和连廊。

2月17日,《新闻报》创办,馆址在望平街西侧。

1896 年

6月26日,《苏报》创刊,后馆址迁往汉口路20号。

汉口路上

1899 年
美商福开森从英国人丹福士手中买下《新闻报》。

1904 年
工部局提出,拟将汉口路、江西路、福州路和河南路所围合的街区地皮买下,以建设工部局新大楼。

宋庆龄入学中西女塾。

1905 年
扬帮菜馆"半斋酒楼"在汉口路(今汉口路 596 号)开设,后改名为"老半斋"。

10 月,户部银行上海分行在汉口路 3 号(今汉口路 50 号)创办,后改称大清银行上海分行。

11 月,李春来主持的"春桂茶园"在汉口路湖北路口开张。春桂茶园是最早以西方剧院形式改造旧式茶园结构的戏院。

1906 年
3 月,周信芳到沪,在春桂茶园为李春来做配角垫戏。

1908 年
春桂茶园一度改名为"春贵茶园"。

《新闻报》在汉口路购地造房。

1909 年

新闻报馆四层楼洋房建成(地址原为汉口路19号,后改为汉口路274号)。

11月18日,早期西式剧院"文明大舞台"(简称"大舞台")建成,大门开在汉口路(原汉口路168号)。

1911 年

11月5日,宋汉章与叶景葵、项藻馨、吴鼎昌等人集议,成立大清银行股东联合会,设办事处于汉口路3号大清银行上海分行楼上。12月4日,该会改名为大清银行商股股东联合会。

1912 年

孟渊旅社在汉口路湖北路口(今湖北路227号)开业。

1月28日,大清银行商股股东联合会召开大会,宣布中国银行成立,大清银行停业清理。

2月5日,上海中国银行在汉口路大清银行上海分行旧址开幕营业。

1913 年

6月22日,鲁迅南下探亲,宿孟渊旅社。

10月10日,春桂茶园重新开张,改名为"中华大戏院"。14日至16日,孙中山在中华大戏院发表关于社会主义学说的演讲。

1914 年

圣三一堂安装电动鼓风的大型管风琴,这是远东最大也是第一个使用的电鼓风管风琴。

5月23日,赫德铜像设立于九江路外滩。

8月15日,严独鹤到《新闻报》走马上任,《新闻报》副刊"快活林"创刊。

1915 年

罗振常主持的蟫隐庐书庄在汉口路山西路口开设。

1916 年

史量才收购合资人股权,独家经营《申报》,任申报馆总理(总经理)。

李心齐主持的"永顺祥礼品湘绣局"在汉口路福建路口开设。

5月11日,北洋政府发布"停兑令"。12日,众多持券兑银者包围汉口路3号上海中国银行大门,场面混乱,交通阻塞。

1917 年

中华大戏院改名为"亦舞台"。

1918 年

10月10日,申报馆新大楼在汉口路望平街(今汉口路309号)落成。

1919 年

5月2日,美国教育家、哲学家杜威偕夫人到访申报馆,胡适、蒋梦麟和陶行知陪同。

1920 年

年初,黄奕住到申报馆拜访史量才。

2月,不满10岁的杨绛随姐姐到申报馆,看望时任《申报》副刊编辑的父亲杨荫杭。

10月16日,英国学者罗素到访申报馆。

12月起,荀慧生到亦舞台演出《诸葛亮招亲》,长达24个月。

1921 年

邹韬奋到申报馆经理室实习三周。

1月,华商证券交易所在汉口路422号开张。

7月5日,中南银行在汉口路4号(后改为110号)开张。

11月21日,《泰晤士报》老板北岩爵士到访申报馆。

12月23日,美国新闻学家格拉士到访申报馆。

1922 年

秋,程砚秋首演于亦舞台,一炮打响。

11月,公共租界工部局大楼在汉口路、江西路、福州路和河南路之间建成。大门朝向汉口路江西路口(今汉口路193号)。16

日,举行工部局大楼落成礼。

1923 年

4月,"东方旅社"在汉口路浙江路口开张。地址在汉口路222号(后为613号、666号)。

1924 年

亦舞台被转让拆除,原址上建起惠中饭店(今汉口路515号)。

杜秉权主持的"中美一湘绣庄"在三马路昼锦里(今汉口路393号)开张。

1925 年

5月30日,五卅运动爆发。恽代英等领导的指挥部设于汉口路湖北路口孟渊旅社314房间。

1926 年

4月28日,胡适应上海妇女会、基督教上海青年会邀请,在汉口路云南路交界处的慕尔堂老堂作《英庚款委员之任务》的演讲。

1927 年

8月,黄金荣取得文明大舞台经营权,遂改称"荣记大舞台"。

年底,上海海关大楼在外滩江海关衙署原址上建成。赫德铜像遂移至汉口路外滩,面向海关大楼。

1928年

年初,新闻报馆在汉口路原址建造新的钢筋混凝土大楼,该大楼即为后来的"274号大楼"。

9月28日中秋之夜,中共地下党员熊瑾玎、朱端绶在汉口路陶乐春川菜馆举行婚礼。周恩来、李立三、李维汉和邓小平等出席。

1929年

史量才从美商福开森手中购得《新闻报》部分股权。将《新闻报》改为华商股份有限公司。

1930年

申报馆南侧添建新屋一座。

12月,梅兰芳到大舞台演出。

1931年

慕尔堂新堂在汉口路西藏路口(今西藏中路316号)建成。

1月17日,林育南、何孟雄、柔石、殷夫等中共地下党员在东方旅社被捕,后被国民党当局杀害。史称"东方旅社事件"。

6月,杨寿祺主持的来青阁书庄迁至汉口路706号(近广西路)。

1932年

王富山主持的"富晋书社分店"迁至汉口路云南路口。

唐妙权主持的"大壶春馒头店"开张于汉口路四川路口。

4月24日,对日空战牺牲的美国飞行员肖特葬礼在慕尔堂举行。

1933年

大舞台停业拆建。

11月6日,扬子饭店在汉口路云南路交界处正式开业。

1934年

3月3日,黎锦晖组织的华人"清风舞乐队"在扬子饭店舞厅正式演出。

9月9日,大舞台在原址上改建落成,大门朝向九江路(今九江路663号)。开幕时由梅兰芳、马连良两大剧团联合演出。

1935年

2月8日,熊希龄、毛彦文在慕尔堂举行结婚典礼。

3月7日晚,阮玲玉在扬子饭店舞厅最后一次跳舞,次日凌晨自杀。

11月23日,胡蝶、潘有声在圣三一堂举行结婚典礼。

1937年

4月25日,严独鹤在新闻报馆门口遇刺。

8月13日,八一三事变爆发。汉口路华商证券交易所停业。

1939年

小有天闽菜馆(原汉口路148号)易主,改名为"天乐园"。

工部局大楼由局部四层加建至全部四层。

1940年

姚莉在扬子饭店舞厅演唱陈歌辛创作的歌曲《玫瑰玫瑰我爱你》,引起轰动。

1941年

12月,太平洋战争爆发。圣三一堂被日军占领。

1942年

汉口路外滩上的赫德铜像被日军拆除。

工部局总务处、警备处、财政处等重要机构为日本人控制,日本人冈崎胜男任工部局总董。

1943年

8月,日军策划将公共租界"交还"汪伪政权,在工部局大楼举行"交还"仪式。工部局消亡。

11月,华商证券交易所受汪伪政权命令复业。

1945 年

9月12日,国民政府正式对伪上海特别市政府实行接收,国民党市长钱大钧、副市长吴绍澍正式视事,组成上海市政府,设址于汉口路江西路原工部局大楼。

1946 年

申报馆南侧新屋上添建一层,为六层。

2月10日,宋美龄代表蒋介石在市政府大楼(原工部局大楼)市长办公厅举行授勋典礼。13日,蒋介石在市政府大楼礼堂会见中外记者。

5月20日,国民党新市长吴国桢到任。

1947 年

12月1日,汉口路举行黄包车皇后大赛,俄籍小姐琼南迦夺得皇后桂冠。

1948 年

8月,华商证券交易所正式更名为"上海证券交易所"。

1949 年

5月27日上海解放,《申报》停刊。申报馆由解放日报社接收,成为《解放日报》编辑部所在地。

5月28日,新旧政权交接仪式在原工部局大楼举行。原工部局大楼成为上海市人民政府办公大楼。

6月10日,上海证券交易所大楼被上海市公安局查封。

10月2日上午8时,市军管会及市人民政府在市人民政府大楼(原工部局大楼)举行升国旗典礼,庆祝中华人民共和国中央人民政府成立。

人名索引

A

阿礼国 10

爱因斯坦 24,25,27

B

巴富尔 4,19

巴金 108

白先勇 364

包惠僧 318

包天笑 101,103,104,270,271

北岩爵士 136

贝尔 50,353

毕倚虹 104

步惠廉 71

C

蔡乃煌 131

蔡元培 98,298,306

曹聚仁 14,82,83,99,101,105,106,112,215,229,230,245,269

陈存仁 106,243,277,278

陈蝶衣 56

陈定山 257,362-364

陈独秀 119,120,245,319

陈歌辛 357,358

陈光甫 165,170,410

陈果夫 34,382

陈嘉庚　374

陈景韩　103,132,135

陈立夫　382

陈其美　167-169

陈群　155

陈望道　324

陈毅　28,29,31

陈虞钦　320

陈玉梅　56

陈钟凡　404,405

陈宗妫　162

程砚秋　244

村松梢风　75,76

D

戴季陶　34

戴笠　28

丹福士　94,146

德维特　59-61

邓小平　226

邓颖超　327

狄楚青　103,107,410

丁崇吉　12

丁玲　107

丁悚　348,391,392

董竹君　227

杜秉权　116

杜威　135,136

杜月笙　40,346,384,387,410

F

樊樊山　208

樊仲云　286

范季美　35,37

冯铿　334-336

冯雪峰　334,335

福开森　94,146-148,151,152,157,380

G

盖叫天　244,247,254,255,258

格拉士　136

宫慕久　4,19

辜鸿铭　98

顾颉刚　289,326

顾维钧　202,203

顾正红　318

顾执中　156

郭美德 405

郭外峰 34

H

哈定 25

海淑德 65,67,73,75

何葆贞 327

何秉彝 320

何孟雄 334-336

何纫兰 71

何香凝 185-187

贺昌 326,327

赫德 11-17

胡笔江 175,178,180-184,375,376,410

胡道静 84,86,306

胡蝶 56-61

胡汉民 360

胡蓉蓉 59-61

胡少贡 60

胡适 28,86,119,120,135

胡也频 107,334-336

胡愈之 324,326

华克之 327,328

黄保罗 357

黄楚九 229,230

黄金荣 251,253,254,256

黄慕兰 326,327

黄钦书 372

黄裳 279,280,282,283,290,308,309

黄炎培 97,98,375,382,384-388

黄奕住 137,175,177,180,181,184,367,369-379

黄浴沂 184

黄志坚 343,355,357

黄仲涵 371,372

J

江亢虎 241

姜妙香 253

蒋介石 27-29,34,35,120,155,327,336,381,384-389,402

蒋梦麟 135

蒋芷湘 94,130

焦发昱 162,163

芥川龙之介 214

金少山 253,254,256

金甦 395-399

瞿秋白 334

K

卡莱斯 20,21

凯德纳 50,51

柯灵 122,124

孔祥熙 402

L

黎拔可 212

黎东方 317,318

黎锦晖 345,346,348

黎铿 59-61

黎烈文 141

黎民伟 352

李春来 237-241,244,247

李登辉 376,378,379,405,409

李阁郎 192,194

李公朴 388

李鸿章 15

李立三 226,334

李梅庵 208-210,212

李蟠 343

李求实 334-336,338,339

李泰国 11,12

李维汉 226

李文俊 108

李政道 87

连吉生 75,76

廉泉 164,166

梁启超 97,280

梁士诒 181

林乐耕 37

林乐知 65-67

林育南 335,336,338,339

刘半农 114,215-217

刘大白 324

刘丽川 7,9

刘芦隐 360

刘少奇 327

刘湛恩 87

柳亚子 97

卢永祥 148

鲁迅 141,215,221-224,272,287,289,296-299,303,322-325,335-337,386

陆谦受 39,40

陆士谔 117,118,240,241,250

罗素 135,136

罗元佑 194

罗振常 291-294,296,302

罗振玉 292,295,296,302,303

M

马栋臣 282,302-304,308

马连良 243,244,253

麦都思 265

毛彦文 367,402-409,411-413

毛泽东 29

茅盾 42,43,45,122,320,322,324

梅兰芳 107,210-214,220,251-253,260,410,411

美查 94,130,131,263,267,271

米夫 334

墨菲 376

墨梯 65-67

慕尔 79,80

N

倪桂珍 117,402,403

聂耳 349,350

O

欧阳予倩 322,323

P

潘汉年 28,334

潘有声 56,58,59,61

彭砚耕 335,338,339

平襟亚 122,215,216

蒲安臣 14

Q

钱伯城 279,280

钱梅先 388

钱昕伯 130

钱杏邨(阿英) 280,308,334

钱玄同 217

邱子昂 267

R

任黛黛 362-364,366

柔石 221,334-336

阮玲玉 56,350-354

S

沙孟海　296

邵洵美　108

沈从文　107

沈慧芝　140

沈寂　114,116,117

沈钧儒　388

盛宣怀　146

施蛰存　283,295,296

史浩德　50,51

史量才　107,131,132,135 – 138,140,141,148,157,175,367,374,375,379 – 389

司徒乔　215

宋霭龄　71 – 73

宋汉章　163 – 172

宋魁文　305,306

宋美龄　71,73,117,402

宋庆龄　71 – 73,117

宋耀如　71,72,83,84,402

宋子文　183,184

孙凤鸣　327

孙科　183,346

孙诒让　294,295

孙中山　29,34,72,105,164,169,241,402

T

唐大郎　86,215,258,362

唐德刚　7,9,10

唐海安　343,344

唐槐秋　322,323

唐季珊　343,352,353

唐妙权　230,231

唐妙泉　230

唐绍仪　168,378

唐瑛　71

陶行知　135,382,387

特纳　22

田汉　59,323

铁瑛　40

W

汪伯奇　154,391

汪汉溪　94,107,148,151 – 155,391,395

汪精卫　327

汪康年　97

汪笑侬　244-246

汪原放　119,120

汪仲韦　154,155,158

汪仲贤　215

王伯祥　308,309,324,326

王凤卿　107,251,253

王富晋　301,302,304-308,310

王富山　301,307,308

王国维　294,295

王明　334

王韬　19,112,130,192,194,197,198

王亚樵　327

王映霞　221

王又宸　243

王钟声　245

威妥玛　11,14

魏德卯　21

闻兰亭　34

翁同龢　14

邬达克　78,80,179

吴鼎昌　164,182,184

吴国桢　28,184

吴健彰　7,10,11,194

吴引孙　304,306

吴友如　54,261,263,265,267,269,271-275

X

席裕光　162

席子佩　131,132,140

夏丏尊　324,325

夏瑞芳　118

夏衍　334,338

萧长华　253

肖特　86,87

熊瑾玎　224-227

熊希龄　403,404,406-409,411,413

徐悲鸿　272

徐来　119,343,346-348

徐孟园(徐孟渊)　316,331,338

徐天放　155

徐新六　183,184

徐铸成　28,137,152,153,384,387

许广平　221,289,296

许少卿　107

许寿裳　298,337

薛正　78

人名索引

荀慧生 243,244

Y

严独鹤 147,148,155,207,217,220,323,367,390-401,417

严谔声 155

严幼韵 71

颜文樑 278

阳翰笙 121,334

杨步伟 71

杨绛 137,138

杨寿祺 277-283,285,290,302

杨锡珍 76

杨荫杭 137

杨云溪 277

姚莉 355-357,359

叶景葵 163,164,170

叶圣陶 221,324,325

奕劻 162

殷夫 335,336

尹景伊 320

于右任 97,376

虞洽卿 34,35,38,80,410

郁达夫 141,221-224

袁昌英 71

袁美云 61

袁牧之 83

袁鹰 42

恽代英 319

Z

曾国藩 10,271

张爱玲 122-124

张达民 352,353

张嘉璈 39,165,170-172,184

张謇 131,140,380

张静江 34

张乐怡 71

张让三 296

张石川 56

张叔和 146,166,167

张亚庸 156

张玉华 327,328

张元济 118,119,210,212,277

张竹平 132,133,135,138,344

张作霖 156,157

章乃器 388

章太炎 277,278

赵丹　349,350

赵祖康　28,29

郑孝胥　210

郑逸梅　55,104,105,208,209,391,395,398

郑振铎　274,278,281-287,289,295,297,308,323,324

郑正秋　56

周恩来　120,121,226,227,327

周恩霁　120,121

周劭纲　120,121

周瘦鹃　121,216

周颂西　75

周信芳　215,241,258

周璇　345,355,357,359

周予同　324,326

周越然　119

周作人　217,274,296,298

朱端绶　224-227

朱桂珍　239

朱剑吾　113

朱曦　406

朱自清　324,325

邹韬奋　138-140,388

参考书目

《上海通史》,熊月之主编,上海人民出版社,1999年。

《上海史》,唐振常主编,上海人民出版社,1989年。

《上海租界志》,史梅定主编,《上海租界志》编辑委员会编,上海社会科学院出版社,2001年。

《上海海关志》,《上海海关志》编纂委员会编,上海社会科学院出版社,1997年。

《近代上海大事记》,汤志钧主编,上海辞书出版社,1989年。

《黄浦区志》,上海市黄浦区志编纂委员会编,上海社会科学院出版社,1996年。

《上海市黄浦区地名志》,黄浦区人民政府编,上海社会科学院出版社,1989年。

《上海文化通史》,陈伯海主编,上海文艺出版社,2001年。

《上海名街志》,上海地方志办公室编著,上海社会科学院出版社,

2004年。

《新闻报三十年纪念册》,新闻报公司,1923年。

《上海法租界史》,[法]梅朋、傅立德著,倪静兰译,上海社会科学院出版社,2007年。

《上海公共租界史稿》,上海史资料丛刊,上海人民出版社,1980年。

《上海近代建筑史稿》,陈从周、章明主编,上海三联书店,2002年。

《上海百年建筑史(1840—1949)》,伍江著,同济大学出版社,2008年。

《晚清七十年》,唐德刚著,远流出版事业股份有限公司,1998年。

《晚清上海生活史:小校场年画中的都市风情》,张伟、严洁琼著,上海科学技术文献出版社,2020年。

《上海:一座现代化都市的编年史》,熊月之、周武主编,上海书店出版社,2009年。

《档案里的上海》,上海市档案馆编,上海辞书出版社,2006年。

《上海租界研究》,吴志伟著,学林出版社,2012年。

《都市形态的历史根基——上海公共租界市政发展与都市变迁研究》,张鹏著,同济大学出版社,2008年。

《上海:东方的巴黎》,[法]贝尔纳·布里赛著,刘志远译,上海远东出版社,2014年。

《英国巡捕眼中的上海滩》,[英]E.W.彼得斯著,李开龙译,中国社会科学出版社,2015年。

《上海故事》,[美]朗格等著,高俊等译,生活·读书·新知三联出版社,2017年。

《中国游记》,[日]芥川龙之介著,陈豪译,新世界出版社,2011年。

《我在中国二十五年》,[美]约翰·本杰明·鲍威尔著,邢建榕、薛明扬、徐跃译,上海书店出版社,2022年。

《上海图书馆藏历史原照》,上海图书馆编,上海古籍出版社,2007年。

《20世纪初的中国印象:一位美国摄影师的纪录》,上海市历史博物馆编,上海古籍出版社,2001年。

《追忆:近代上海图史》,上海市档案馆编,史梅定主编,上海古籍出版社,1996年。

《上海旧影》,叶树平、郑祖安编写,人民美术出版社,1998年。

《中国摄影史:中国摄影师(1844—1879)》,[英]泰瑞·贝内特著,徐婷婷译,中国摄影出版社,2014年。

《上海摄影史》,王天平、丁彬萱主编,上海人民美术出版社,2012年。

《中国新闻事业图史》,方汉奇、史媛媛主编,福建人民出版社,2006年。

《1949·影像上海》,中共黄浦区委党史研究室组编,陈立群编,同济大学出版社,2019年。

《开国那几年(1949—1953)》,解放日报编著,上海三联书店,2015年。

《上海鲁迅纪念馆藏品选》,上海鲁迅纪念馆编,郑亚主编,上海辞书出版社,2018年。

《文史资料选辑·上海解放三十周年专辑》,上海政协文史资料工作委员会编,上海人民出版社,1979年。

《五月黎明:纪念上海解放70周年》,上海通志馆等编,上海大学出版社,2019年。

《近代日本文化人与上海(1923—1946)》,徐静波著,上海人民出版社,2013年。

《申报魂——中国报业泰斗史量才图文珍集》,庞荣棣著,上海远东出版社,2008年。

《上海报人社会生活(1872—1949)》,王敏著,上海辞书出版社,2008年。

《近代上海饭店与菜场》,唐艳香、褚晓琦著,上海辞书出版社,2008年。

《浮世梦影:上海剧场往事》,路云亭、乔冉编著,文汇出版社,2015年。

《旧时书坊》,秋禾、少莉编,生活·读书·新知三联书店,2012年。

《旧时书肆》,张伟主编,孙莺编,上海科学技术文献出版社,2021年。

《海纳百川上海源》,葛剑雄著,学林出版社,2019年。

《潮起潮落苏州河》,薛理勇著,学林出版社,2019年。

《话说上海》,盛巽昌、张锡昌著,学林出版社,2010年。

《人文上海:市民的空间》,李天纲著,上海教育出版社,2004年。

《非常银行家》,邢建榕著,东方出版中心,2014年。

《从工部局大楼到上海市人民政府大厦》,马学强、朱亦锋主编,上海社会科学院出版社,2019年。

《老戏单的新发现:清末民国时期上海京剧演出略考》,上海市文化艺术档案馆编,上海文艺出版社,2014年。

《洋泾浜:上海往事》,张晓栋著,上海大学出版社,2010年。

《上海的英国文化地图》,熊月之、高俊著,上海锦绣文章出版社·上海故事会文化传媒有限公司,2011年。

《上海的美国文化地图》,熊月之、徐涛、张生著,上海锦绣文章出版社·上海故事会文化传媒有限公司,2011年。

《老上海风情录·建筑寻梦卷》,上海文化出版社,1998年。

《老上海风情录·交通揽胜卷》,上海文化出版社,1998年。

《老上海小百姓》,戴敦邦图、沈寂文,上海辞书出版社,2005年。

《漫游随录》,王韬著,湖南人民出版社,1982年。

《淞滨琐话》,王韬著,齐鲁书社,2004年。

《钏影楼回忆录》,包天笑著,中国大百科全书出版社,2009年。

《春申旧闻》,陈定山著,海豚出版社,2015年。

《春申旧闻续》,陈定山著,海豚出版社,2015年。

《春申续闻》,陈定山著,海豚出版社,2015年。

《前尘旧梦》,郑逸梅著,北方文艺出版社,2016年。

《世说人语》,郑逸梅著,北方文艺出版社,2016年。

《艺林旧事》,郑逸梅著,北方文艺出版社,2016年。

《芸编指痕》,郑逸梅著,北方文艺出版社,2016年。

《回忆鲁迅在上海》,上海鲁迅纪念馆编,上海书店出版社,2017年。

《茅盾回忆录》,茅盾、韦韬著,华文出版社,2013年。

《懒寻旧梦录》,夏衍著,生活·读书·新知三联书店,1985年。

《上海春秋》,曹聚仁著,曹雷、曹宪镛编,上海人民出版社,1996年。

《我与我的世界》,曹聚仁著,人民文学出版社,1983年。

《舞台生活四十年》,梅兰芳述,朱家溍、许姬传记,湖南美术出版社,2022年。

《银元时代生活史》,陈存仁著,上海人民出版社,2000年。

《四十年艺坛回忆录(1902—1945)》,丁悚著、丁夏编,上海书店出版社,2022年。

《报海旧闻(修订版)》,徐铸成著,生活·读书·新知三联书店,2010年。

《旧闻杂忆(修订版)》,徐铸成著,生活·读书·新知三联书店,2009年。

《风雨故人》,徐铸成著,生活·读书·新知三联书店,2011年。

《银幕形象创造》,赵丹著、赵青整理,东方出版中心,2011年。

《黄慕兰自传》,黄慕兰著,中国大百科全书出版社,2016年。

《经历·患难余生记》,邹韬奋著,生活书店出版有限公司,2018年。

《八十年来:黄炎培自述》,黄炎培著,文汇出版社,2000年。

《听杨绛谈往事》,吴学昭著,生活·读书·新知三联书店,2008年。

《往事》,毛彦文著,商务印书馆,2012年。

《京剧谈往录》,全国政协文史资料委员会编,北京出版社,1985年。

《一大回忆录》,本社编,知识出版社,1980年。

《左联回忆录》,中国社会科学院文学研究所编,知识产权出版社,2010年。

《平凡的我:黎东方回忆录(1907—1998)》,中国工人出版社,2011年。

《影人文墨》,张伟总主编、孙莺编,上海大学出版社,2021年。

《鲁迅传》,许寿裳著,江西教育出版社,2018年。

《黄奕住传》,赵德馨、马长伟著,厦门大学出版社,2019年。

《严独鹤传》,严建平著,华文出版社,2020年。

《翁同龢日记》,中华书局,1992年。

《黄炎培日记》,华文出版社,2008年。

《张元济日记》,商务印书馆,2018年。

《严独鹤文集》,上海文艺出版社,2021年。

《唐大郎文集》,上海大学出版社,2020年。

《陈乃乾文集》,国家图书馆出版社,2009年。

后记

《汉口路上》一书，原本不在我的写作计划中。2022年深秋，我与徐锦江先生相遇于一次小型聚会。席间，锦江兄问我，有没有兴趣写一条上海的马路？我顺口说，好呀。锦江兄是我的复旦校友，也是我供职过的报社的领导。他的热情，自然不能辜负。不久，我就应锦江兄之邀，出席了由上海远东出版社召集的"上海马路丛书"策划会。会上，我正式报了选题：《汉口路上》。

上海马路千百条，我为何选择"汉口路"？这要从1997年说起。那年10月，我调到即将创刊的《申江服务导报》工作，办公地点在汉口路300号解放日报大厦。那时，在汉口路山东

后记

路口,"300号"是硕果仅存的"报馆街"符号。我在"300号"工作了十多年,也与汉口路结缘了十多年。汉口路的低调、厚重和烟火气,让我着迷,让我陶醉。2011年,解放日报报业集团整体迁出"300号",移至莘庄。从此,"报馆街"名存实亡。我至今记得,离开汉口路、离开"300号"时,报人们有多么不舍、多么伤感!这,就是我想写汉口路的动因。

然而,真的要动笔,却不容易。汉口路全长约1500米,历史绵延约180年,要写成一部书,从何写起呢?那一天,我特地重走汉口路,徜徉、徘徊、冥思苦索。当我走到汉口路外滩时,海关大楼的钟声忽然响起……这悠扬的钟声,让我想到了近代上海史,想到了1843年的上海开埠。对,就从这海关钟声下笔!

回家以后,我就开始搜集史料,构思本书框架。2023年夏天起,我推掉了手头部分工作,全身心地投入写作。历时数月,终于完稿。今天,在本书即将面世之际,我对当初在汉口路外滩获得的灵感,依然有几分得意。我以为,把汉口路与近代上海史并列考察,"汉口路"就不仅仅是一条马路、一个路牌,而是一部历史、一座里程碑。

在本书写作过程中,我曾得到过各界人士的帮助。毛用雄、金光耀、芮群伟、黄沂海、杨柏伟和郑亚等师友,曾为本书的史料整理和图片搜集提供过热心支持。在锦江兄的联系下,严独鹤先生嫡孙、原《新民晚报》副总编辑严建平先生为我寄来了大作《严独鹤传》,并向我提供了其祖父珍藏的《新闻报三十年纪念册》,让我在写作中获益匪浅。本书书稿完成后,我的老同事、摄影家竺

汉口路上

钢先生曾特地陪同我再走汉口路,让我用摄影家的眼光、角度,对这条马路予以重新审视。在此,我要向以上各位表达我的真诚谢意。

另外,我要感谢上海远东出版社。远东社是我的老东家,我曾在那里短暂工作过,与不少老同事结下了深情厚谊。这一次,因为《汉口路上》,我与远东社再一次交集。感谢曹建社长、计斌副总编辑的热情鼓励,感谢贺寅责任编辑的辛勤付出,感谢季苏云编辑的流程协调。顺便说一句,我对本书的编辑建议,原是一家之言,本不必当真。但是,上述各位都认真听取、尽量满足,让我为之心怀敬意。

最后,我要感谢我的妻子和女儿,她们一直是我的写作后援。我知道,投入写作时,常常顾不了家务事。是她们的内助,才让我能心无旁骛,完成写作。这种内助,也是我继续写好上海、讲好上海故事的动力。

读史老张

2024年6月,写于复旦大学1000号档案馆